SP
912
Exp

Explora el Mundo

Atlas visual para niños

Explora el Mundo
Atlas visual para niños
También publicado en EE.UU. bajo el título Childcraft's
Whole Wide World y fuera de EE.UU. con el título de
Childcraft Picture Atlas.

Childcraft Reg. U.S. Pat. & T.M. Off. Marca Registrada

World Book, Inc.
525 W. Monroe
Chicago, IL 60661

Biblioteca del Congreso, Ficha de Catálogo No. 93-060197
ISBN 0-7166-3250-0
Impreso en los Estados Unidos

1 2 3 4 5 99 98 97 96

Explora el Mundo

Atlas visual para niños

World Book, Inc.
Una compañía de Scott Fetzer
Chicago   Londres   Sydney   Toronto

Director Editorial: Michael Ross
Gerente Editorial: Maureen Mostyn Liebenson
Editor Asociado: Sharon Nowakowski,
Patricia Ohlenroth
Director Ejecutivo, Diseño Artístico:
Roberta Dimmer
Director Artístico: Wilma Stevens
Diseñadora: Ann Samuel
Diseño Adicional y Material Gráfico:
David Haynes, Andrew Marshall
Diseño de la Cabierta: Lucy Lesiak
Investigación de Fotografías e Ilustraciones:
A. Patricia Sechi, Samantha Bentham
Director de Manufactura: Carma Fazio
Gerente de Producción: Randi Park
Editor de Permisos: Janet Peterson
Autores: Janine Amos, Gerry Bailey, Andrew
Langley, Felicia Law, Rick Morris, Lesley Young
Traducción y Producción Electrónica:
Victory Productions, Inc.

Las banderas: Algunos países tienen una
bandera especial de Estado que sólo es usada
por el gobierno y ondea en edificios públicos dentro
del país. Usualmente, la bandera de Estado es la
bandera del país a la que se le ha añadido un escudo
de armas. Cuando un país tiene una bandera de
Estado, la bandera nacional izada por la población
civil es conocida como la bandera civil. Cada país
decide cuál bandera usar en la cede central de las
Naciones Unidas (UN). Generalmente, la bandera
que ondea en las Naciones Unidas es aquella usada
en el exterior para otros fines. Las banderas de los
países que aparecen en este libro son las que ondean
en las Naciones Unidas.

Consultor Ejecutivo: Keith Lye

Consultor General: Dr. Keith Solomon

Consultores Educacionales:
Suzanne Hopwood
Minna S. Novick

Consultores Regionales:
Europa: Dr. Ray Hudson, Departamento de
Geografía, Durham University

Rusia y sus vecinos: Dr. Denis J. B. Shaw,
Departamento de Geografía, Universidad de
Birmingham.

Suroeste Asiático: Dr. Ian Netton, Departamento de
Estudios Arábigos e Islámicos, Universidad de
Exeter.

Subcontinente indio: Patricia Bahree.

China y Asia Occidental: G. V. Thomas, Examinador
de Historia del Lejano Oriente, Bachillerato
Internacional.

Japón: R. L. Tames, Escuela de Estudios Orientales
y Africanos, Universidad de Londres

Sudeste Asiático: Dr. Russell Jones, Ex-profesor
universitario de Estudios Indonesios, Universidad
de Londres.

África: Keith Lye

Australia, Nueva Zelanda y las Islas del Pacífico:
Dr. Keith Solomon, Assistant Vice-Chancellor,
Universidad del Territorio del Norte.

América Central y Suramérica: Profesor John
Fisher, Instituto de Estudios Latinoamericanos,
Universidad de Liverpool.

Las tierras heladas: Dr. L.W. Wright, Departamento
de Geografía, Centro Universitario de la Reina
María, Universidad de Londres.

Consultores de Asignatura:

Plantas: Dr. David Gledhill, Departamento de
Botánica, Universidad de Bristol.
Miss C. Whitefoord, Museo Británico
(Historia Natural), Londres.

Animales: Phillip Coffey, Oficial de Educación,
Jersey Wildlife Preservation Trust.

AGRADECIMIENTOS

La casa editorial agradece a los siguientes artistas, fotógrafos, editoriales, agencias y compañías por las ilustraciones usadas en este libro. Todas las ilustraciones son de propiedad exclusiva de la casa editorial a menos que los nombres estén marcados con un asterisco*.

Ilustraciones

Las planas de introducción: Valeria Petrone/Caroline Church (Maggie Mundy Illustrators' Agency) 8/9, 11, 14/15, 18/19, 22/23, 25, 32, 38/39, 40/41, 43; Peter Geissler (Specs Art Agency) 32, 42; Specs Art Agency 18, 22

Las planas de Bienvenidos: Maggie Brand (Maggie Mundy Illustrators' Agency) 44/45, 60/61, 74/75, 88/89, 106/107, 118/119, 136/137, 154/155, 164/165, 182/183, 200/201, 218/219, 236/237, 248/249, 266/267

Las planas de los países: Maggie Brand (Maggie Mundy Illustrators' Agency) 46/47, 62/63, 76, 90, 108, 120/121, 138/139, 166, 184, 203, 220, 238/239, 250/251

Las planas de los animales y de las plantas y animales: Gabrielle Stoddart (Linden Artists Ltd) 28/29, 50/51, 66/67, 80/81, 96/97, 112/113, 126/127, 144/145, 158/159, 172/173, 190/191, 208/209, 226/227, 242/243, 256/257, 268; Mike Long 50/51, 271

Las planas de las plantas: Peter Geissler (Specs Art Agency) 26/27, 94/95, 124/125, 142/143, 170/171, 188/189, 206/207, 224/225, 254/255

Las planas de cría, cultivo y manufactura: Peter Geissler, Barbara Jones (Specs Art Agency) 52/53, 68/69, 82/83, 98/99, 114/115, 128/129, 146/147, 160/161, 174/175, 192/193, 210/211, 224/225, 228/229, 258/259

Las planas de la gente: Lynne Willey (John Martin y Artists Limited) 30, 54, 71, 85, 101, 117, 131, 148/149, 162, 176, 195, 213, 230, 246, 261

Las planas de los viajes: Maggie Brand (Maggie Mundy Illustrators' Agency) 58/59, 104/105, 134/135, 152/153, 180/181, 198/199, 216/217, 234/235, 264/265

Banderas: Specs Art Agency

Los símbolos de los mapas: Mike Long

Pictogramas: Richard Berridge

Mapas

Ilustraciones de los mapas: Tom MacArthur

Fotografías:

Zefa Picture Library (UK) Limited* 17, 20, 25, 33, 34, 36/37, 48/49, 54/55, 56/57, 64/65, 70/71, 72/73, 78/79, 84/85, 86/87, 92/93, 100/101, 102/103, 110/111, 116/117, 122/123, 133, 140/141, 147, 148/149, 151, 153, 156/157, 162/163, 168/169, 175, 176/177, 178/179, 186/187, 192, 195, 196, 204/205, 212/213, 214/215, 222/223, 230/231, 232/233, 240/241, 246/247, 252/253, 260/261, 262/263, 266/267, 268/269, 270/271, 272

Bruce Coleman Limited* 16/17, 21, 24, 33, 38/39, 55, 57, 70, 92, 150, 194, 196/197, 213, 215, 223, 232, 241, 268/269, 272/273

The Hutchinson Library* 31, 58, 84, 100, 105, 116, 132/133, 135, 157, 194, 198/199, 212, 241, 252

Aspect Picture Library Limited* 197

Associated Press* 39

Australian High Commission* 212

Patricia Bahree* 130

The Daily Telegraph Colour Library* 10

James Davis Travel Photography* 128, 132

Geoslides Photographic Library* 270/271

Sally & Richard Greenhill* 150

Susan Griggs Agency* 246/247

Picturepoint Limited* 33

Tim Sharman, European Geographic Survey* 86

Bob & Ira Spring, Washington* 70

John Massey Stewart* 103

Tony Stone Worldwide* 31, 130/131, 133, 215

D.C. Williamson* 78, 103

© DPA from Photoreporters* 11

CONTENIDO

Tú y tu mundo

Los mapas son dibujos de nuestro mundo. Algunos muestran el mundo entero, otros muestran partes de él. Los mapas nos muestran cómo es el mundo, pero los mapas son planos.

Sarita y su hermano Tomás están aprendiendo sobre mapas.

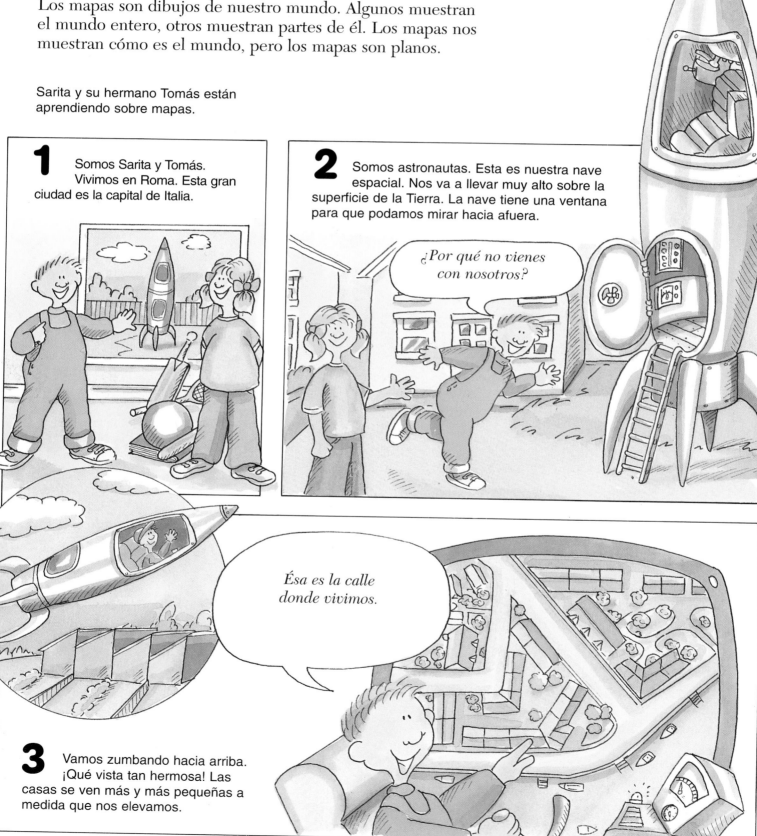

1 Somos Sarita y Tomás. Vivimos en Roma. Esta gran ciudad es la capital de Italia.

2 Somos astronautas. Esta es nuestra nave espacial. Nos va a llevar muy alto sobre la superficie de la Tierra. La nave tiene una ventana para que podamos mirar hacia afuera.

¿Por qué no vienes con nosotros?

Ésa es la calle donde vivimos.

3 Vamos zumbando hacia arriba. ¡Qué vista tan hermosa! Las casas se ven más y más pequeñas a medida que nos elevamos.

4 Ahora podemos ver la ciudad de Roma. Roma tiene muchas calles y parques. Nuestra casa ahora se ve tan pequeña que apenas la podemos ver.

5 Vamos cada vez más rápido. Ya no podemos ver nuestra casa, pero podemos ver casi todo nuestro país. Hay muchas ciudades y pueblos allá abajo. Si tomáramos una fotografía ahora, sería como un mapa de Italia.

6 Ahora podemos ver las islas cerca de nuestro país. ¿Puedes ver el agua azul alrededor de ellas? Nuestro país es parte de un grupo de países. Juntos forman un continente llamado Europa.

7 El cohete nos ha llevado cientos de kilómetros arriba en el espacio. Ahora podemos ver el mundo. Es redondo como un gran balón. Pero sólo podemos ver la mitad. La otra mitad está fuera de nuestra vista.

Globos terráqueos y mapas

Los mapas redondos de nuestro mundo se llaman globos terráqueos. La superficie del globo terráqueo está impresa con información que muestra las tierras y los mares. Los globos terráqueos a menudo están montados en una base para que puedan girar. Cuando le das vuelta lentamente, te da la impresión de estar viajando alrededor de la Tierra en una nave espacial.

Los mapas nos muestran muchas cosas acerca del mundo. Un mapa de tu pueblo puede mostrarte dónde está situada la escuela, o dónde encontrar la biblioteca. Un mapa del mundo te mostrará dónde se encuentran los diferentes países. No podemos ver el mundo desde arriba porque no podemos volar en una nave como Sarita y Tomás. Pero los mapas nos pueden dar toda la información que necesitamos.

Un globo terráqueo es un mapa redondo del mundo.

Esta fotografía muestra el contorno de Italia y de otros países de Europa. Si Sarita y Tomás tomaran una fotografía de Europa desde su nave espacial, se parecería a ésta. Parte del mundo está escondido bajo nubes blancas.

Un mapa de parte de Europa nos muestra la misma área que Tomás ve desde la ventana de su nave espacial. Pero el mapa nos muestra también otras cosas. Nos muestra los nombres de algunos países de Europa Occidental y los nombres de algunas de las ciudades más grandes. Este mapa nos da más información que una fotografía tomada desde la nave espacial.

Un libro lleno de mapas planos se llama un atlas. Puedes encontrar mucha información acerca de los países del mundo en un atlas.

¿Vas a ir de vacaciones a otro país? Dale vuelta al globo y encuentra dónde está exactamente ese país. ¿Está muy lejos de tu país?

¿Tienes amigos o parientes en otro país? Puedes usar un globo terráqueo o un mapa para aprender más acerca de ese país.

GRAN BRETAÑA
Dublín
IRLANDA
Londres
Berlín
ALEMANIA
París
FRANCIA
ITALIA
Roma
Madrid
ESPAÑA

Si pudieses coger un globo terráqueo y desprenderle su superficie, parecería algo así. Un mapamundi es como la superficie de un globo terráqueo extendido en forma plana.

11

Nuestro mundo

El mundo es redondo, como un balón grande. Este mapa del mundo es una imagen plana de la superficie de la Tierra.

El Polo Norte se encuentra en

Círculo Polar Ártico
Montañas Rocosas
NORTEAMÉRICA
Los Apalaches
Océano Atlántico
Trópico de Cáncer
Océano Pacífico
Ecuador
SUDAMÉRICA
Trópico de Capricornio
Cordillera de los Andes
Círculo Polar Antártico

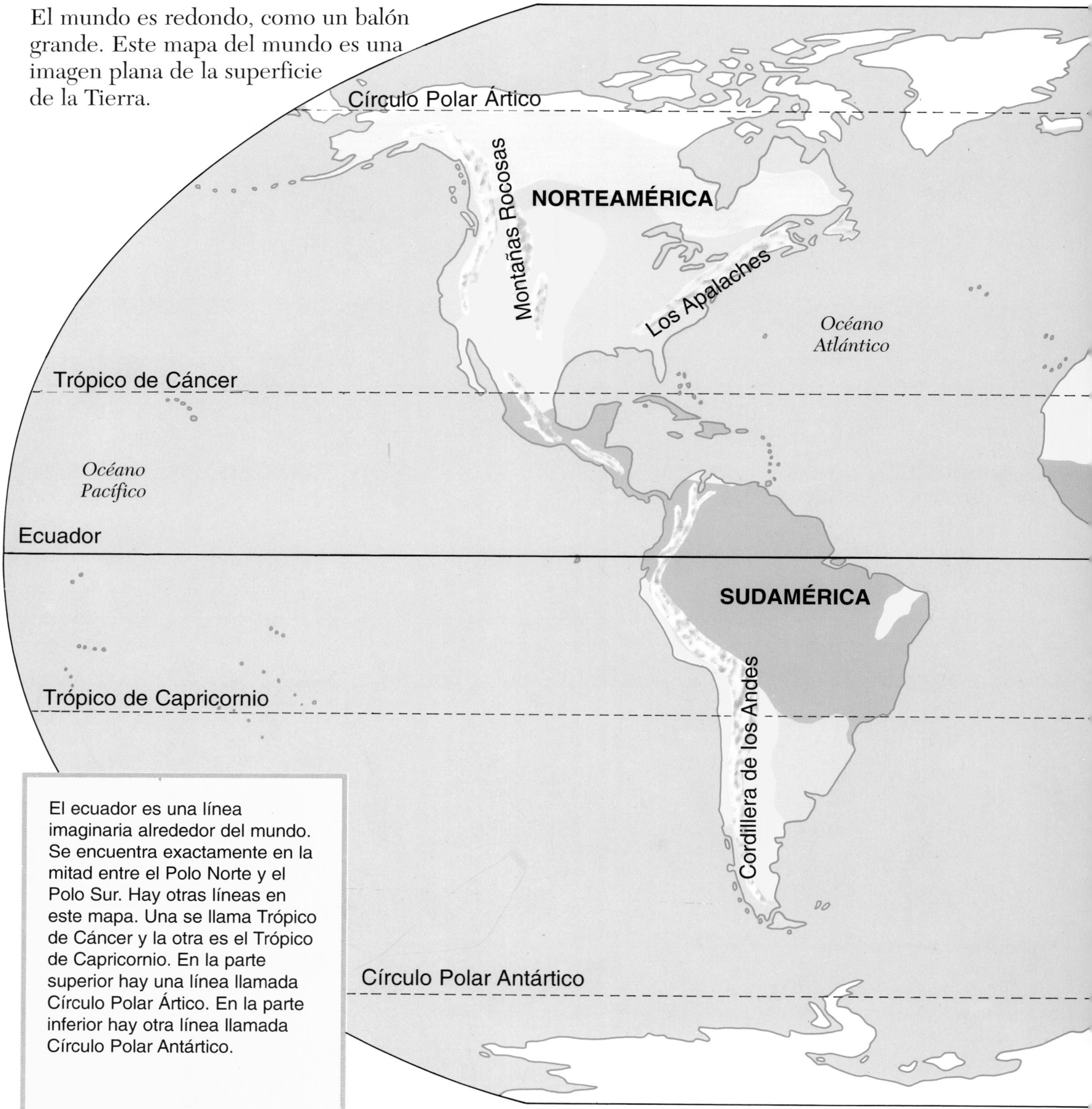

El ecuador es una línea imaginaria alrededor del mundo. Se encuentra exactamente en la mitad entre el Polo Norte y el Polo Sur. Hay otras líneas en este mapa. Una se llama Trópico de Cáncer y la otra es el Trópico de Capricornio. En la parte superior hay una línea llamada Círculo Polar Ártico. En la parte inferior hay otra línea llamada Círculo Polar Antártico.

El Polo Sur se encuentra en

la parte superior del mundo.

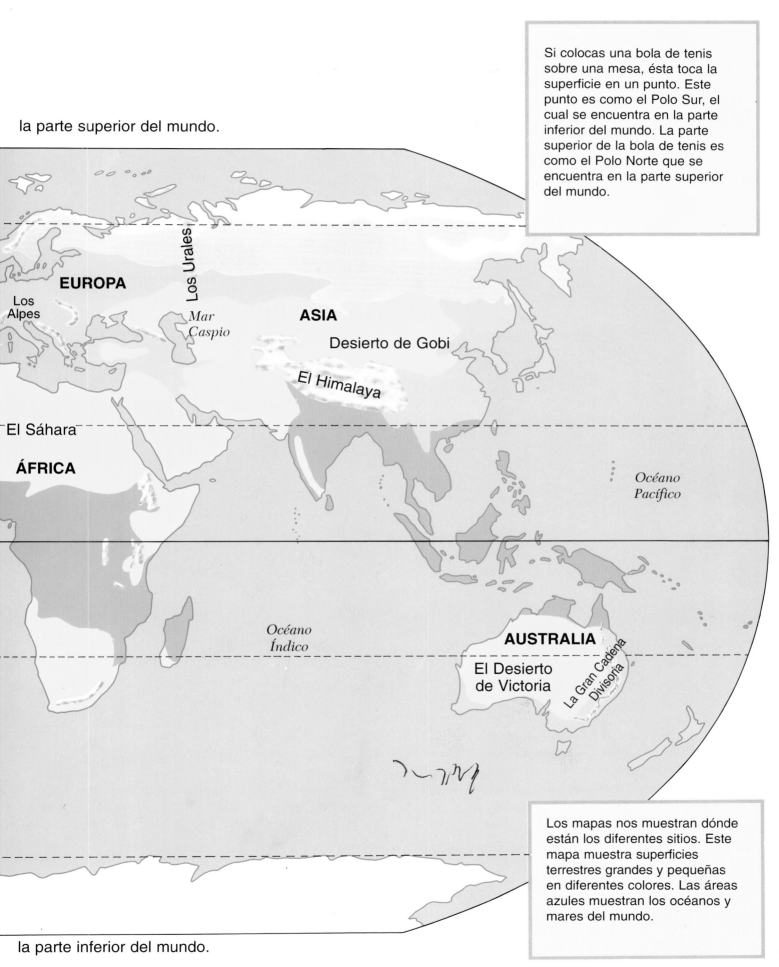

EUROPA

Los Urales

Los Alpes

ASIA

Mar Caspio

Desierto de Gobi

El Himalaya

El Sáhara

ÁFRICA

Océano Pacífico

Océano Índico

AUSTRALIA

El Desierto de Victoria

La Gran Cadena Divisoria

Los mapas nos muestran dónde están los diferentes sitios. Este mapa muestra superficies terrestres grandes y pequeñas en diferentes colores. Las áreas azules muestran los océanos y mares del mundo.

la parte inferior del mundo.

13

Los continentes

La superficie terrestre cubre casi un tercio de nuestro mundo.
El resto es agua. La superficie terrestre está compuesta de siete
áreas mayores. Cada una de estas áreas es un continente. Cada
continente también incluye algunas islas.

El continente más grande es Asia. El segundo es África.
Norteamérica es el tercero y Sudamérica el cuarto. Antártida,
el quinto continente, cubre el Polo Sur en la parte inferior del
mapamundi. Europa es el sexto continente en tamaño y Australia
es el más pequeño.

Sólo cerca de una tercera parte
del mundo está cubierta de tierra,
y la mayor parte de esta tierra se
encuentra arriba del Ecuador. El
agua cubre la mayor parte del
mundo debajo del Ecuador.

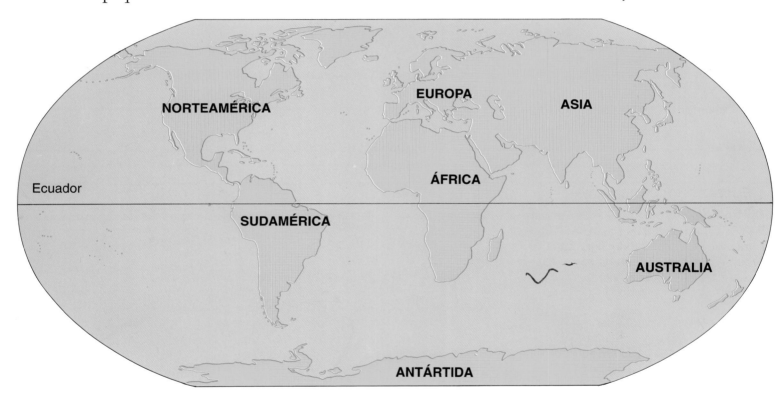

El agua rodea algunos continentes. Otros están unidos. La línea
imaginaria entre dos continentes se llama frontera. Por ejemplo,
Norteamérica está unido a Sudamérica por una franja de tierra.
La frontera entre Europa y Asia se extiende por muchos miles de
kilómetros.

Mira cuidadosamente el mapamundi y verás que cada
continente tiene su propia figura. A primera vista puedes pensar
que Sudamérica y África son similares. Ambos son anchos en la
parte de arriba y estrechos abajo. Pero si miras nuevamente verás
que Sudamérica se va estrechando hasta ser casi un punto, como
una zanahoria. La parte inferior de África es mucho más ancha.

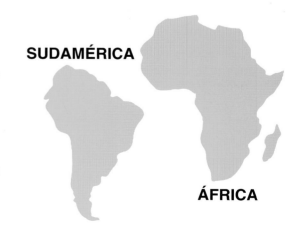

SUDAMÉRICA

ÁFRICA

Aquí hay cuatro figuras.
¿Cuál es Australia?

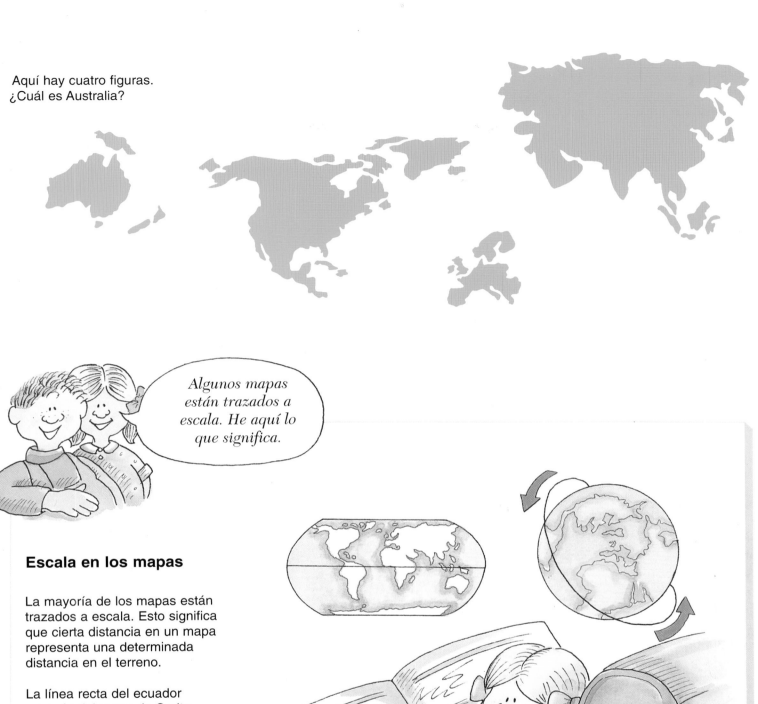

Algunos mapas están trazados a escala. He aquí lo que significa.

Escala en los mapas

La mayoría de los mapas están trazados a escala. Esto significa que cierta distancia en un mapa representa una determinada distancia en el terreno.

La línea recta del ecuador a través del mapa de Sarita, representa la longitud del ecuador alrededor del mundo. Esta longitud es de aproximadamente 40.076 kilómetros.

Sarita mide la longitud del ecuador en su mapa. Tiene 30.5 centímetros de largo. Esto significa que dos y medio centímetros en este mapa representa un poco más de 3.200 kilómetros en la Tierra.

Elevaciones y depresiones

La superficie del mundo no es toda plana. Hay muchas partes que se hunden y muchas que se elevan a grandes alturas. Las superficies terrestres planas se llaman llanos. Las elevaciones más pequeñas se llaman colinas y las más grandes se llaman montañas. Las depresiones son valles. Algunas veces los valles están llenos de agua. Las grandes superficies de agua que se juntan en los valles anchos se llaman lagos. Otros valles tienen ríos que fluyen por ellos, llevando agua de la tierra al mar.

Llanos, montañas, lagos y ríos pueden mostrarse en mapas. Se muestran como dibujos sencillos llamados símbolos. El símbolo para un río es generalmente una línea azul. Cada vez que veas una línea azul en un mapa en este libro, sabrás que un río corre a través de esa parte del mundo. Estos son algunos de los símbolos que verás en este libro.

montaña

lago

río

llano

Cuando llueve, parte del agua corre sobre el suelo hacia los **ríos.** Los ríos lentamente erosionan las rocas cuando corren sobre ellas, creando algunos de los valles del mundo. Al final, los ríos desembocan en el mar.

Las **montañas** son áreas elevadas. Muchas están cubiertas de nieve. A veces las montañas se presentan en líneas largas llamadas cadenas. La mayoría de las cadenas de montañas se han formado debido a grandes presiones dentro de la tierra.

Los **lagos** se forman en depresiones en la tierra. Muchos lagos son alimentados por ríos que fluyen hacia ellos.

Los **llanos** son extensiones de tierra plana y ancha. Se encuentran tanto a nivel alto como bajo, a lo largo de las costas y también tierra adentro. Los llanos altos se llaman altiplanicies o mesetas.

Nuestro mundo ácueo

En el mapamundi puedes ver que el agua cubre más de dos tercios de nuestro mundo. Imagínate que eres un extraterrestre en una nave. Al ver por primera vez la Tierra, probablemente la hubieras llamado "El planeta ácueo".

Las aguas del mundo están divididas en grandes áreas llamadas océanos. El océano más grande es el Océano Pacífico. Éste separa a Norteamérica y Sudamérica de Asia y Australia. Es tan grande que todos los continentes cabrían en él. El segundo océano en tamaño es el Atlántico. El tercero se llama Océano Índico. El cuarto océano en tamaño es el helado Océano Ártico alrededor del Polo Norte.

Las aguas en la parte inferior del mundo son llamadas, a veces, Océano Antártico. Pero estas aguas son en realidad la parte sur de los océanos Pacífico, Atlántico e Índico.

1. Dale vuelta al mundo. Míralo desde diferentes ángulos. Mira el Océano Pacífico. En esta parte del globo terráqueo verás más agua que tierra.

2. Dale vuelta nuevamente para que puedas ver el África y el Asia, ahora verás mucho más tierra, pero hay bastante agua.

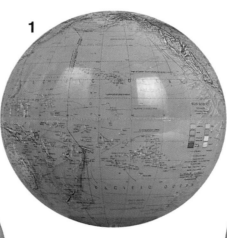

4. Ahora mira la parte superior del mundo, con el Océano Ártico en el medio. Aquí hay mucho más tierra. Pero el agua todavía cubre casi las dos terceras partes de la parte superior del mundo, sobre el ecuador.

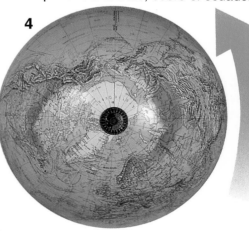

3. Si miras al globo terráqueo por debajo, verás que el agua cubre más de las dos terceras partes de la mitad inferior del mundo, bajo el ecuador.

Las aguas de los océanos están conectadas. Todas ellas forman parte de un sólo océano del mundo. Puedes ver esto en el mapa. Las líneas divisorias o límites entre los océanos se muestran en rojo. Por ejemplo, el límite entre el Océano Pacífico y Atlántico es una línea imaginaria que se extiende desde la punta sur de Sudamérica. ¿Puedes ver los otros límites de los océanos?

Los océanos cubren grandes superficies. Cada océano contiene superficies más pequeñas llamadas mares. Los mares están parcialmente rodeados por tierra. Los golfos son profundas ensenadas de los océanos. Las bahías son ensenadas menos profundas. Los estrechos son pasajes angostos de agua que comunican mares y océanos.

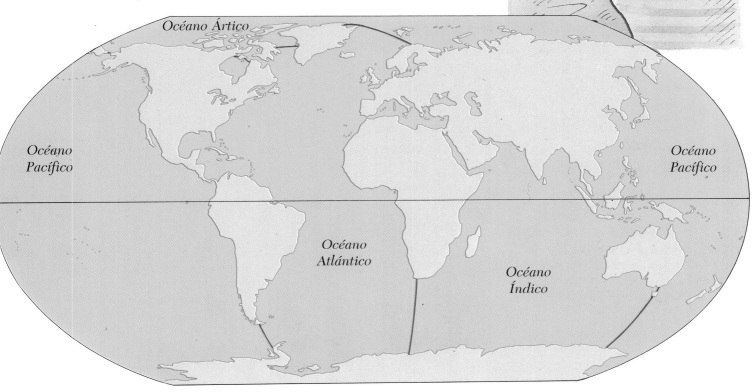

Estos dos mapas muestran algunas bahías, golfos, estrechos, y océanos. ¿Puedes encontrar la bahía de Vizcaya, el Golfo de México, el Estrecho de Gibraltar y el Mar Mediterráneo?

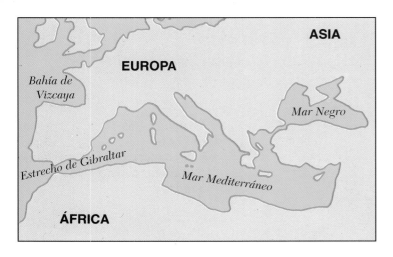

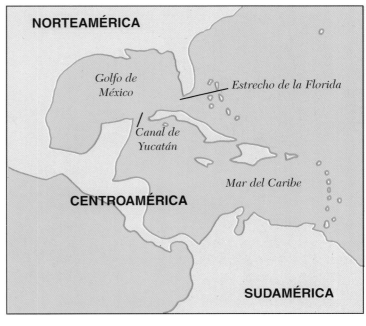

Elevaciones y depresiones del océano

La tierra no es plana bajo los océanos.

Desde el borde de las costas, los continentes descienden hasta las partes más profundas de los océanos. Si pudiéramos bombear toda el agua del mar, encontraríamos algunos llanos grandes en el fondo del océano, pero también veríamos elevaciones y depresiones, tal como en la tierra.

tierra · tierra · isla volcánica · cadena de montañas · depresión oceánica

Largas cordilleras, más grandes que cualquiera de las de la tierra, se elevan del fondo del mar. Algunas de éstas son tan altas que sus cumbres se elevan sobre las olas. Las cumbres forman **islas.**

Las mayores profundidades del océano son largos valles llamados depresiones.

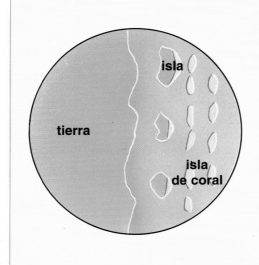

tierra · isla · isla de coral

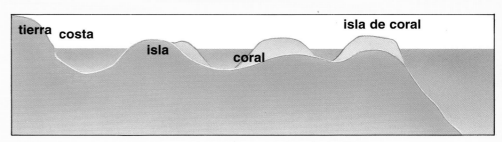

tierra costa · isla · coral · isla de coral

Algunas islas son muy pequeñas. Se forman en elevaciones retiradas de la costa.

Muchas islas en medio de los océanos son la cumbre de volcanes. Los volcanes se empiezan a formar en el fondo del océano. Roca líquida caliente, o lava, es arrojada desde dentro de la Tierra. La lava se endurece en el agua y se va acumulando por capas. Cuando las capas se elevan sobre la superficie, se ha formado una isla.

costa

isla

Algunas **costas** son rectas, otras son irregulares y tienen profundas ensenadas.

Los océanos contienen muchas islas de coral de poca altura. El coral es una substancia dura. Está hecha de pequeños animales del mar llamados pólipos de coral. Los pólipos viven en grandes grupos y producen capas gruesas de coral. Las islas de coral se forman sobre volcanes sumergidos y a lo largo de las costas. En las elevaciones cercanas a la costa nordeste de Australia se han formado islas de coral. Ésta es la Gran Barrera de Arrecifes, el banco de coral más grande del mundo.

Lugares calientes y lugares fríos

El Sol le da a nuestro mundo luz y calor. El calor es más fuerte alrededor del centro del mundo. Esto significa que las tierras cercanas al ecuador y los dos trópicos son calientes la mayor parte del tiempo. El calor del Sol es menos fuerte cerca de los polos, Norte y Sur, donde hace frío la mayor parte del año. Esto se debe parcialmente a que los rayos del Sol se extienden sobre un área mucho más grande.

Los lugares que se encuentran entre los polos y los trópicos tienen un clima más variable. Estos sitios tienen normalmente cuatro estaciones —invierno, primavera, verano y otoño—. Los veranos son calientes, pero no tan calientes como en sitios cercanos al ecuador. Los inviernos son fríos, pero no tan helados como cerca de los polos. Estas amplias áreas, llamadas zonas, son conocidas como zonas templadas. Templadas significa que no son ni muy calientes ni muy frías.

No todos los sitios del mundo se ajustan a este patrón de frío y caliente. Puedes a veces encontrar nieve en la zona ecuatorial. Sitios muy altos, como los picos de las montañas, son mucho más fríos que lugares más bajos. Por esta razón, las montañas altas pueden ser frías y tener una capa de nieve, aunque se encuentran en los sitios más calientes del mundo.

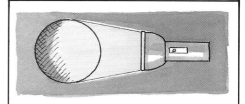

Ilumina una bola con una linterna. Te darás cuenta que la parte más iluminada de la bola es el centro. La parte superior e inferior de la bola recibe menos luz. De la misma manera, la parte central de la Tierra recibe más luz y calor del Sol que los lugares cercanos a los polos.

Este mapa muestra cómo las zonas del mundo se vuelven más frías mientras más alejadas están de la zona caliente en la parte central del mundo.

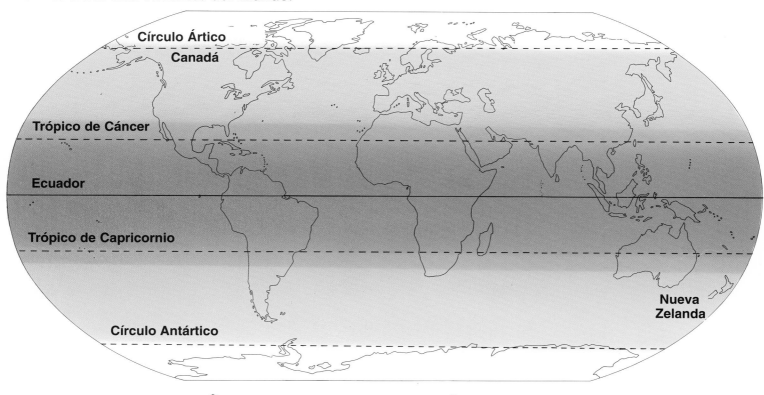

Círculo Ártico

Canadá

Trópico de Cáncer

Ecuador

Trópico de Capricornio

Círculo Antártico

Nueva Zelanda

 zonas frías o polares

zonas templadas

zonas calientes o tropicales

El eje del mundo es una línea imaginaria que corre a través del centro de la Tierra desde el Polo Norte hasta el Polo Sur. Esta línea imaginaria no es vertical como el asta de una bandera; está inclinada porque el mundo se apoya en un lado.

A medida que la Tierra se mueve alrededor del Sol, primero la parte superior y luego la parte inferior del mundo se inclina hacia el Sol. Cuando la parte superior se inclina hacia el Sol, recibe más calor que la parte inferior. Esto significa que cuando es verano en un país en la parte superior del mundo, como Canadá, es invierno en Nueva Zelanda en la parte inferior.

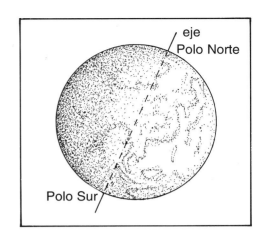

Las estaciones son opuestas entre la parte superior y la parte inferior del mundo.

verano en Canadá

invierno en Canadá

invierno en Nueva Zelanda

verano en Nueva Zelanda

23

Lugares húmedos y lugares secos

Cuando la gente habla acerca del tiempo, ellos hablan acerca de la temperatura —es decir, cuánto frío o calor hace—. Ellos hablan también acerca de la lluvia. En algunos lugares llueve casi todos los días. Otros lugares no reciben ni una gota de agua en varios años. En lugares fríos cae nieve en vez de lluvia. Al tiempo que un lugar tiene por largos períodos se le llama clima.

Nuestro mundo se puede dividir en regiones que comparten el mismo clima. Por ejemplo, las regiones cercanas al ecuador son calientes, pero generalmente reciben mucha lluvia. Sin embargo, cerca de los trópicos de Cáncer y Capricornio, existen desiertos calientes que raramente reciben lluvia. Entre estos desiertos y las regiones heladas de los polos se encuentran las zonas templadas. Algunas zonas templadas son lluviosas, pero otras son secas.

Lluvioso

Seco

Frío

Ecuador

Algunos de los lugares más fríos y ventosos del mundo se encuentran alrededor de los polos. Durante tormentas llamadas ventiscas, fuertes vientos mueven la nieve de un lado a otro de la tierra.

Algunas tierras polares están siempre cubiertas por nieve y hielo. En otras áreas, llamadas tundras, la nieve se derrite durante el corto verano.

Los desiertos tienen pocas plantas. Partes de algunos desiertos no han tenido lluvia por cientos de años. Muchos desiertos son calientes todo el año. Otros desiertos tienen inviernos extremadamente fríos.

Las regiones cercanas al ecuador son calientes. Durante el día la temperatura nunca desciende a menos de 26° C. en la mayoría de los lugares. Algunos lugares reciben lluvia todos los meses del año. Otros lugares tienen una estación lluviosa y otra seca. Las regiones más lluviosas generalmente están cubiertas por selvas. Las regiones más secas están cubiertas por pastos.

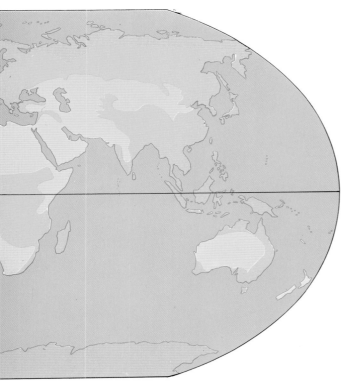

Récords del mundo

La temperatura más alta del aire que se ha registrado
Al-Aziziya, Libia,
58° C.

La temperatura más baja del aire que se ha registrado
Estación Vostok, Antártida,
-89° C.

Lugar más asoleado
Sáhara oriental, al sur de Egipto,¡con más de 4.300 horas de sol por año!

Lugar más húmedo
Montaña Waialeale, Hawai, tiene un promedio anual de lluvia de 1.168 centímetros.

Lugar más seco
Desierto de Atacama en Chile. En algunos lugares no ha caído lluvia por cerca de 400 años.

Récord de velocidad del viento
Montaña Washington, New Hampshire en los Estados Unidos con una velocidad de 372 kilómetros por hora.

Las plantas del mundo

No encontrarás cactus en el Polo Sur. Nuestro mundo está cubierto de plantas, pero si viajas de un lugar a otro, no encontrarás exactamente las mismas plantas en todas partes. Algunas crecen mejor que otras en ciertos lugares.

Algunas de las regiones vegetales más importantes se muestran en este mapa. Los dibujos en el mapa son símbolos. Ellos muestran las clases de plantas que se encuentran en cada una de las regiones. Pon atención a los símbolos especiales en las páginas que tratan sobre las **plantas** en este libro. Algunas de las plantas no tienen nombres comunes en español. En estos casos, se da el nombre científico.

En las regiones frías de la tundra, donde la nieve se derrite durante una parte del año, crecen plantas pequeñas y arbustos. Pero es muy frío y ventoso para los árboles. En los lugares que están siempre cubiertos de hielo no crecen plantas.

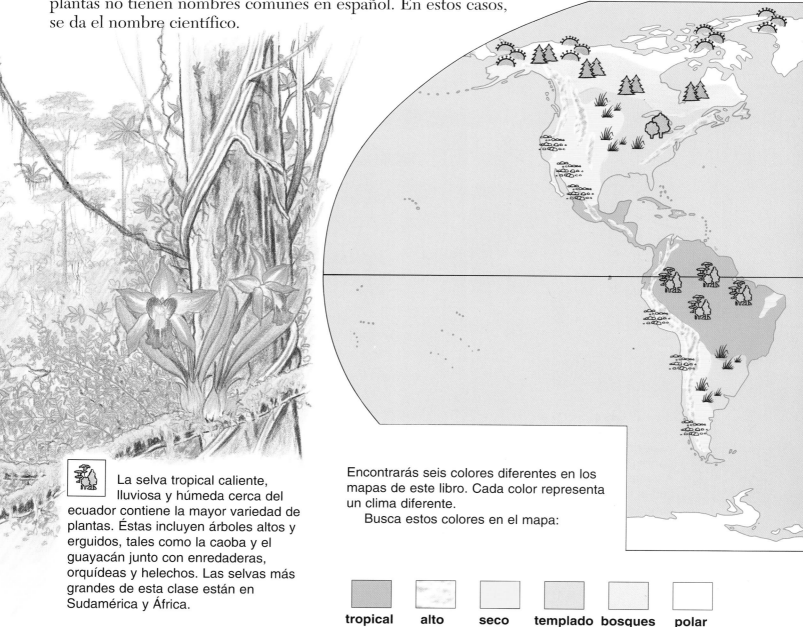

La selva tropical caliente, lluviosa y húmeda cerca del ecuador contiene la mayor variedad de plantas. Éstas incluyen árboles altos y erguidos, tales como la caoba y el guayacán junto con enredaderas, orquídeas y helechos. Las selvas más grandes de esta clase están en Sudamérica y África.

Encontrarás seis colores diferentes en los mapas de este libro. Cada color representa un clima diferente.
Busca estos colores en el mapa:

| tropical | alto | seco | templado | bosques fríos | polar |

En los bosques fríos crecen árboles como los abetos, pinos y abetos rojos. Ellos son mayormente coníferas, que son árboles que dan conos y tienen una corteza gruesa para protegerse contra el frío.

En las regiones templadas, muchos árboles, como el arce y los robles pierden sus hojas durante el otoño.

Las praderas se encuentran en regiones que son muy secas para muchos árboles. Las llanuras de Norteamérica y las estepas de Europa y Asia son praderas secas. Otras praderas, que tienen una estación seca prolongada, se pueden encontrar en las regiones calientes del mundo cerca del ecuador.

Las plantas que se encuentran en los desiertos deben vivir sin lluvia por largos períodos de tiempo. Algunas, como los cactus, tienen tallos gruesos que almacenan agua. Algunos desiertos tienen pocas plantas. Ellos están cubiertos por arena y rocas.

27

Los animales del mundo

Los animales viven en todas partes —en los desiertos más calientes, en las regiones polares heladas, en las profundidades de los océanos y en las empinadas pendientes de las montañas—. Muchos animales no podrían vivir en ninguna otra región fuera de la suya. Se acostumbran al clima y para alimentarse dependen de las plantas y de otros animales que comparten su región.

Para algunos animales es difícil sobrevivir a las condiciones de un lugar durante todo el año. Algunos sobreviven los fríos inviernos hibernando —durmiendo en un lugar protegido—. Otros emigran, o se trasladan durante una parte del año a una región más apropiada para ellos. Muchos animales han cambiado o se han adaptado a vivir en ciertos lugares, pero les ha tomado decenas de miles de años para lograrlo.

Las páginas de este libro sobre **animales** te enseñan algunos de los animales salvajes del mundo y su medio ambiente, o hábitat. Los mapas te muestran en general dónde viven algunos de los animales salvajes de cada región. Muchos de estos animales pueden encontrarse también en otras regiones.

mico

culebra

chimpancé

Los osos polares viven en la región del Océano Ártico. Sus pelajes gruesos y grasosos los mantienen calientes. Y sus patas peludas les ayudan a correr velozmente sobre el hielo. La mayoría de los animales, como los osos polares, tienen cuerpos especialmente diseñados para ayudarlos a sobrevivir.

oso polar

La mayoría de los animales de las selvas lluviosas, incluyendo las culebras, pájaros e insectos, viven en los árboles donde pueden encontrar suficiente comida. Otros animales que viven en árboles son los micos y chimpancés en África, y los orangutanes y gibones en el Sudeste Asiático.

jirafa

ñu

elefante

En las praderas viven muchos animales herbívoros grandes, tales como los elefantes y las jirafas de África. En la estación seca, la mayoría de estos animales emigran a través de las vastas sabanas en busca de agua y plantas frescas para comer.

cabra montés de las Montañas Rocosas

golondrina de mar del Ártico

reno

Los animales monteses deben tener patas seguras, porque tienen que escalar montañas empinadas. La cabra montés de las Montañas Rocosas es uno de los mejores animales montañeses. Bajo su pelaje blanco se encuentra una capa caliente y lanuda.

Los animales que se pasan toda la vida en las regiones polares tienen que poder mantenerse calientes. Algunos, incluyendo a los renos y muchos pájaros, pasan el verano en las regiones polares, pero emigran a sitios más calientes cuando el invierno comienza.

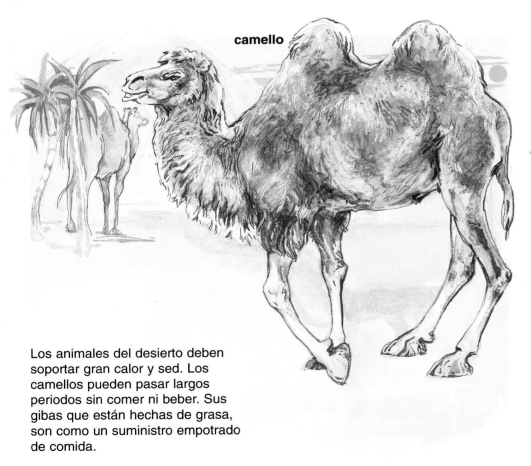

camello

koala

Los animales del desierto deben soportar gran calor y sed. Los camellos pueden pasar largos periodos sin comer ni beber. Sus gibas que están hechas de grasa, son como un suministro empotrado de comida.

Algunos animales comen solamente muy pocas clases de comida. Por ejemplo, las hojas del eucalipto son la mayor fuente de comida de los koalas de Australia. Sin estos árboles los koalas morirían de hambre.

Las gentes del mundo

Hay miles de millones de personas viviendo hoy en el mundo.
Y todas están emparentadas. Todas pertenecen a la raza humana.

Pero no toda la gente se parece, ni habla ni pasa su tiempo libre
exactamente de la misma manera. Estas diferencias dependen en
parte del sitio donde viven. La gente cambia o se adapta para
acomodarse al lugar que los rodea.

Las gentes han aprendido a comer los alimentos que crecen
mejor en su región. El arroz, por ejemplo, crece bien en regiones
calientes y húmedas. Ha sido cultivado en Asia por muchos cientos
de años, y es todavía la comida principal de la gente que vive en
esos lugares. El trigo es más importante para la gente de Europa,
Rusia y Norteamérica. Estas gentes usan trigo para hacer pan.

Éstas son algunas de las gentes que
encontrarás en este libro. Algunas
veces se les muestra en sus trajes
tradicionales.

30

Las gentes usualmente visten la clase de ropas que son más apropiadas para el clima de su país. Los Inuit del norte de Canadá visten ropas gruesas y acolchadas para protegerse contra los vientos helados. En el norte de África, muchas gentes visten holgadas y fluidas vestiduras que los mantienen frescos en el calor.

En todo el mundo, las gentes viven su vida de diferentes maneras. Ellos hablan muchos idiomas, crecen en diferentes clases de hogares, y van a muchos tipos diferentes de escuelas. Y, puesto que la gente se ha movido de un sitio a otro para mezclarse y vivir con los demás, puede haber muchas clases de personas viviendo en una misma región. En este libro aprenderás acerca de la vida cotidiana de gentes de todo del mundo.

Las gentes que viven en regiones frías necesitan vestir ropas gruesas que los mantengan calientes.

La gentes que viven en climas muy calientes visten ropas holgadas, de colores claros que los mantengan frescos.

Ayudando a otras gentes

Muchos niños nunca tendrán la oportunidad de mirar un libro como el que estás leyendo ahora. Algunos pasarán su vida sin aprender a leer del todo. Para algunas gentes, la vida hoy en día significa tener seguridad y estar confortable y bien alimentado. Para otros significa vivir amontonados en condiciones malsanas y sin suficiente alimento. Una persona que vive en los Estados Unidos puede comer el doble de comida en un año de la que come una persona que vive en Bangladesh.

En la Gran Bretaña hay un doctor por cada 800 personas, pero en Etiopía hay solamente un doctor por cada 70.000 personas.

Los países ricos ayudan a los países pobres o "en desarrollo" en partes de África, Asia y Sudamérica. Ellos ayudan proporcionando dinero, educación y entrenamiento. Pero los cambios suceden lentamente y hay mucho trabajo por hacer.

Tu país, mi país

¿Dónde se termina tu país? Muchos países tiene costas, así que los mares son los bordes de esos países. Otros países están el uno al lado del otro. Los sitios donde esos países se encuentran se llaman fronteras. Algunas fronteras, como las cadenas de montañas y los ríos, son barreras naturales. Las gentes marcan otras fronteras con paredes o cercas. Algunas fronteras no tienen marcas. Las gentes pueden cruzar libremente de un país a otro.

En muchos países la gente habla el mismo idioma. Ellos se sienten orgullosos de su historia y forma de vivir. Algunas veces las gentes de dos países se pelean. El que gana puede apoderarse de una parte del territorio del vecino. Así, después de una guerra, la frontera entre dos países puede cambiar.

El uso del pasaporte

Cuando visitas otro país, generalmente debes tener un pasaporte para mostrar quién eres y de dónde eres. Cuando entras al país, empleados de inmigración pueden preguntarte cuánto tiempo planeas estar, y revisar lo que llevas antes de que te dejen entrar a visitarlo.

Los ríos forman fronteras naturales. Ellos son más fáciles de cruzar que las altas cadenas de montañas. El río Mekong en el Sudeste Asiático forma la frontera entre dos países —Tailandia y Laos—. Los lagos también forman fronteras en algunos lugares.

Las montañas son fronteras naturales. Cruzarlas fue peligroso y difícil en el pasado. Las gentes de un lado de una cadena de montañas generalmente no sabían nada acerca de las gentes del otro lado. Hoy hay buenas carreteras y a menudo túneles por donde las gentes pueden viajar. La frontera entre Francia e Italia corre a través de altas montañas llamadas los Alpes. Carreteras y túneles que conectan los dos países atraviesan esas montañas.

Desde 1961 hasta 1989, una pared cortó en dos la ciudad alemana de Berlín. A un lado de la pared estaba Berlín Oriental, una parte de Alemania Oriental. Al otro lado estaba Berlín Occidental, una parte de Alemania Occidental. Pero en 1989, esta frontera hecha por el hombre fue derribada, y en octubre de 1990, Alemania Oriental y Alemania Occidental fueron reunidas en un solo país.

El uso de nuestra tierra

Cada país tiene cosas de valor, tales como suelos fértiles o buenas fuentes de agua para cultivar, o combustibles que pueden sacarse de la tierra. Estas cosas se llaman recursos naturales. Otros recursos importantes son los árboles, de los cuales se hacen muebles y papel, y los minerales de los cuales la gente obtiene metales.

La clase de cosechas que se pueden cultivar en cualquier lugar depende del clima. El trigo crece bien en regiones templadas con veranos calientes, pero el arroz necesita condiciones más calientes y húmedas. El arroz se cultiva en áreas planas como escalones hechos en la tierra. Éstos se llaman terrazas. Las principales cosechas del mundo son el trigo, el arroz, el maíz y las papas.

En los lugares que son muy secos para cultivar, los granjeros pastorean ganados, ovejas o cabras. El ganado vacuno es muy importante en las haciendas. Son criados para obtener su carne, productos lácteos, y pieles que se usan para hacer cuero. Las ovejas son criadas por su lana, como también por su carne.

ESTADOS UNIDOS DE AMÉRICA

Éste es el símbolo del trigo. El trigo es el cultivo más importante en los países templados. Se usa para hacer harina. China es el país que produce más trigo.

Este mapa del mundo muestra solamente los mayores productores de varios cultivos y productos agrícolas importantes. Estas cosas son producidas también en muchos otros países. Cada uno tiene su propio símbolo. Pon atención a símbolos como éstos en las páginas de este libro sobre **Cría, cultivo y manufactura.**

 maíz

 productos lácteos

 ganado vacuno

 vegetales

 trigo

 arroz

 algodón

 azúcar

ovejas

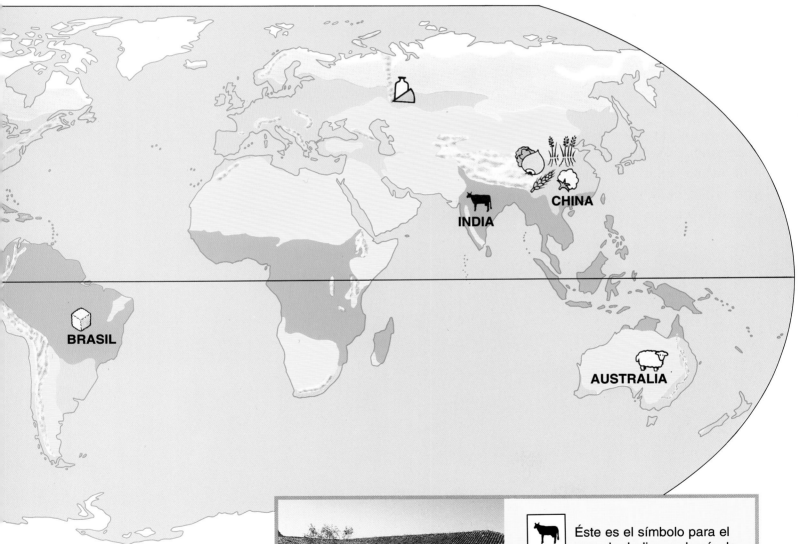

Este es el símbolo para el arroz. El arroz es la comida principal para casi la mitad de la gente del mundo. Este es el alimento más importante en Asia. El mayor productor del mundo es China.

Éste es el símbolo para el ganado. India es el país de mayor crianza de ganado vacuno, el cual es criado principalmente por su leche y para el arado. Hay grandes haciendas de ganado en Brasil. Rusia y sus vecinos producen mucha mantequilla.

Los tesoros de la tierra

Hay tesoros escondidos de todas clases debajo del suelo. Tres de estos tesoros son el carbón, el petróleo y el gas natural. Estos son combustibles que se usan para calentar las casas y para producir electricidad. La gasolina, la cual se saca del petróleo, se usa para mover los automóviles.

Piedras raras, como los diamantes, y metales preciosos, como el oro y la plata, se encuentran en las rocas en algunas partes del mundo. Ellas se usan para hacer joyas, y también tienen muchos usos en la industria. Un mineral muy importante que se encuentra en el suelo es la bauxita, que se usa para hacer el metal aluminio. Metales tales como el hierro, del cual se hace el acero, y el cobre, el estaño, y el cinc se encuentran en algunas rocas. Las fábricas usan minerales y metales del suelo para hacer muchas cosas útiles.

La excavación de minerales del suelo se llama minería. Algunas minas son huecos excavados en la superficie de la tierra. Otras minas están enterradas en las profundidades de la tierra.

Este es el símbolo para el carbón. Aquí, un minero está excavando carbón de una mina profunda bajo tierra. El car-bón se encuentra en muchas partes de la Tierra. China produce más carbón que cualquier otro país.

Este mapa del mundo muestra solamente los mayores productores de varios combustibles y minerales importantes. Estos minerales y combustibles se encuentran también en muchos otros países. Cada uno tiene su propio símbolo. Pon atención a símbolos como éstos en las páginas de este libro sobre **Cría, cultivo y manufactura.**

 carbón

 petróleo

 oro

 cobre

 diamantes

 mineral de hierro

 bauxita

 estaño

 gas natural

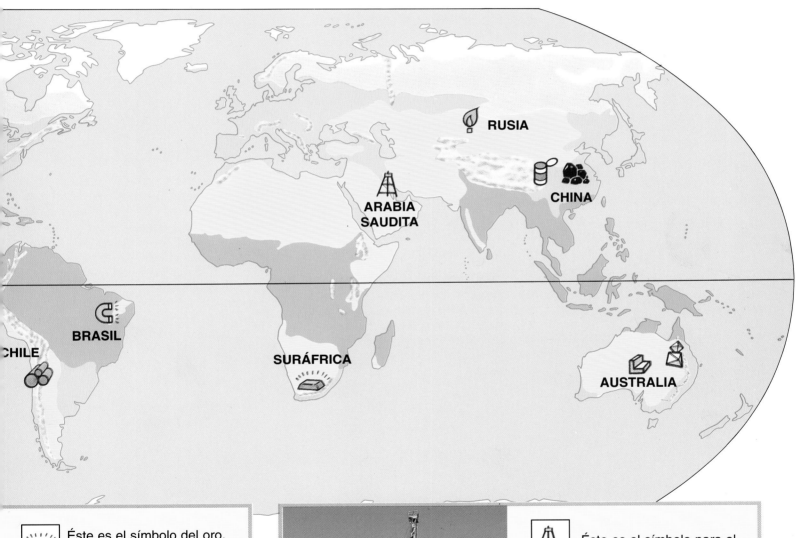

 Éste es el símbolo del oro. El país de mayor producción es Suráfrica.

Éste es el símbolo para el petróleo. Arabia Saudita produce una gran cantidad de petróleo.

Cuidando nuestro mundo

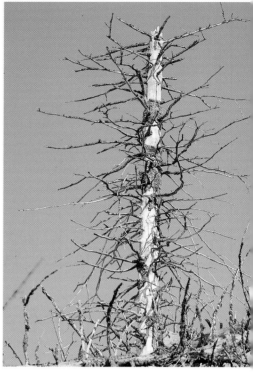

La gente está cambiando el mundo. Si todos los cambios fueran buenos, nuestro planeta sería siempre un sitio maravilloso en el cual vivir. Pero, lamentablemente, muchos cambios son dañinos.

Cada día nace más y más gente. Estas gentes necesitan lugares dónde vivir y trabajar, y necesitan comida. Para todo esto la gente necesita tierra —tierra para fábricas y haciendas, para casas y carreteras—. Pero cuando las gentes toman tierras para ellos, destruyen las moradas de los animales salvajes y las plantas. Y aún cuando la gente tiene suficiente tierra, ellos no siempre la cuidan. Ellos prenden fuego accidentalmente a los bosques. Ellos botan basuras sin pensarlo. Y ellos contaminan la tierra y el agua con los desperdicios.

En un área salvaje, el número de plantas y animales será casi el mismo de un año al otro. La cantidad puede disminuir cuando la gente cambia la tierra. Muchas especies de animales están amenazadas y, sin cuidado especial, algunas se extinguirán.

Antes de las fábricas y los automóviles, el aire era mucho más limpio. Cuando el humo se alza de las chimeneas de las fábricas, algunas de las substancias químicas que contiene son disueltas por la humedad en el aire. Esto transforma la humedad en un ácido. Al final, la humedad cae como lluvia. Las gotas de ácido dañan las plantas. Los árboles, las plantas y los animales en los lagos mueren.

Hace unos miles de años, las selvas lluviosas cubrían más de un sexto de la superficie terrestre. Cerca de la mitad de esas selvas han sido tumbadas. Hoy en día cerca de 12 hectáreas desaparecen cada minuto del día.

A menudo la gente estropea la tierra con sus desperdicios.

En 1986 hubo una explosión en la planta nuclear de Chernobyl en Ucrania. Substancias dañinas salieron al aire. Los vientos llevaron las materias venenosas alrededor del mundo. Algunas cayeron en los países vecinos. En Laponia, los renos que comieron plantas que absorbieron algo de ese material se envenenaron.

Cuando le suceden accidentes a los buques petroleros, el petróleo se derrama en el mar. También, el petróleo es bombeado al mar cuando se limpian los buques tanques y las refinerías. El petróleo flotante arruina las playas y mata la fauna y flora, incluyendo muchos pájaros.

¡Todos nosotros podemos ayudar a cuidar nuestro mundo!

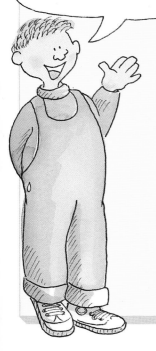

Tú puedes ayudar

Algunas organizaciones están trabajando para ayudar a salvar los animales que están en peligro. El World Wide Fund for Nature es una de ellas. En 1961, el Fondo adoptó un símbolo —el panda gigante de China—. Solamente alrededor de 600 pandas gigantes sobreviven en estado salvaje. Con la ayuda del World Wide Fund for Nature, el gobierno chino está tratando de salvarlos.

Muchos países tienen parques nacionales, reservas naturales para animales, y otros lugares donde la tierra y los animales salvajes están protegidos. La gente de todas partes puede ayudar a cuidar el mundo. Grupos de niños a menudo limpian las basuras que visitantes descuidados dejan en hermosos lugares. Tal vez tú puedas ayudar a mantener hermoso el mundo cercano a tu casa.

Te veré pronto

Fernando de Magallanes, un portugués que era capitán de marina, dirigió la primera expedición para navegar alrededor del mundo. El viaje le tomó casi tres años. Lo comenzó en septiembre de 1519 y lo terminó en septiembre de 1522. El primer vuelo sin paradas en avión a chorro tomó lugar en 1957. ¡Le tomó 45 horas y 19 minutos! ¡Hoy, el avión supersónico Concorde puede volar esa distancia en más o menos diecisiete horas!

Cuando el explorador Cristóbal Colón cruzó el Océano Atlántico en 1492, le tomó un poco más de un mes. En 1952, un buque, el *United States,* cruzó el mismo océano en menos de tres días y medio.

Hace mucho tiempo los vagones viajaban a cinco kilómetros por hora. Hoy, un tren francés viaja a 275 kilómetros por hora. El mundo parece un sitio mucho más pequeño de lo que les parecía a nuestros bisabuelos.

Por mucho tiempo la gente viajaba principalmente a pie. Ellos aprendieron a usar animales para llevar cargas pesadas.

Los buques de vela ayudaron a la gente a llevar cargas más lejos que antes.

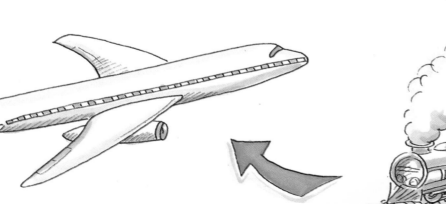

Hoy, aviones a chorro pueden llevar los pasajeros a más de 800 kilómetros por hora.

Para finales del siglo XIX, los trenes de vapor podían viajar a velocidades mayores de 160 kilómetros por hora.

Recepción de mensajes

Mandar mensajes es también más fácil hoy en día. ¿Cómo mandas tú un mensaje? La manera más sencilla es hablando, o gritando si la persona a la que le quieres hablar está lejos. Pero aun el sonido del grito más fuerte no llega muy lejos.

El correo a caballo se usó en Norteamérica entre 1860 y 1861. Un equipo de jinetes llevaba cartas galopando entre Misuri y California, una distancia de 3.164 kilómetros.

Los teléfonos nos permiten hablar con un amigo que está en la siguiente calle, o con una persona que está al otro lado del mundo. El primer teléfono fue inventado en 1876 por un escocés que se estableció en los Estados Unidos. Su nombre era Alexander Graham Bell.

Muchos sistemas modernos de mandar mensajes alrededor del mundo usan satélites de comunicación. Estos satélites artificiales están en órbita alrededor de la Tierra. Ellos reciben señales de radio, teléfono, televisión y otras señales enviadas por estaciones transmisoras en la tierra. Ellos retransmiten estas señales a cualquier parte de la Tierra. La gente puede mirar un acontecimiento en televisión al mismo tiempo que éste está teniendo lugar en la parte opuesta del mundo.

Disfruta este libro

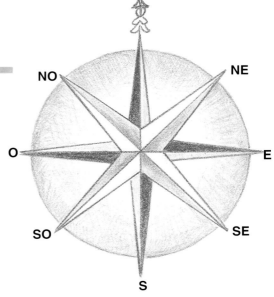

¿Has soñado alguna vez con un viaje al rededor del mundo? ¿Te gustaría volar sobre el pico más alto, el Everest? ¿Qué tal explorar partes desconocidas de la selva amazónica en Sudamérica? ¿Te gustaría manejar en las altas llanuras de África y ver los animales salvajes? ¿Te gustaría conocer gente de países remotos y saber cómo viven?

Las páginas de este libro son como un boleto mágico. Ellas te llevarán alrededor del mundo sin dejar tu casa. Por medio de mapas y dibujos, aprenderás acerca de los países en quince regiones del mundo. Podrás observar la tierra, las plantas, los animales, la gente y sus trabajos, y las grandes ciudades. ¿Estás listo para comenzar? Entonces vamos.

Los mapas le indican a la gente en qué dirección están viajando. Las direcciones más importantes son norte, sur, este y oeste. Este dibujo es una rosa de los vientos. La dirección entre el norte y el este se llama nordeste. Hay otras tres direcciones entre las más importantes.

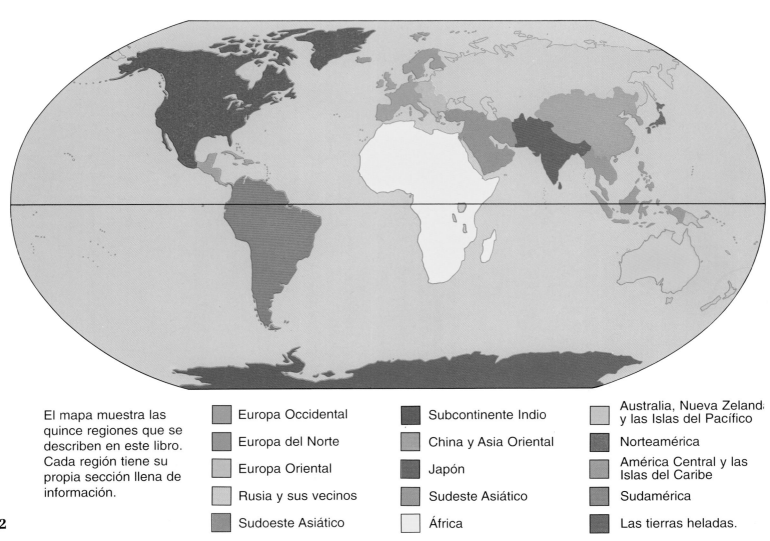

El mapa muestra las quince regiones que se describen en este libro. Cada región tiene su propia sección llena de información.

- Europa Occidental
- Europa del Norte
- Europa Oriental
- Rusia y sus vecinos
- Sudoeste Asiático
- Subcontinente Indio
- China y Asia Oriental
- Japón
- Sudeste Asiático
- África
- Australia, Nueva Zelanda y las Islas del Pacífico
- Norteamérica
- América Central y las Islas del Caribe
- Sudamérica
- Las tierras heladas.

42

Cada una de las quince secciones comienza con una página de **Bienvenida.** Te da una rápida idea de qué mirar en las páginas que siguen.

Las ciudades describen algunas de las ciudades en la región. Puedes conocer sitios de la ciudad que tienen un interés especial para el visitante.

Las plantas explica la clase de plantas que se encuentran en la región.

La gente nos cuenta acerca de la gente de la región, cómo son y cómo viven.

La tierra nos cuenta acerca de las montañas y llanuras, ríos y lagos, desiertos y arrecifes de coral, volcanes y aguas termales, y otras características de la tierra.

Los países cuentan acerca de las naciones de la región. Las banderas de los países tratados en el texto están ilustradas en esta sección.

Los animales nos cuentan acerca de la fauna de una región. Los animales del mundo varían de un lugar a otro, tal como las plantas.

Cría, cultivo y manufactura nos cuenta acerca de los recursos naturales y las industrias de la región.

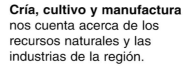

43

Bienvenidos a Europa Occidental

Europa Occidental se extiende desde las islas grandes de Irlanda y Gran Bretaña hasta la parte sur de Francia e Italia en el Mar Mediterráneo. España y Portugal llegan hasta el Océano Atlántico por el oeste, y Europa Occidental casi toca a África en la roca de Gibraltar.

La región tiene miles de kilómetros sobre las costas y altas cadenas montañosas, tales como los Alpes y los Pirineos, que dividen a un país de otro. Pero los países de Europa Occidental comparten muchas de las mismas llanuras, lagos y ríos. Sus gentes están acostumbradas a moverse libremente a través de las fronteras de la región y encontrarse para negocios o diversión. Los países de Europa Occidental son modernos e industrializados y han creado una dependencia recíproca en muchas áreas.

Existen muchas estatuas hermosas en Roma, la capital de Italia.

Turistas aprenden a esquiar en las montañas de los Alpes.

Muchos castillos grandes se encuentran a lo largo del río Rin en Alemania.

Ecuador

Los tulipanes se recogen en los campos
de bulbos de Holanda.

La Torre de Londres en
Inglaterra atrae a muchos
visitantes.

La mayoría de Europa Occidental
tiene ricas tierras de cultivo.

El acero se fabrica en varias ciudades
industriales de diversos países.

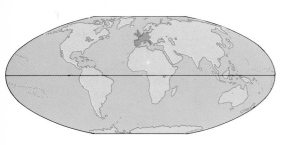

Los países

Hay 18 naciones en Europa Occidental. El Reino Unido de Gran Bretaña e Irlanda del Norte, una de esas naciones, es en realidad cuatro países —Inglaterra, Irlanda del Norte, Escocia y Gales— unidos bajo un solo gobierno. Antes de la segunda guerra mundial Alemania era un solo país. Después de terminar la guerra en 1945, Alemania fue dividida y convertida en dos países diferentes, Alemania Oriental y Alemania Occidental, pero en 1990 las dos naciones se unieron nuevamente.

Europa Occidental es una de las regiones más ricas y poderosas del mundo. Muchos de sus productos viajan por mar. Muchos países tienen costas marítimas. Otros están comunicados a través de largos y profundos ríos. Las barcazas transportan los productos de un país a otro a través de los ríos.

La mayoría de los países Europeos pertenecen a una organización llamada la Unión Europea (UE). La UE promueve la cooperación entre los países miembros, en áreas tales como la política y la economía.

Su historia

Hace más de 2.000 años el Imperio Romano floreció en Europa Occidental. Los romanos fueron ingenieros y constructores muy expertos; fueron además soldados muy bien entrenados que conquistaron grandes regiones de África y Asia.

Más tarde, exploradores y navegantes de Europa Occidental viajaron a la mayoría de las regiones del mundo. Colonizadores de Europa Occidental fueron a vivir y trabajar en esas tierras. Muchos se convirtieron en comerciantes ricos y enviaron alimentos y productos nuevos y fascinantes a sus países de origen.

Las dos guerras mundiales causaron grandes cambios en Europa Occidental. Muchos edificios fueron destruidos por las bombas y millones de personas murieron. Cuando la segunda guerra mundial terminó, muchas ciudades fueron reconstruidas.

Sus riquezas

Desde principios del siglo XIX, Europa Occidental ha sido una región que está a la cabeza de la industria y la manufactura. Fue la primera región del mundo que desarrolló máquinas para usar en las fábricas. Hoy existen miles de fábricas en esta región.

Europa Occidental necesita grandes cantidades de energía para mover sus fábricas. Ésta es producida por plantas eléctricas alimentadas con aceite, carbón, o por plantas hidroeléctricas y nucleares.

En Europa Occidental la gran mayoría de las tierras cultivables están utilizadas. Muchos países pueden producir la mayoría de sus productos alimenticios, pero algunos importan alimentos, tales como granos y mantequilla.

Europa Occidental es una región rica y muy poblada. La mayor parte de la gente vive en pueblos y ciudades. Aunque existe algún desempleo, la mayor parte de la gente gana buenos sueldos y vive en casas confortables.

El coliseo de Roma en Italia, fue construido hace cerca de 2.000 años por los romanos. Era un gran teatro al aire libre.

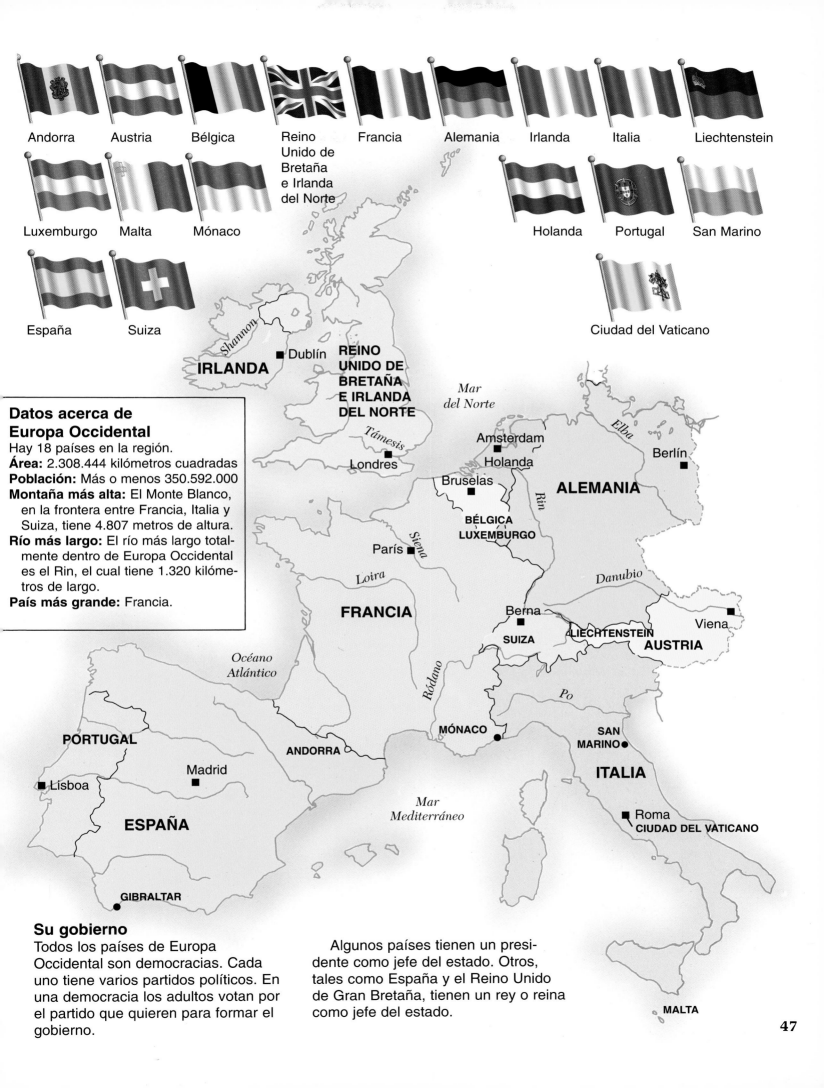

Andorra Austria Bélgica Reino Unido de Bretaña e Irlanda del Norte Francia Alemania Irlanda Italia Liechtenstein

Luxemburgo Malta Mónaco Holanda Portugal San Marino

España Suiza Ciudad del Vaticano

Datos acerca de Europa Occidental

Hay 18 países en la región.

Área: 2.308.444 kilómetros cuadradas

Población: Más o menos 350.592.000

Montaña más alta: El Monte Blanco, en la frontera entre Francia, Italia y Suiza, tiene 4.807 metros de altura.

Río más largo: El río más largo totalmente dentro de Europa Occidental es el Rin, el cual tiene 1.320 kilómetros de largo.

País más grande: Francia.

IRLANDA Dublín

REINO UNIDO DE BRETAÑA E IRLANDA DEL NORTE

Mar del Norte

Shannon

Támesis

Londres

Amsterdam Holanda Berlín

Elba

Bruselas

BÉLGICA LUXEMBURGO

ALEMANIA

Rin

París

Sena

Loira

FRANCIA

Berna

SUIZA

LIECHTENSTEIN

Danubio

Viena

AUSTRIA

Océano Atlántico

Ródano

Po

MÓNACO

SAN MARINO

ANDORRA

PORTUGAL

Madrid

Lisboa

ESPAÑA

Mar Mediterráneo

ITALIA

Roma
CIUDAD DEL VATICANO

GIBRALTAR

Su gobierno

Todos los países de Europa Occidental son democracias. Cada uno tiene varios partidos políticos. En una democracia los adultos votan por el partido que quieren para formar el gobierno.

Algunos países tienen un presidente como jefe del estado. Otros, tales como España y el Reino Unido de Gran Bretaña, tienen un rey o reina como jefe del estado.

MALTA

47

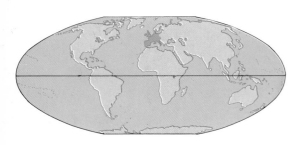

Observemos la tierra

Europa Occidental tiene varias cadenas de altas montañas. Ellas incluyen los Pirineos, en la frontera de Francia y España, y los Alpes con sus picos nevados. Es difícil para la gente cruzar los Pirineos con productos para comerciar. Consecuentemente, Francia y España han tenido que comerciar principalmente por mar por muchos años. Los Alpes son la cordillera más extensa en Europa Occidental. En la cumbre de las montañas hay glaciares.

Algunos de los ríos más largos de la región tienen su nacimiento en los Alpes. El río Rin comienza como dos rápidos riachuelos que bajan por una ladera y fluyen hacia el lago de Constanza en Suiza. Desde allí el Rin atraviesa Francia, Alemania y los Países Bajos antes de desembocar en el Mar del Norte.

Europa Occidental tiene una costa accidentada. La tierra se curva hacia dentro y afuera, formando muchos puertos naturales que son importantes para la industria pesquera. Cerca de la costa se encuentran muchas islas.

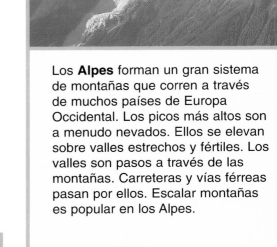

Los **Alpes** forman un gran sistema de montañas que corren a través de muchos países de Europa Occidental. Los picos más altos son a menudo nevados. Ellos se elevan sobre valles estrechos y fértiles. Los valles son pasos a través de las montañas. Carreteras y vías férreas pasan por ellos. Escalar montañas es popular en los Alpes.

La mayor parte de la costa de Europa Occidental se encuentra en el Océano Atlántico. Olas poderosas han erosionado las rocas y han formado bahías en la costa. Las costas de **Bretaña** en Francia son especialmente ásperas, con acantilados irregulares y ensenadas arenosas.

El **Rin** es la vía acuática más importante de Europa. Fluye desde los altos Alpes hasta el Mar del Norte. A medida que el Rin cruza Alemania, se desliza a lo largo de anchos llanos y a través de estrechos desfiladeros. Aquí, grandiosos y viejos castillos dominan el río. Ellos fueron construidos como fortalezas hace muchos siglos.

La mayor parte de los **Países Bajos** está bajo el nivel del mar. Largos canales cruzan los Países Bajos de un lado a otro. Ellos han sido excavados para drenar agua de las tierras bajas y planas. Sin los canales, extensas áreas de tierra se encontrarían inundadas por las lluvias.

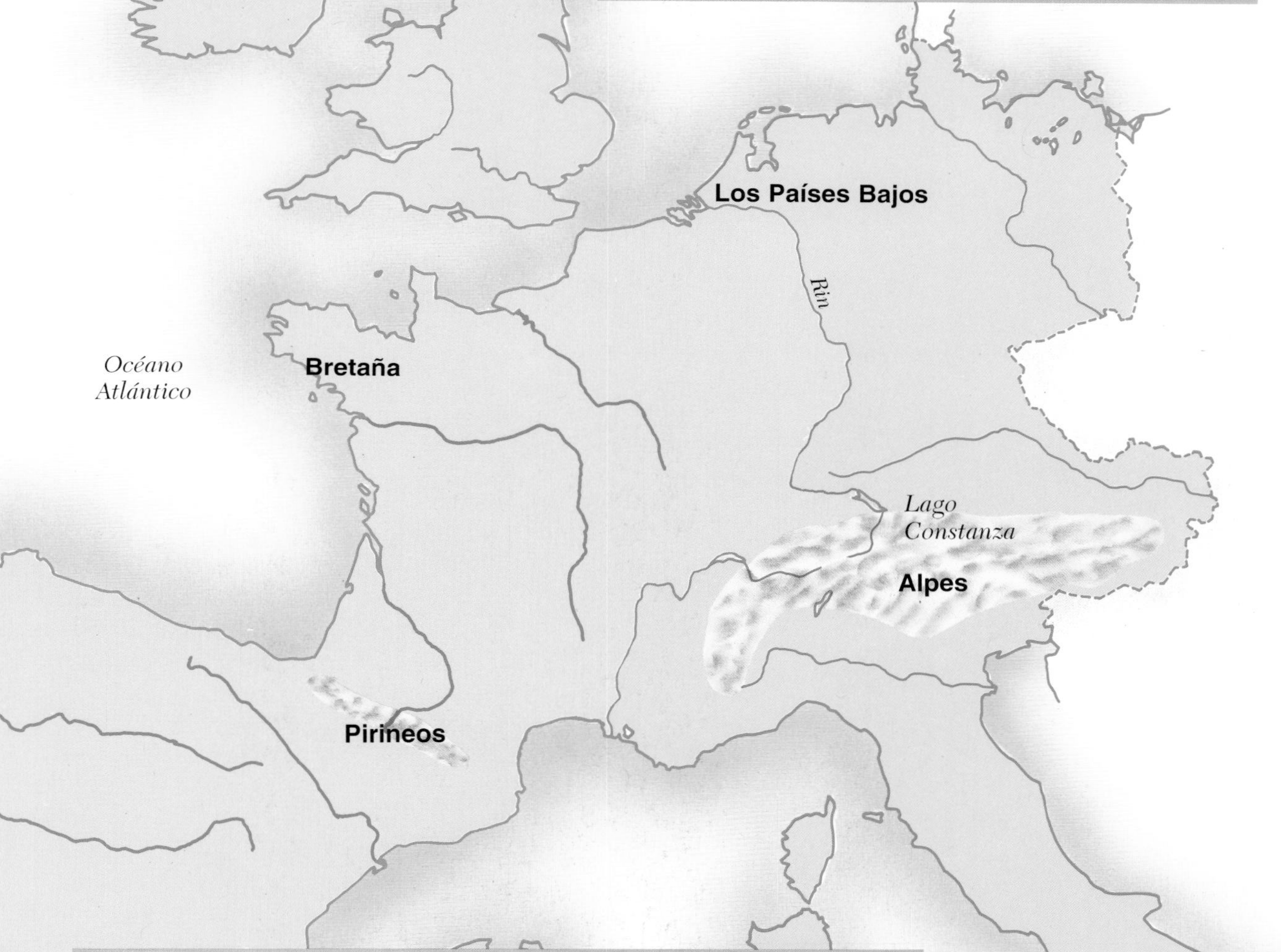

Los Países Bajos

Rin

Océano Atlántico

Bretaña

Lago Constanza

Alpes

Pirineos

Gibraltar se encuentra en un estrecho de tierra que se adentra en el mar en el sur de España. Está coronado por un inmenso acantilado calizo, llamado la **Roca de Gibraltar.** Ésta domina el estrecho de Gibraltar, un estrecho pasaje marítimo.

Roca de Gibraltar

Las plantas y los animales

edelweiss

Una rica maraña de flores crece en antiguas praderas y a lo largo de los caminos en Europa Occidental. Ranúnculos amarillos y amapolas rojas se destacan entre los pastos, donde ratones silvestres tejen nidos y el pequeño carrizo busca insectos.

Europa Occidental estuvo cubierta una vez por bosques y pantanos. Pero después de cientos de años, la mayoría de los bosques fueron talados y los pantanos drenados. La tierra fue usada para la agricultura y para casas y fábricas. La gente trajo ovejas, caballos y vacas a pastar en las tierras despejadas. Los animales salvajes grandes no tuvieron dónde vivir y rápidamente se extinguieron. Pero animales más pequeños como los zorros y los tejones, todavía sobreviven —algunas veces cerca de los pueblos—.

águila real

gamuza

íbice alpina

genciana

rosas de montaña

marmota

saxífraga púrpura

Las montañas

Más abajo de los picos nevados de los Alpes, la delgada capa de tierra está cubierta de pastos y algunas flores. Íbic[...] alpinas y gamuzas trepan fácilmente sobre las pendientes rocosas. Águilas reales escudriñan las laderas en busca de animales pequeños.

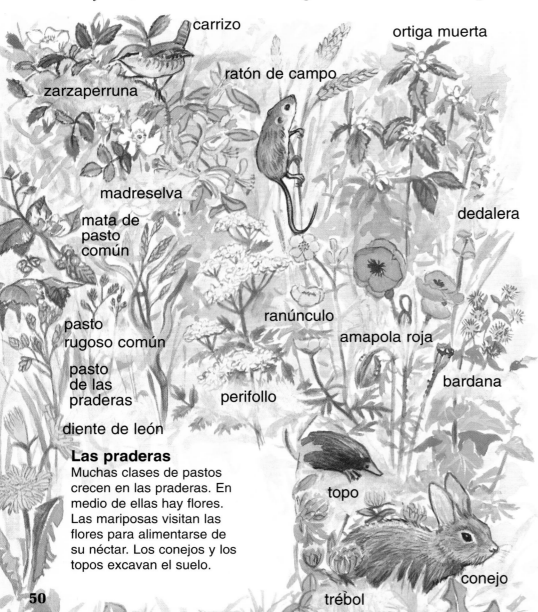

carrizo

ortiga muerta

ratón de campo

zarzaperruna

madreselva

mata de pasto común

dedalera

pasto rugoso común

ranúnculo

amapola roja

pasto de las praderas

perifollo

bardana

diente de león

Las praderas

Muchas clases de pastos crecen en las praderas. En medio de ellas hay flores. Las mariposas visitan las flores para alimentarse de su néctar. Los conejos y los topos excavan el suelo.

topo

conejo

trébol

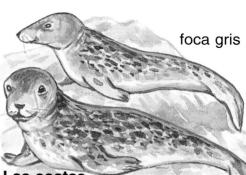

foca gris

Las costas

En las costas rocosas, el ostrero se alimenta de mariscos y cangrejos de playa que se esconden en el fuco de la playa. Focas grises descansan sobre rocas en la costa atlántica.

fuco

tejón

castaño

roble

fresno

cárabo

erizo

Los bosques
Erizos y tejones
duermen todo el día entre
las plantas y arbustos en áreas
boscosas. Salen de noche para
cazar y comer. El cárabo es otro
cazador nocturno. Canta un
reclamo profundo y ululante.

helecho

cangrejo
de mar

ostrero

gaviota común

Cría, cultivo y manufactura

A través del resplandor caliente del alto horno, el obrero siderúrgico observa el inmenso cazo lleno con el hierro líquido calentado al blanco. Cuando el cazo está lleno, el trabajador da la señal para ladearlo lentamente. El hierro líquido se vierte entonces en la abertura redonda de otro horno. El hierro derretido chisporrotea y sisea al salpicar dentro del horno. Los gases se inflaman produciendo una inmensa llamarada amarilla. Cuando el horno está lleno, el hierro es convertido en acero.

El acero es una de las industrias más importantes en Europa Occidental. El acero se usa para hacer maquinaria y automóviles. Grandes cantidades de materias primas tales como el carbón, el mineral de hierro y el gas se encuentran bajo suelo, los cuales proveen energía y materiales para toda clase de industrias.

Europa Occidental no es solamente una región industrial. La agricultura es también importante. Se puede producir toda clase de cultivos porque existen muchas clases de suelos y hay una variedad de climas.

Busca estos símbolos en el mapa:

 trigo

 productos lácteos

 ovejas

 uvas

 pesca

 vegetales

 gas natural

 carbón

 ganado vacuno

 frutas

 azúcar

 cerdos

 petróleo

 mineral de hierro

 industria

 manufactura de automóviles

La manufactura de automóviles

Existen muchas fábricas de automóviles en Europa Occidental. La mayoría de los automóviles se hacen en líneas de producción. Algunas veces los robots ayudan a ensamblar partes de los automóviles. Esto significa que más automóviles se pueden producir a más bajo costo. Muchos automóviles famosos como los Ferrari, BMW, Porsche y Aston Martin se producen en Europa Occidental.

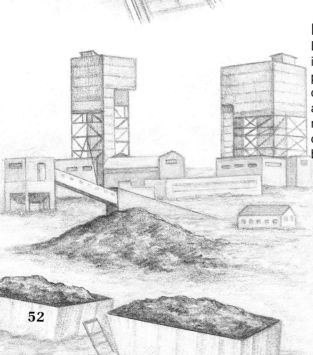

La extracción de carbón

La extracción del carbón ha sido una industria importante en Europa Occidental por muchos años. Hay grandes minas de carbón en Alemania y Gran Bretaña. En algunas partes el carbón se extrae en minas abiertas, pero por lo general el carbón se encuentra en las profundidades bajo el suelo.

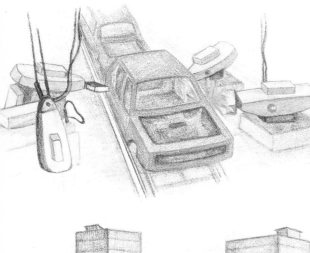

El acero

El acero es una de las industrias más importantes de Europa Occidental. El acero se usa para hacer maquinarias y automóviles.

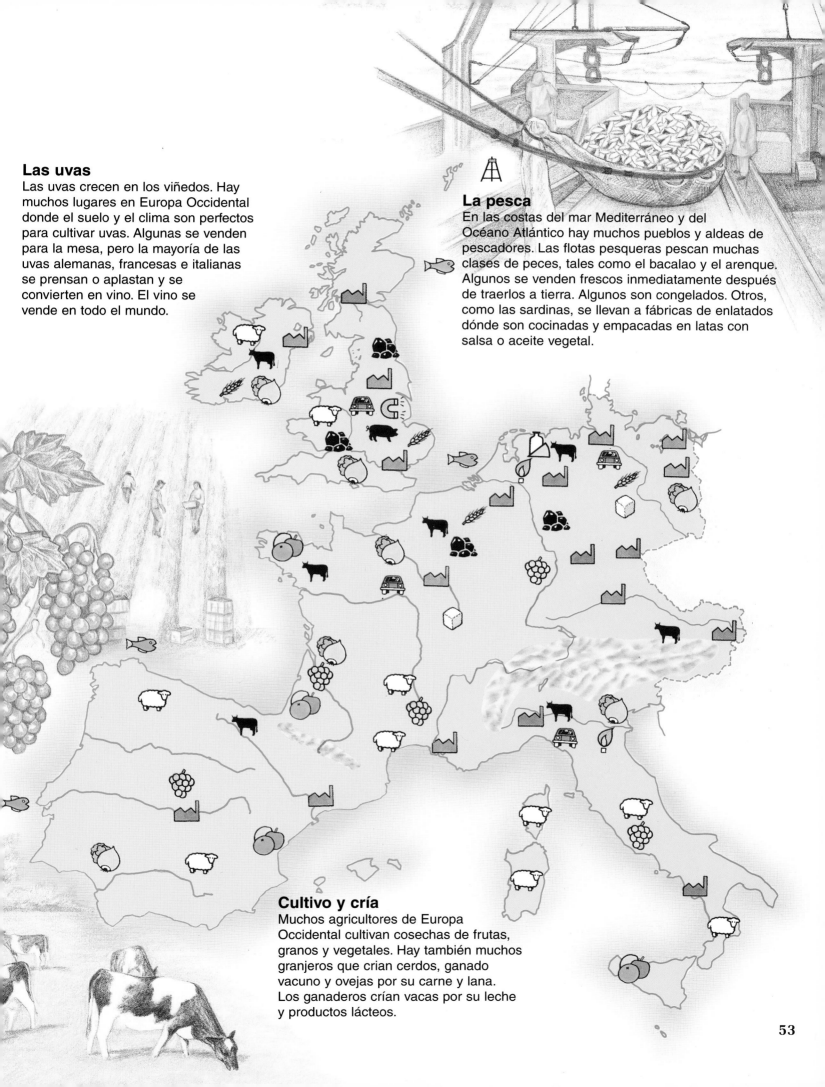

Las uvas

Las uvas crecen en los viñedos. Hay muchos lugares en Europa Occidental donde el suelo y el clima son perfectos para cultivar uvas. Algunas se venden para la mesa, pero la mayoría de las uvas alemanas, francesas e italianas se prensan o aplastan y se convierten en vino. El vino se vende en todo el mundo.

La pesca

En las costas del mar Mediterráneo y del Océano Atlántico hay muchos pueblos y aldeas de pescadores. Las flotas pesqueras pescan muchas clases de peces, tales como el bacalao y el arenque. Algunos se venden frescos inmediatamente después de traerlos a tierra. Algunos son congelados. Otros, como las sardinas, se llevan a fábricas de enlatados dónde son cocinadas y empacadas en latas con salsa o aceite vegetal.

Cultivo y cría

Muchos agricultores de Europa Occidental cultivan cosechas de frutas, granos y vegetales. Hay también muchos granjeros que crian cerdos, ganado vacuno y ovejas por su carne y lana. Los ganaderos crían vacas por su leche y productos lácteos.

La gente y sus costumbres

Europa Occidental es uno de los centros artísticos y culturales más activos del mundo. Durante todo el año tienen lugar festivales y carnavales, tanto en los pueblos como en el campo, para conmemorar días y sucesos especiales. Hay también muestras de arte, música y cine.

Varios países de Europa todavía tienen un rey o reina. Muchas ceremonias reales que se han mantenido por cientos de años tienen lugar cada año. En la escuela los niños aprenden acerca de la historia y las tradiciones de sus países. Este conocimiento a menudo continúa influyendo en su vida diaria a medida que crecen. Los arquitectos, diseñadores de modas e ingenieros son famosos en todo el mundo por sus diseños modernos. Sin embargo, ellos también respetan las ideas del pasado.

Durante el verano, algunos granjeros suizos dejan sus casas en los valles para llevar su ganado a lo alto de las montañas. Allí, los granjeros viven en cabañas de troncos mientras los ganados pastan en los prados.

Todas estas gentes viven en Europa Occidental.

El fútbol es un deporte popular en Europa Occidental. Cada equipo tiene sus propios colores y los hinchas se visten con pañuelos y sombreros que indican qué equipo apoyan.

Cada año una procesión de carretas tiradas por bueyes, jinetes a caballo y peregrinos de a pie entran en la aldea del Rocío en el sur de España. Este festival religioso celebra el descubrimiento de una estatua sagrada hace más de 300 años.

En algunas partes de Irlanda, la gente vive aún en casitas tradicionales. Muchas de estas casitas están pintadas de blanco y tienen techos hechos de paja o juncos.

Los franceses son famosos por su cocina y por crear platos que se copian en muchas partes del mundo. Hay muchas comidas deliciosas a la venta en los restaurantes. Los comensales comen también en los cafés al aire libre y de paso pueden presenciar alguna actuación en vivo.

Miles de personas de la India, Paquistán, y de las Antillas viven ahora en Gran Bretaña. Ellos han traído muchas de sus costumbres. Restaurantes indios son ahora comunes en la mayoría de los pueblos británicos. Los antillanos de Londres organizan un colorido festival cada año.

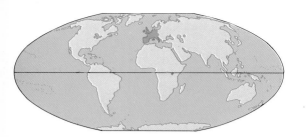

Las ciudades

Europa Occidental tiene algunas de las ciudades más famosas del mundo. Si quieres ir de compras en Venecia, Italia, puedes ir en bote. Esta ciudad tiene calles llenas de agua. Venecia está construida sobre muchas islas pequeñas en una laguna poco profunda. París, la ciudad capital de Francia, ha sido un centro de arte y estudio por siglos. Londres, en la Gran Bretaña, es una de las ciudades más antiguas e históricas.

Las ciudades de Europa Occidental son visitadas por gente de todo el mundo, que van a admirar la arquitectura de las catedrales y los palacios antiguos. Los museos y galerías contienen grandes colecciones de arte del pasado. Pero la mayoría de las ciudades tienen también muchos edificios nuevos. Los modernos edificios de grandes tiendas y oficinas se encuentran junto a casas e iglesias que tienen cientos de años.

⇧
La ciudad alemana de **Berlín** estuvo dividida por el muro de Berlín hasta 1989. Berlín Oriental estaba controlada por el gobierno comunista de Alemania Oriental, y Berlín Occidental por el gobierno democrático de Alemania Occidental. Pero el muro fue derribado en 1989. En esta fotografía, berlineses alegres, riendo y blandiendo luces de Bengala encima del muro de Berlín, están celebrando la reunificación de la ciudad.

⇦
Los canales de **Venecia,** en el norte de Italia, le dan un gran atractivo a la ciuda pero también causan problemas. Duran las tormentas invernales las mareas alt causan serias inundaciones.

Europoort es el puerto más grande del mundo construido por el hombre. Está construido en la costa de los Países Bajos y es el puerto de la ciudad de Roterdam. Europoort acomoda grandes buques que llevan granos y petróleo. Tiene además refinerías de petróleo, fábricas y fundiciones. Europoort tiene sólo treinta años, pero ya se le llama La Puerta de Europa.

Londres es la ciudad capital de la Gran Bretaña y es uno de los centros bancarios más importantes del mundo. *The city* es la parte más antigua de Londres. El techo redondo de la catedral de San Pablo se eleva por sobre los otros edificios.

Hay muchos sitios famosos en **París**, pero el más fácil de localizar es la torre Eiffel que se levanta bien por encima de la ciudad. Fue construida para celebrar la feria mundial de 1889.

A través de Europa en camión

El camión sale lentamente del depósito. Está lleno de cajones de naranjas empacadas cuidadosamente. Son jugosas y dulces. Han crecido en la Costa Blanca y se han madurado bajo el sol caliente de España. Las naranjas de Valencia son de las más populares del mundo. Ahora se encuentran de viaje desde el depósito de empaque en Valencia hasta la ciudad de Amsterdam en los Países Bajos. El viaje tomará dos días mientras el camión cruza el norte de España, luego Francia, Bélgica y los Países Bajos.

Una vez afuera de la congestionada ciudad de Valencia, el camión se dirige a la autopista. Ésta es una carretera extensa, rápida y con dos o tres carriles. A lo largo del camino se debe hacer pagos, llamados peajes. La autopista pasa por Barcelona, principal ciudad industrial de España.

Al norte de Barcelona se encuentra la frontera entre España y Francia. Aquí el chofer debe hacer cola detrás de otros camiones que esperan cruzar la frontera.

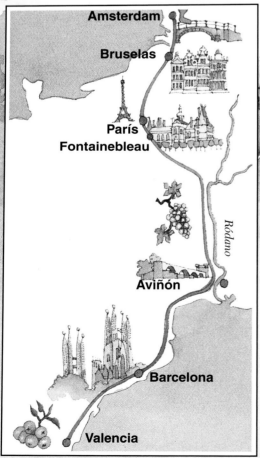

La inspección de los camiones en la frontera puede tomar mucho tiempo porque, como es verano, muchos turistas están viajando entre España y Francia.

En Aviñón hay un puente famoso que fue construido por los romanos hace casi dos mil años.

Muchos de los países de Europa están trabajando juntos para formar una gran comunidad en la que puedan comprar y vender productos libremente. Pero los productos todavía se inspeccionan en las fronteras.

El chofer se alegra de continuar el viaje después de la espera. Él toma la famosa Autoroute du Soleil hacia París. Por el camino, el camión pasa por las ciudades de Nimes y Aviñón.

Es tarde cuando el camión se acerca a París. El chofer se sale de la autopista a una zona de descanso donde hay una estación de gasolina, un restaurante y un hotel. La zona de descanso está cerca de la ciudad de Fontainebleau, donde existe un hermoso palacio real.

A la mañana siguiente, el chofer sale para París. La torre Eiffel sobresale a la distancia. La carretera de circunvalación está congestionada con el tráfico de la mañana, y pasa una hora antes de que el camión salga de la ciudad y se dirija hacia el norte.

El camión se dirige hacia el norte a través de una vasta extensión de tierra plana que se conoce como La Gran Llanura Europea. De nuevo hay que cruzar una frontera cuando el camión entra a Bélgica. Bruselas, la capital de Bélgica, es también la sede de La Unión Europea. Aquí se reúnen los representantes de todos los países miembros para discutir sobre la cooperación en materia de economía, aplicación de la ley y política exterior. Una vez pasada Bruselas, el final del viaje está cerca. El chofer dirige el camión hacia Amsterdam anticipando con placer su bien merecido descanso.

Ahora hay tiempo para descansar. El chofer puede pasearse a lo largo de algunos de los muchos canales de Amsterdam, o tomar café en una cafetería a la vera del camino.

¡Finalmente Amsterdam! El camión será descargado rápidamente y las naranjas serán vendidas en los supermercados. En canje, el camión será cargado con contenedores de trigo para los molinos de harina de España. España tiene naranjas en abundancia, pero compra trigo de sus vecinos europeos.

Viajes como éste suceden todo el tiempo en las congestionadas autopistas europeas. Miles de camiones atraviesan Europa cada día, llevando productos a donde se necesitan.

Bienvenidos a Europa del Norte

Europa del Norte es una región fría y helada que se encuentra situada parcialmente en el Círculo Ártico. Está casi completamente rodeada de mares, excepto en la frontera entre Alemania y Rusia. Partes de Europa del Norte están cubiertas de extensos bosques de árboles perennes. Otros lugares, como Dinamarca, tienen zonas bajas de cultivo y cría. La mayor parte de las industrias de estos países están en las grandes ciudades cerca de las costas.

La parte norte de Noruega es llamada a menudo La Tierra del Sol de Media Noche. En los meses de verano el sol brilla día y noche durante diez semanas. Este día con veinticuatro horas de luz es causado por la inclinación de la Tierra, que coloca al Polo Norte más cerca del Sol. La gente goza este verano corto pero caliente y pasa las largas noches en la calle. En el invierno los días son cortos y oscuros.

Ecuador

Los fiordos son estrechas ensenadas del mar.

Los renos comen pasto en el verano y musgo en el invierno.

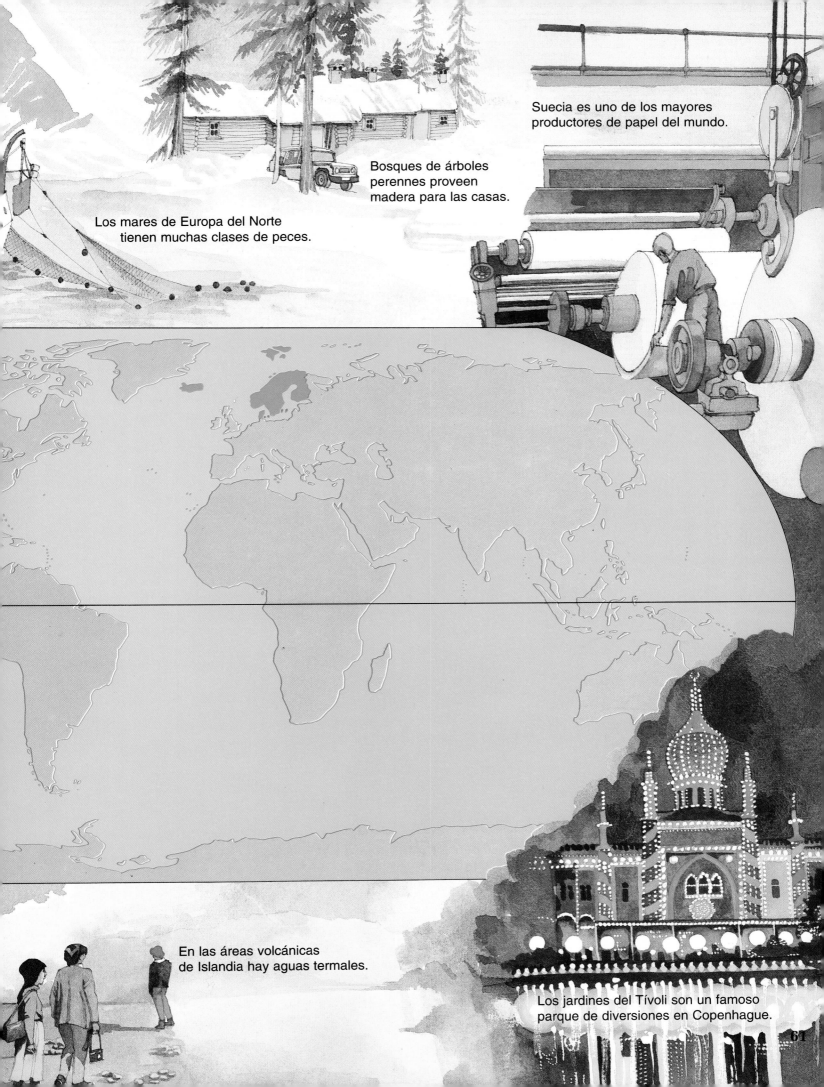

Suecia es uno de los mayores productores de papel del mundo.

Bosques de árboles perennes proveen madera para las casas.

Los mares de Europa del Norte tienen muchas clases de peces.

En las áreas volcánicas de Islandia hay aguas termales.

Los jardines del Tívoli son un famoso parque de diversiones en Copenhague.

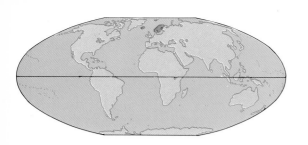

Los países

Europa del Norte se compone de cinco países independientes. Éstos son Dinamarca, Finlandia, Islandia, Noruega, y Suecia. Islandia es una isla en el Océano Atlántico Norte al oeste de Noruega. Al este de Finlandia se encuentra Rusia. Al sur de Dinamarca está Alemania.

El área más nórdica de esta región se encuentra en el Círculo Ártico. Los inviernos son muy largos. Hay mucho hielo y nieve, y los días son cortos.

Su historia

Las gentes de estos países han siempre dependido del mar para la supervivencia. Alrededor del siglo IX, gentes llamadas vikingos vivieron en Europa del Norte. Ellos fueron navegantes aventureros que viajaban a lo largo de las costas europeas en sus largas embarcaciones. A menudo saqueaban asentamientos y pueblos, llevándose esclavos y riquezas. Ellos también comerciaban con otras naciones. Se piensa que las embarcaciones vikingas navegaron hasta Norteamérica.

Hoy en día estos cinco países tienen relaciones estrechas y amistosas entre sí. Pero esto no fue siempre así. Por muchos años Suecia y Dinamarca guerrearon entre sí. Suecia también guerreó contra Rusia para determinar cuál nación podía gobernar a Finlandia.

Sus riquezas

Los países de Europa del Norte siempre han dependido del mar para tener pescado para comer y exportar. La pesca es tan importante para Islandia que en el pasado hubo una seria disputa entre los pescadores de Islandia y Gran Bretaña. Los islandeses creían que las flotas pesqueras inglesas pescaban en aguas islandesas. Las dos partes tuvieron que hacer un pacto para pescar en sus propias aguas.

Noruega es el segundo productor de petróleo de Europa. Suecia exporta grandes cantidades de mineral de hierro. Pero los otros países de Europa del Norte tienen pocos recursos naturales, tales como petróleo o minerales. La energía eléctrica generada por plantas hidroeléctricas es importante. La mayor parte de los países de Europa del Norte importan petróleo y minerales del resto del mundo. Pagan por estas importaciones exportando madera, productos lácteos, pescados y productos manufacturados.

Los vikingos fueron guerreros y piratas feroces que vivieron en Europa del Norte desde el siglo IX. Eran navegantes expertos. Sus embarcaciones se llamaban largas embarcaciones.

ISLANDIA

Lago Myvatn

Reikiavik

Dinamarca   Finlandia   Islandia   Noruega   Suecia

Su gobierno

Dinamarca, Suecia y Noruega son monarquías. El jefe del estado en estos países es un rey o una reina, pero los países son gobernados por un primer ministro y un parlamento elegido.

Islandia y Finlandia son repúblicas. A sus jefes de estado se les llama presidentes. Cada república tiene también un primer ministro y un parlamento.

La mayoría de las gentes de esta región tienen salarios altos y tienen un nivel de vida confortable.

FINLANDIA

SUECIA

Golfo de Botnia

NORUEGA

Oslo ■

Helsinki ■

Klarälven

Lago Vänern

EstocoImo ■

Göta alv

Mar del Norte

DINAMARCA

Copenhague ■

Mar Báltico

Datos sobre Europa del Norte

Hay cinco países en la región.

Área: 1.313.524 kilómetros cuadradas.

Población: cerca de 22.947.000 personas.

País más grande: Suecia.

Montaña más alta: GaldhøpiggenI en Noruega; tiene 2.469 metros de alto.

Río más largo: Klarälven-Göta älv, en el sur de Suecia; tiene cerca de 720 kilómetros de largo.

63

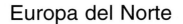

Observemos la tierra

Buena parte de la tierra de Europa del Norte está conformada por montañas escarpadas que se elevan sobre una costa irregular. Hace muchos miles de años, inmensas capas de hielo y ríos de hielo llamados glaciares cubrían esta área. A medida que se movían lentamente hacia el mar, los glaciares labraron valles estrechos y profundos y depresiones llamadas fiordos.

El paisaje de las regiones más nórdicas es muy espectacular. A menudo Islandia es llamada La Tierra del Hielo y del Fuego. En muchas partes los volcanes entran en erupción y fuentes termales y géiseres lanzan chorros de vapor al aire frío. En las montañas del sur de Noruega hay grandes cascadas de agua, y más hacia el norte, los glaciares labran su camino hacia los mares del Ártico. Miles de islas rocosas se encuentran a cierta distancia de las costas noruegas donde son golpeadas por violentas olas.

Ensenadas profundas se adentran en la costa noruega. Estas vías navegables rodeadas de altas montañas se llaman fiordos. Ellos fueron labrados por glaciares hace más de 10.000 años, cuando el clima era mucho más frío que hoy en día. El **Fiordo Geiranger,** en la parte occidental del país, es uno de los lugares más hermosos de la costa de Noruega.

Gran parte de **Dinamarca** es tierra agrícola fértil donde pastan vacas lecheras y se crían cerdos. Las colinas suaves y onduladas, los pastos verdes y las praderas llenas de flores son muy hermosas y bastante diferentes del áspero terreno de más al norte.

Islandia

Lago Myvatn

El **lago Myvatn** se encuentra en el norte de Islandia. Alrededor del lago hay volcanes y vaporosas aguas termales. El agua en estas fuentes termales es calentada por rocas calientes que se encuentran bajo la superficie de la tierra. Los científicos creen que Islandia fue formada por varias islas volcánicas pequeñas. La lava llenó gradualmente el mar entre estas islas.

El **golfo de Botnia** se encuentra en la parte más al norte del Mar Báltico. En el invierno se congela. Sólo los rompehielos pueden abrirse paso a lo largo de las costas congeladas de Suecia.

Fiordo
Geiranger

Golfo de Botnia

Finlandia

Dinamarca

Mar Báltico

Finlandia tiene más o menos 60.000 lagos. La mayoría está en el sur. Hay pequeñas islas rocosas en muchos de los lagos. Hace 20.000 años, Finlandia estaba cubierta por hielo. El hielo en movimiento labró muchas depresiones en la tierra. Cuando el hielo se derritió, el agua llenó las depresiones y formó lagos.

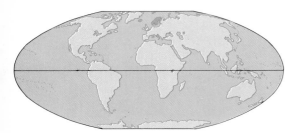

Las plantas y los animales

juncia

abedul enano

cisne gigante

Los bosques de coníferas en Europa del Norte tienen que sobrevivir inviernos largos y fríos, con mucha nieve. Las hojas en forma de púas de los pinos que crecen aquí resisten bien los temporales helados. La nieve se desliza fácilmente desde estos altos árboles. La mayor parte de los animales de los bosques tienen pieles gruesas para protegerse del frío. El glotón, parecido a los osos, tiene piel larga y brillante y patas peludas para ayudarlo a correr en la nieve dura. El urogallo es un ave grande de los bosques. Sus patas tienen una orla de plumas que actúan como raquetas durante el invierno.

Europa del Norte aún conserva grandes bosques. Pero en el extremo norte, sólo musgos, líquenes y plantas enanas pueden sobrevivir. Aquí, gran número de insectos sirven de alimento para los pájaros durante el corto verano. Profundas ensenadas y abruptos acantilados proporcionan excelentes sitios para anidar a las aves migratorias a lo largo de la hermosa costa.

pato de cola larga

junco

clángula

Abeto noruego

herrerillo crestado

pino albar

búho de Tengmalm

hierba salada

glotón

urogallo

marta

lemming

Los bosques de coníferas

El glotón caza en los bosques de abeto y pinos. Puede nadar y trepar árboles fácilmente. La marta es un trepador aún mejor cuando quiere cazar pájaros. También caza a los lemmings que viven en el suelo del bosque. Los búhos hacen su nido en los árboles.

El bosque de abedul en las montañas

El corzo se alimenta de hojas y yerbas y masca la corteza del abedul. Las musarañas cazan insectos terrestres, y los colirrojos de cuello azul anidan aquí. El raro castor europeo vive cerca de las aguas.

abedul

Corzo

castor

musaraña

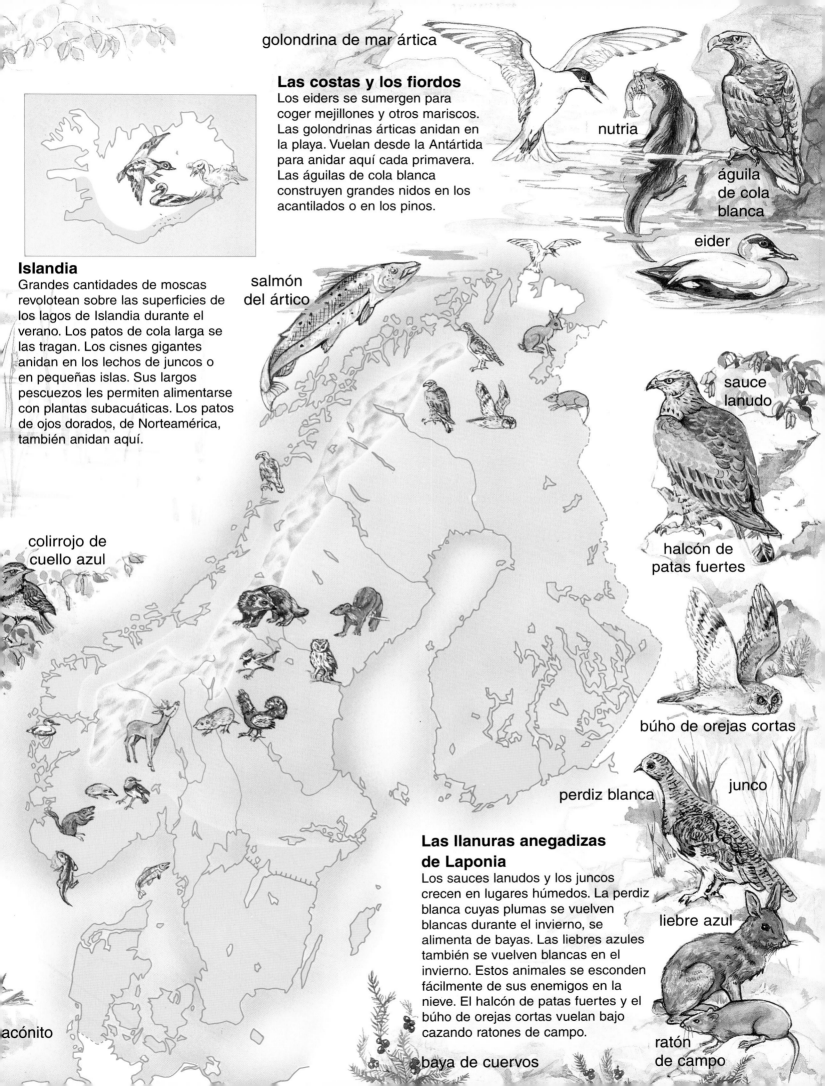

golondrina de mar ártica

Las costas y los fiordos
Los eiders se sumergen para coger mejillones y otros mariscos. Las golondrinas árticas anidan en la playa. Vuelan desde la Antártida para anidar aquí cada primavera. Las águilas de cola blanca construyen grandes nidos en los acantilados o en los pinos.

nutria

águila de cola blanca

eider

Islandia
Grandes cantidades de moscas revolotean sobre las superficies de los lagos de Islandia durante el verano. Los patos de cola larga se las tragan. Los cisnes gigantes anidan en los lechos de juncos o en pequeñas islas. Sus largos pescuezos les permiten alimentarse con plantas subacuáticas. Los patos de ojos dorados, de Norteamérica, también anidan aquí.

salmón del ártico

sauce lanudo

halcón de patas fuertes

colirrojo de cuello azul

búho de orejas cortas

junco

perdiz blanca

Las llanuras anegadizas de Laponia
Los sauces lanudos y los juncos crecen en lugares húmedos. La perdiz blanca cuyas plumas se vuelven blancas durante el invierno, se alimenta de bayas. Las liebres azules también se vuelven blancas en el invierno. Estos animales se esconden fácilmente de sus enemigos en la nieve. El halcón de patas fuertes y el búho de orejas cortas vuelan bajo cazando ratones de campo.

liebre azul

acónito

baya de cuervos

ratón de campo

Cría, cultivo y manufactura

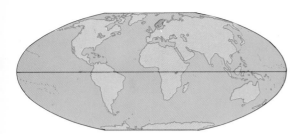

Los trabajadores elevan la mirada al cielo con ansiedad. Esperan tener buen tiempo y un mar calmado. Después de una señal, varios remolcadores encienden sus motores y comienzan a remolcar la inmensa plataforma petrolera hacia mar abierto desde el puerto de Stavanger. Bien adentro, en el Mar del Norte, la plataforma será anclada al fondo del mar. Los trabajadores petroleros perforarán para sacar el petróleo que se encuentra en las rocas debajo del mar.

Noruega tiene muchas plataformas petroleras y torres de perforación para encontrar gas natural en el Mar del Norte. Hay suficiente petróleo y gas para satisfacer todas las necesidades de Noruega y para exportar a otros países también.

Europa del Norte depende del mar para obtener su petróleo y sus pescados. La minería, el cultivo de árboles y la agricultura son también importantes para algunos países. Los ríos torrentosos producen energía hidroeléctrica para uso industrial.

Busca estos símbolos en el mapa:

 ganado

 productos lácteos

 madera

 pesca

 cerdos

 petróleo

 gas natural

 mineral de hierro

 cobre

 industria

 manufactura de automóviles

 energía hidroeléctrica

El petróleo en Noruega
Uno de los recursos naturales más valiosos de Noruega se encuentra bajo el mar. La mayor parte del petróleo que Noruega extrae del Mar del Norte se vende a otros países.

La silvicultura en Finlandia
Finlandia tiene muchos bosques de árboles tales como las píceas, los pinos, los abedules y los abetos. Los trabajadores forestales están ocupados todo el año, plantando árboles jóvenes, cuidando los árboles que crecen y talando árboles grandes durante el invierno.

La minería en Suecia
Suecia es uno de los líderes en la producción de mineral de hierro. Las montañas de Kiruna, en el norte de Suecia, son ricas en este mineral. El mineral de hierro se calienta en altos hornos hasta volverlo líquido. Luego se transforma en acero.

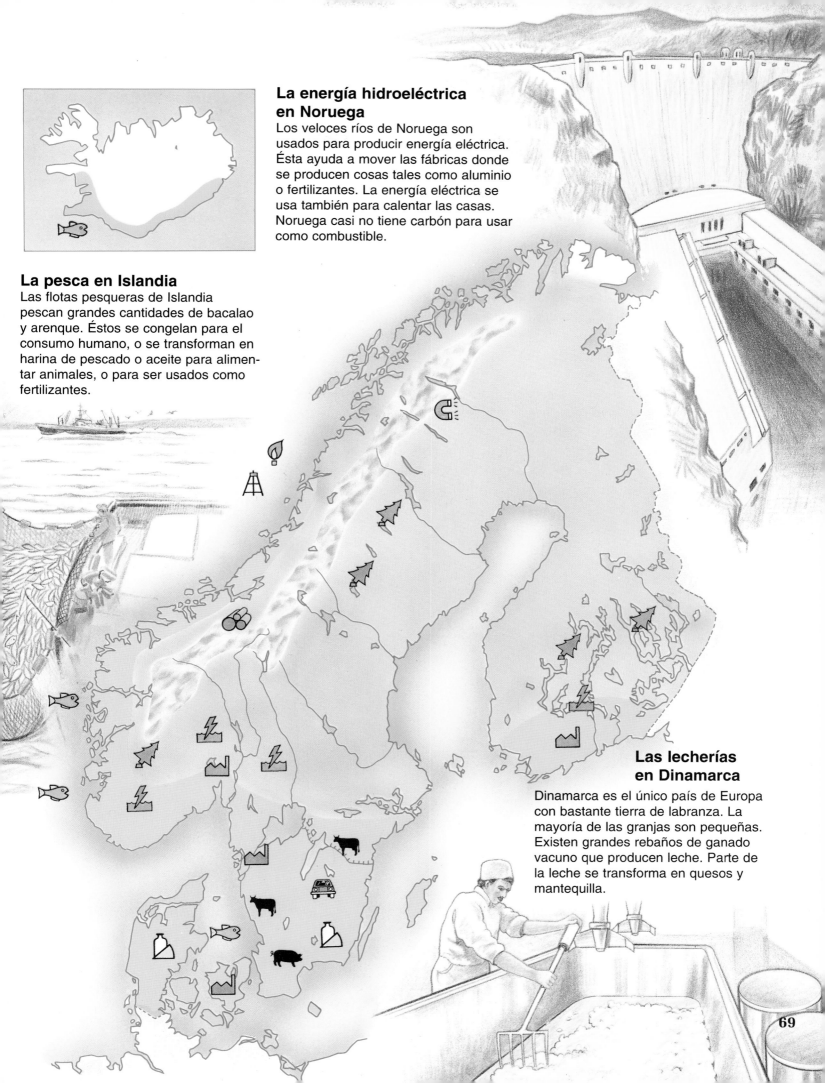

La energía hidroeléctrica en Noruega

Los veloces ríos de Noruega son usados para producir energía eléctrica. Ésta ayuda a mover las fábricas donde se producen cosas tales como aluminio o fertilizantes. La energía eléctrica se usa también para calentar las casas. Noruega casi no tiene carbón para usar como combustible.

La pesca en Islandia

Las flotas pesqueras de Islandia pescan grandes cantidades de bacalao y arenque. Éstos se congelan para el consumo humano, o se transforman en harina de pescado o aceite para alimentar animales, o para ser usados como fertilizantes.

Las lecherías en Dinamarca

Dinamarca es el único país de Europa con bastante tierra de labranza. La mayoría de las granjas son pequeñas. Existen grandes rebaños de ganado vacuno que producen leche. Parte de la leche se transforma en quesos y mantequilla.

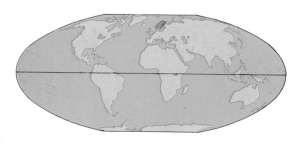

La gente y sus costumbres

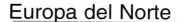

Los días de invierno son muy cortos en el extremo norte de Europa. Gran cantidad de nieve puede cubrir el suelo durante varios meses, y a menudo la temperatura es muy fría. Es tan difícil viajar que los niños encuentran más fácil ir a la escuela esquiando. Una vez adentro no tienen ningún problema en mantenerse calientes. La mayoría de los países de Europa del Norte son muy montañosos, y ríos torrentosos y cascadas producen energía eléctrica para calentar las casas y las fábricas.

Durante los meses calientes, mucha gente que vive en la costa o en los fiordos usan sus propias lanchitas a motor para viajar de un sitio a otro. Los lagos son lugares maravillosos para remar o navegar en velero. Muchos turistas visitan estos lugares y muchos de ellos llegan vía mar. Ellos se unen a los turistas locales para visitar ciudades históricas, tales como Oslo y Copenhague, y recorrer los fiordos en un vapor, o acampar a orilla de los lagos.

En algunas partes de Islandia, el agua que ha sido calentada en las profundidades de la tierra, surge a la superficie y forma charcas. El agua contiene minerales que son conocidos porque ayudan a aliviar enfermedades dolorosas. La gente descansa y nada en estas aguas calientes.

En Europa del Norte muchos niños aprenden a esquiar cuando están muy pequeños. Uno de los deportes más populares es esquiar a campo traviesa. Las escuelas tienen unas vacaciones cortas en la mitad del invierno, y muchas familias van a las montañas a esquiar.

Buques a vapor llevan pasajeros de un lado al otro de los fiordos para gozar del espectacular paisaje.

Los lapones viven en el extremo norte de Noruega, Suecia, Finlandia y parte de Rusia. Muchos viven en pueblos y aldeas. Pero algunos son todavía nómadas que arrean manadas de renos a través de las nieves en busca de pastizales. Ellos crían renos por su carne, leche y piel.

Todas estas gentes viven en Europa del Norte.

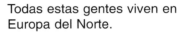

Durante el solsticio estival, el 21 de junio, tienen lugar celebraciones en toda Suecia. Mayos altos se erigen en cada poblado. Los palos son decorados con hojas y flores, y la gente baila alrededor de ellos.

71

Las ciudades

Los puertos de Europa del Norte están en actividad las veinticuatro horas del día. Al amanecer, los primeros botes pesqueros llegan a descargar la pesca de la mañana. Grandes buques contenedores que llevan y traen productos de todas partes del mundo pueden también encontrarse entrando al muelle. Algunos llevan suministros que deben ser levantados de las bodegas por grúas. Otros llevan comida y productos para las plataformas de perforación que trabajan a cientos de kilómetros de la costa en el Mar del Norte y en los campos petroleros de Noruega. Los puertos son muy importantes para la vida de la región. Debido a que el interior es montañoso, la mayoría de la gente viaja por mar.

Las ciudades más grandes de Europa del Norte son todas puertos muy ocupados. La mayor parte de la gente vive en las ciudades y pueblos de la región y no en el campo. Muchas de las calles de las ciudades están bordeadas por edificios llamativos.

Helsinki, la ciudad capital de Finlandia, tiene calles anchas y edificios modernos. La catedral principal domina la vista del puerto. Helsinki tiene un puerto grande y activo. En los inviernos más fríos el puerto se cierra debido al hielo.

Reikiavik es la ciudad capital y principal puerto de Islandia. Su nombre significa Bahía que Humea. Ésto se debe al vapor que se levanta de las fuentes termales de origen volcánico de las cercanías. Las aguas termales se usan como sistema de calefacción.

⬆

Stavanger es uno de los pueblos con más movimiento en Noruega. Es una base muy importante en el Mar del Norte para la industria petrolera del país. En los astilleros de Stavanger se construyen buques tanques y plataformas para la perforación en el océano.

Estocolmo fue antes una fortaleza en una isla en medio de un lago. El poblado creció y se extendió a otras islas. Hoy en día, Estocolmo está construida a ambos lados del lago, alrededor del pueblo viejo. La ciudad es un gran centro industrial.

⬆

Oslo es la ciudad más grande de Noruega. A lo largo de la avenida principal en el centro de la ciudad se encuentran el palacio real, la catedral y antiguos edificios universitarios. La mayor parte de la gente vive en los barrios suburbanos, en medio de bosques y lagos.

Bienvenidos a Europa Oriental

Europa Oriental se extiende desde Polonia, en el nórdico Mar Báltico hasta Grecia, en el asoleado Mediterráneo. Algunos países de esta área tales como la República Checa, Eslovaquia, Hungría y Macedonia, no tienen costas. Ellos están completamente rodeados por tierra. Uno de los ríos más largos de Europa, el Danubio, corre a través de muchos de los países de la región. Ésta es una vía fluvial con una gran actividad de botes de carga.

Polonia es un país conocido por sus industrias. Tiene también extensas llanuras donde el cultivo y la cría son importantes. Eslovaquia y la República Checa son montañosas. Grecia, Albania y la antigua Yugoslavia también son montañosas y escarpadas. No lejos de las costas de Grecia se encuentran cientos de pequeñas islas que se han transformado en centros muy frecuentados durante las vacaciones.

Las ruinas de los templos nos muestran los lugares donde los antiguos griegos adoraban sus dioses hace más de dos mil años.

Ecuador

La vida en familia es importante para muchos europeos orientales.

A la gente le gusta decorar telas con bordados de colores.

Inmensos buques portacontenedores y buques tanques se construyen en Polonia.

En las islas griegas son muy populares los complejos turísticos.

Algunas formas de cultivar se han conservado iguales por siglos.

La antigua ciudad de Praga ha cambiado muy poco en los últimos quinientos años.

75

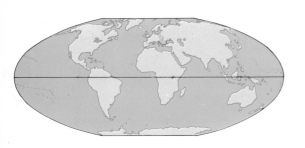

Europa Oriental

Los países

Esta región está compuesta por trece países. Éstos incluyen Albania, Bulgaria, la República Checa, Grecia, Hungría, Polonia, Rumanía y Eslovaquia (que era parte de Checoslovaquia junto con la República Checa). Europa Oriental también incluye cinco países que eran parte de la antigua Yugoslavia. Ellos son Bosnia-Herzegovina, Croacia, Macedonia, Eslovenia y Yugoslavia (que ahora está formada por Serbia y Montenegro).

Los países de Europa Oriental se encuentran ubicados entre Alemania por el oeste y Rusia por el este. Después de la segunda guerra mundial (1939-1945), gobiernos comunistas controlaron todos estos países con excepción de Grecia.

En 1989, las gentes de Bulgaria, Checoslovaquia, Hungría, Polonia y Rumanía obligaron a sus líderes a retirarse del poder. Ellos formaron nuevos gobiernos. En 1990, el Partido Comunista perdió el poder en Yugoslavia. Movimientos de independencia muy fuertes en los estados yugoslavos terminaron en guerra civil. Por el contrario, la división de Checoslovaquia fue pacífica.

Su historia
Durante siglos, Europa Oriental ha sido un área inestable del mundo. La región ha sido invadida por muchas naciones, y los gobernantes a menudo se peleaban entre ellos. Durante la primera guerra mundial (1914-1918) y la segunda guerra mundial (1939-1945), muchos de estos países sufrieron grandes daños. Ciudades y pueblos completos fueron destruidos. Después de la segunda guerra mundial se necesitó un gran trabajo de reconstrucción.

Por muchos años hubo muy poco contacto entre los países comunistas de Europa Oriental y el resto del mundo. Hoy en día, todos los países de Europa están empezando a depender cada vez más los unos de los otros.

Sus riquezas
Los países de Europa Oriental no tienen tanta riqueza industrial o poder como los países de Europa Occidental. Muchas fábricas no tienen las maquinarias más modernas. Esto significa que los productos se manufacturan más lentamente.

A pesar de que existen en Europa Oriental extensas áreas de tierra agrícola fértil, las cosechas no son grandes. En algunos lugares las formas de trabajar de los agricultores son tradicionales y lentas.

En muchos de estos países, el gobierno comunista era el dueño de la mayoría de la tierra cultivable. Muchas de estas granjas eran llamadas cooperativas. Los trabajadores de las cooperativas participaban en las ganancias si la cosecha era muy buena. Hoy en día, la mayoría de los gobiernos están vendiendo estas granjas a personas privadas.

Mucha gente vive ahora en las ciudades de Europa Oriental, las cuales han crecido rápidamente desde 1940.

Albania

Bosnia-Herzegovina

Bulgaria

Croacia

La República Checa

Grecia

Hungría

Macedonia

Polonia

Rumanía

Eslovaquia

Eslovenia

Yugoslavia

Datos sobre Europa Oriental
Hay trece países en la región.
Área: 1.298.490 kilómetros cuadradas.
Población: más o menos 134.721.000.
País más grande: Polonia.
Montaña más alta: El pico de Musala en Bulgaria tiene 2.925 metros de alto.
Río más largo: El Danubio, el cual corre a través de Alemania, Austria y Europa Oriental hasta llegar al Mar negro, tiene 2.860 kilómetros de largo.

Vistula

■ Varsovia

P O L O N I A

■ Praga

REPÚBLICA CHECA

ESLOVAQUIA

■ Bratislava

Danubio

■ Budapest

HUNGRÍA

Lago Balatón

R U M A N Í A

Lubiana ■

ESLOVENIA

■ Zagreb

CROACIA

Sava

■ Bucarest ■

BOSNIA-HERZEGOVINA

Belgrado ■

Danubio

Mar Adriático

Sarajevo ■

YUGOSLAVIA

Mar Negro

BULGARIA

Sofía ■

■ Skoplje

MACEDONIA

■ Tirana

ALBANIA

Mar Egeo

GRECIA

Atenas ■

Mar Jónico

78

Mar Mediterráneo

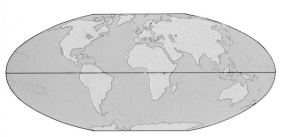

Observemos la tierra

Europa Oriental es una región fértil. Tiene un clima suave y suficientes lluvias para hacer crecer bien los cultivos. En los sitios donde la tierra es plana, las lluvias se juntan en los ríos que cruzan el paisaje. Durante varios siglos, estas vías navegables han sido usadas por grandes botes de carga. El Danubio es el mayor río de Europa Oriental, el cual corre desde Alemania hasta su delta en el Mar Negro. En su delta, el río se ensancha y crea un enorme laberinto de canales y lagos que serpentean a través de juncos y pastizales.

Al norte del Danubio se encuentran los montes Cárpatos. Éstos incluyen varias cadenas de montañas a lo largo del límite entre Eslovaquia y Polonia. Al sur de la región está la escarpada península balcánica. Balkan es una palabra turca que significa montaña. La península se adentra en el Mar Mediterráneo, y gran parte de sus costas están salpicadas de islas.

Las llanuras y suaves colinas de **Polonia** están cruzadas por ríos. El río más largo es el Vístula. Ésta es la mayor área agrícola.

La **caverna de Postojna** es una de las muchas cuevas en las montañas occidentales de Eslovenia. El río Pivka corre por las cuevas, erosionando las rocas calizas. De los techos de las cuevas cuelgan largos carámbanos de piedra llamados estalactitas. Del piso se levantan troncones de piedra llamados estalagmitas. Éstos son creados por agua que contiene cal y que ha goteado desde el techo por muchos cientos de años.

El **Danubio** nace como un río pequeño en Alemania. En su curso por Hungría, se vuelve profundo, ancho y correntoso. Finalmente, cuando el río se acerca al Mar Negro, fluye más lentamente a través de una ancha planicie.

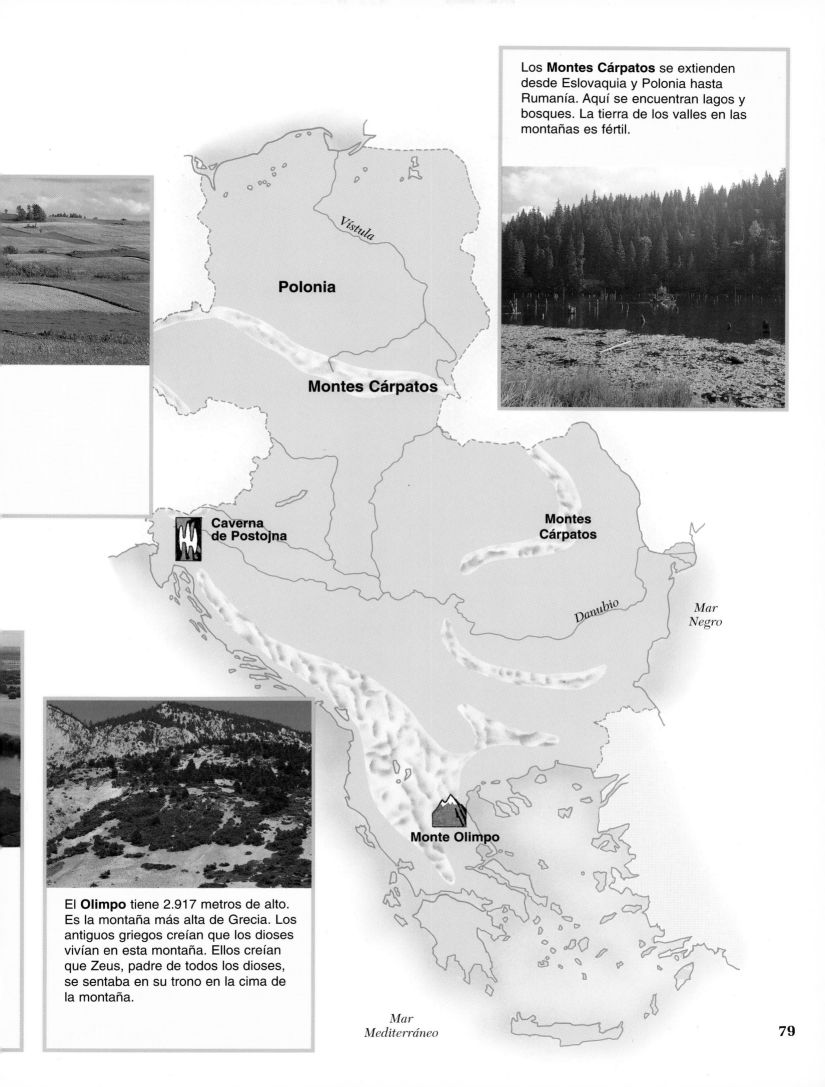

Los **Montes Cárpatos** se extienden desde Eslovaquia y Polonia hasta Rumanía. Aquí se encuentran lagos y bosques. La tierra de los valles en las montañas es fértil.

Polonia

Vístula

Montes Cárpatos

Caverna de Postojna

Montes Cárpatos

Danubio

Mar Negro

Monte Olimpo

El **Olimpo** tiene 2.917 metros de alto. Es la montaña más alta de Grecia. Los antiguos griegos creían que los dioses vivían en esta montaña. Ellos creían que Zeus, padre de todos los dioses, se sentaba en su trono en la cima de la montaña.

Mar Mediterráneo

Las plantas y los animales

espadaña

garza morada

Curruca de
los juncos

En la parte norte de esta región existe un trecho de bosque tupido.
En estos bosques, gigantescos y viejos árboles se elevan hacia el
cielo. Al lado de ellos, pequeños retoños salen del suelo. Cuando
los árboles mueren se pudren en el suelo cubiertos de musgos.
Muchos animales viven en el bosque. Los jabalíes buscan unos
hongos llamados trufas, las cuales crecen bajo el suelo cerca de las
raíces de los árboles. Ardillas y pájaros carpinteros hacen sus nidos
en las ramas. Los linces se mueven rápidamente a través del
bosque en busca de comida.

   Más hacia el sur, áreas pantanosas sirven de hábitat a muchos
pájaros acuáticos que anidan en medio de los juncos altos.
Algunas partes de los Montes Cárpatos están cubiertas de pastos y
plantas con flores. Éstas atraen diversas variedades de mariposas.
En el sur caluroso las plantas y animales deben sobrevivir
veranos calientes y largos, y vientos fuertes y secos.

Los bosques
El jabalí y el lince son dos de los
animales más grandes que viven en los
bosques de árboles de hojas anchas.

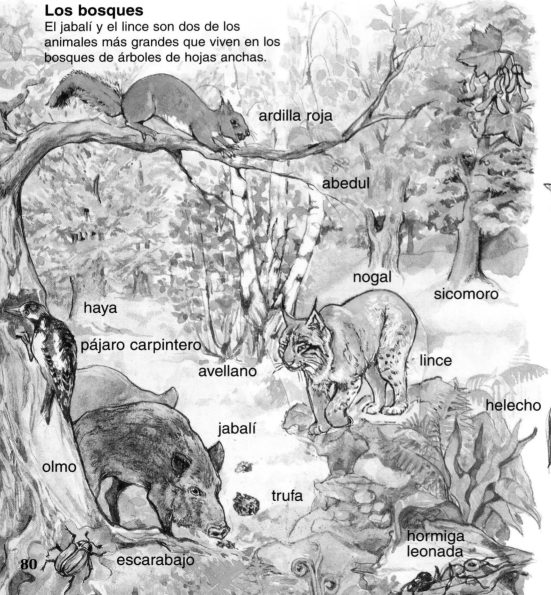

ardilla roja

abedul

nogal

sicomoro

haya

pájaro carpintero

avellano

lince

jabalí

olmo

trufa

helecho

hormiga
leonada

escarabajo

Los Pantanos
Escondidos en los juncos que bordean
el agua, se alimentan las avocetas y las
garzas moradas. Ellos tienen patas largas
para caminar en el agua. Las garzas
ensartan los peces con sus largos picos.
Las currucas de los juncos tejen sus
nidos dentro de los juncales altos
que crecen en las tierras pantanosas.

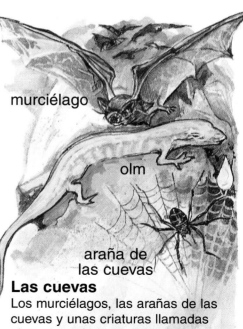

murciélago

olm

araña de
las cuevas

Las cuevas
Los murciélagos, las arañas de las
cuevas y unas criaturas llamadas
olms viven en algunas de las cuevas
oscuras y frías de Europa Oriental.
Los olms tienen un cuerpo parecido
al de la anguila y viven en lagos y
arroyos subterráneos.

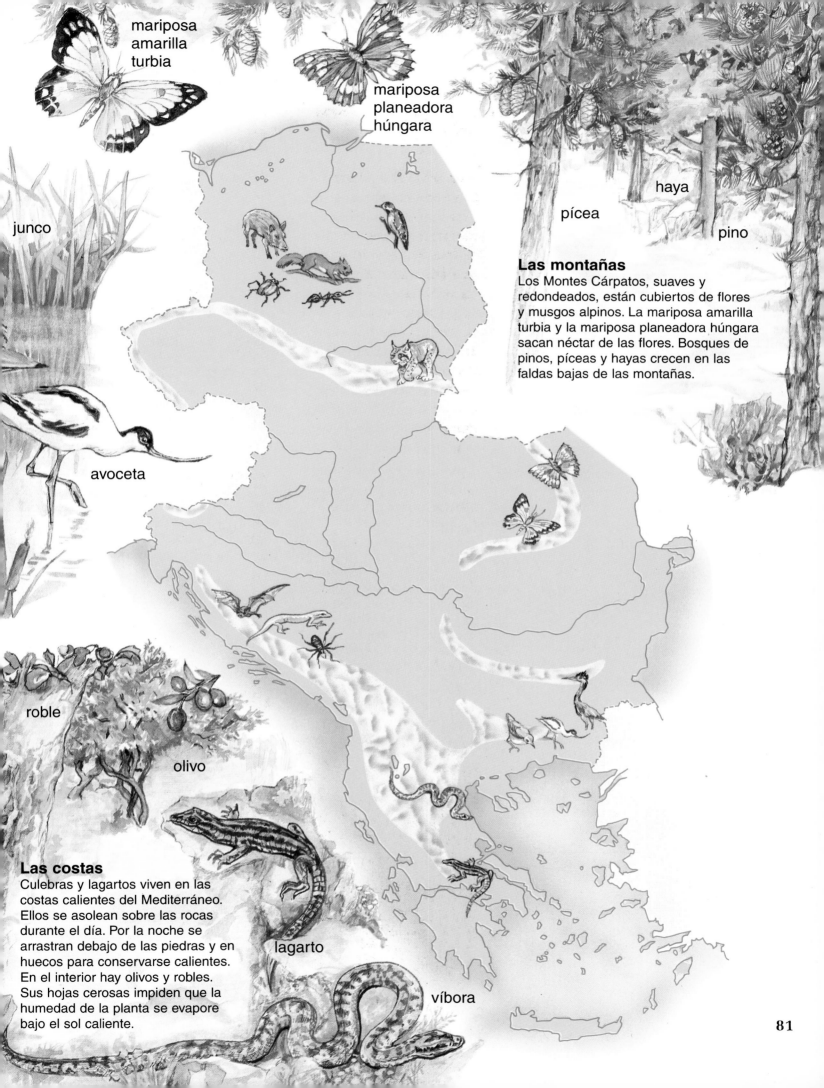

mariposa
amarilla
turbia

mariposa
planeadora
húngara

junco

avoceta

haya

pícea

pino

Las montañas
Los Montes Cárpatos, suaves y
redondeados, están cubiertos de flores
y musgos alpinos. La mariposa amarilla
turbia y la mariposa planeadora húngara
sacan néctar de las flores. Bosques de
pinos, píceas y hayas crecen en las
faldas bajas de las montañas.

roble

olivo

Las costas
Culebras y lagartos viven en las
costas calientes del Mediterráneo.
Ellos se asolean sobre las rocas
durante el día. Por la noche se
arrastran debajo de las piedras y en
huecos para conservarse calientes.
En el interior hay olivos y robles.
Sus hojas cerosas impiden que la
humedad de la planta se evapore
bajo el sol caliente.

lagarto

víbora

81

Cría, cultivo y manufactura

El fabricante de cristales respira profundamente y comienza a soplar muy suavemente a través de una larga cerbatana de hierro. Ésta tiene alrededor de uno y medio metros de largo, y en su extremo brilla una pequeña burbuja de vidrio líquido. Lentamente, la burbuja comienza a crecer. Crece y crece tornándose en una bombilla hueca con forma de balón.

La República Checa produce una de las cristalerías más hermosas del mundo. La mayor parte del cristal se produce en una región llamada Bohemia, la cual durante siglos ha sido famosa por sus cristales.

Europa Oriental es rica en minerales. Polonia es uno de los países de mayor producción de carbón en el mundo. La bauxita se extrae en Yugoslavia, Croacia y Hungría, y el petróleo y el gas son importantes en Rumanía. Muchas industrias nuevas se han establecido desde la segunda guerra mundial, pero todavía mucha gente se dedica al campo.

Busca estos símbolos en el mapa:

 trigo

 maíz

 ganado vacuno

 ovejas

 frutas

 uvas

 azúcar

 algodón

 cerdos

 vegetales

 petróleo

 gas natural

 mineral de hierro

 bauxita

 carbón

 industria

 producción de cristal

La industria del petróleo en Rumanía

El petróleo se encuentra bajo la llanura del Danubio en Rumanía. El petróleo es bombeado y enviado a refinerías cercanas para ser convertido en gasolina, productos químicos, fibras artificiales y tinturas. El principal yacimiento de gas natural se encuentra en una región llamada Transilvania. Largas tuberías llevan el gas a las ciudades y fábricas.

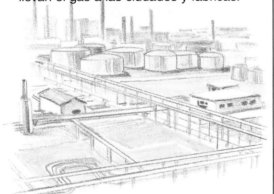

La producción de cristal en la República Checa

La arena de Bohemia se calienta junto con otros materiales. Esta mezcla forma un líquido que luego se endurece formando el cristal.

La cría y cultivo en Yugoslavia

Mucha gente en Yugoslavia trabaja en el campo, criando ovejas, cerdos y ganado. Los granjeros también cultivan trigo y maíz. La mayoría de las granjas son pequeñas.

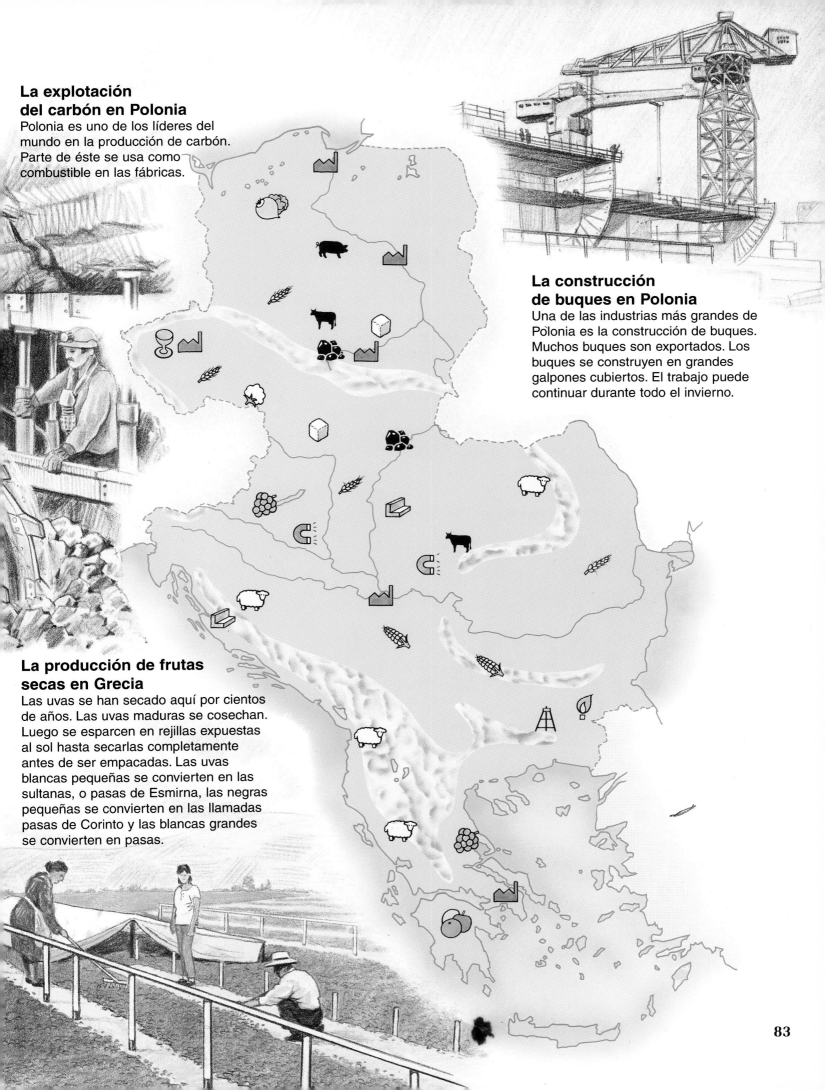

La explotación del carbón en Polonia

Polonia es uno de los líderes del mundo en la producción de carbón. Parte de éste se usa como combustible en las fábricas.

La construcción de buques en Polonia

Una de las industrias más grandes de Polonia es la construcción de buques. Muchos buques son exportados. Los buques se construyen en grandes galpones cubiertos. El trabajo puede continuar durante todo el invierno.

La producción de frutas secas en Grecia

Las uvas se han secado aquí por cientos de años. Las uvas maduras se cosechan. Luego se esparcen en rejillas expuestas al sol hasta secarlas completamente antes de ser empacadas. Las uvas blancas pequeñas se convierten en las sultanas, o pasas de Esmirna, las negras pequeñas se convierten en las llamadas pasas de Corinto y las blancas grandes se convierten en pasas.

La gente y sus costumbres

Casi todos los niños en Europa Oriental comienzan la escuela cuando tienen seis años de edad. Después de ocho años de estudios generales, pueden concentrarse en unas pocas materias en las que han sobresalido. Si los jóvenes muestran talento para el arte, la música, las ciencias, o el atletismo, se les alienta, a veces, a que tengan entrenamiento especial en estas actividades en la escuela o en la universidad. Hay muchas oportunidades para que los niños se mantengan en buenas condiciones físicas. Deportes tales como la natación, el baloncesto y el fútbol son populares.

El hogar para la mayoría en las ciudades es un apartamento lleno de gente, el cual a menudo se comparte con los abuelos y otros miembros de la familia. La gente del campo en Rumanía vive en pequeñas casas de madera. A menudo decoran las paredes con tapetes coloridos, platos pintados y tallas en madera.

En Rumanía, muchos niños se unen a clubes o grupos juveniles. Ellos participan en deportes y pasatiempos y a menudo salen en excursiones.

En Polonia, la mayoría de la gente vive en edificios de apartamentos en las ciudades. Muchos apartamentos son pequeños y viven muchas personas en ellos.

En Praga, en la República Checa, tiene lugar cada año un gran festival gimnástico. Muchos niños checos ejecutan ejercicios especiales en el festival. Ellos dedican mucho tiempo preparándose para el evento.

En Grecia, la gente se encuentra en las cafeterías, donde toman café y otras bebidas, y comparten las noticias del día.

La mayor parte de la gente de Albania vive en aldeas y se ganan la vida trabajando en granjas del estado. El día de mercado es una ocasión importante en la que la gente local puede reunirse.

Todas estas gentes viven en Europa Oriental.

Las ciudades

Varsovia parece una ciudad antigua. Tiene casas estrechas y pequeñas calles sinuosas, y un mercado con suelo adoquinado. Pero todo eso es bastante nuevo. Durante la segunda guerra mundial, que tuvo lugar entre 1939 y 1945, el centro de la ciudad fue destruido con cañones y bombas. Después de la guerra, las ruinas fueron removidas y la ciudad vieja fue reconstruida. Los arquitectos, mirando las fotos viejas, fueron capaces de diseñar casas que parecen exactamente iguales a las originales. Hoy en día, Varsovia es un lugar pacífico con muchas iglesias y cafeterías al aire libre.

Muchas otras ciudades en Europa Oriental fueron severamente dañadas durante la guerra. Partes de cada ciudad tienen ahora calles anchas y altos bloques de edificios, pero ellos se sienten aún orgullosos de sus edificios de estilo antiguo.

⇧

Varsovia es la ciudad capital de Polonia. Varsovia tiene algunos museos de arte y bibliotecas. El gran Palacio de la Ciencia y la Cultura se encuentra en la parte moderna de la ciudad.

En un cerro alto en el centro de **Atenas,** en Grecia, existe una antigua fortaleza llamada la Acrópolis. Allí se yerguen las ruinas de algunos de los edificios más antiguos y magníficos del mundo, incluyendo el Partenón en mármol y otros templos. Alrededor de la Acrópolis se encuentra la ciudad moderna de Atenas.

Praga es la ciudad capital de la República Checa. Esta ciudad hermosa ha sido llamada la Roma del Norte. Tal como Roma, la capital de Italia, Praga está construida sobre siete colinas y tiene muchos edificios históricos. Praga es el centro de vías ferroviarias que unen a Alemania con Polonia y Hungría.

Budapest, la capital de Hungría, está formada por dos ciudades. Buda se encuentra en la margen oeste del río Danubio, y Pest en la margen este. Las ciudades se unieron en 1873. Budapest es la principal ciudad industrial de Hungría, con refinerías de petróleo, acerías y fábricas de productos químicos.

Sofía es la capital y la ciudad más grande de Bulgaria. Es un empalme importante de carreteras y ferrocarriles que unen a Yugoslavia, Turquía y Rumanía. La ciudad es famosa por sus fuentes termales ricas en minerales y por sus antiguas mezquitas e iglesias.

Bienvenidos a Rusia y sus vecinos

Rusia y sus vecinos cubren una región muy extensa. ¡La región es tan grande que cuando el sol se levanta por el este, la parte oeste apenas está comenzando a oscurecerse!

Esta región se extiende por dos continentes: Europa y Asia. Va desde los mares Báltico y Negro en el oeste, hasta el Océano Pacífico en el este. Existen muchos paisajes diferentes. En el extremo norte, la tierra es extremadamente fría y no tiene árboles. Más hacia el sur, un magnífico bosque verde oscuro llamado la taiga cruza la región. En el extremo sur hay montañas altas, desiertos y pastizales llamados estepas.

La gimnasia es muy popular.

Ecuador

Las compañías rusas de ballet son mundialmente famosas.

La Plaza Roja de Moscú es un sitio céntrico de reuniones.

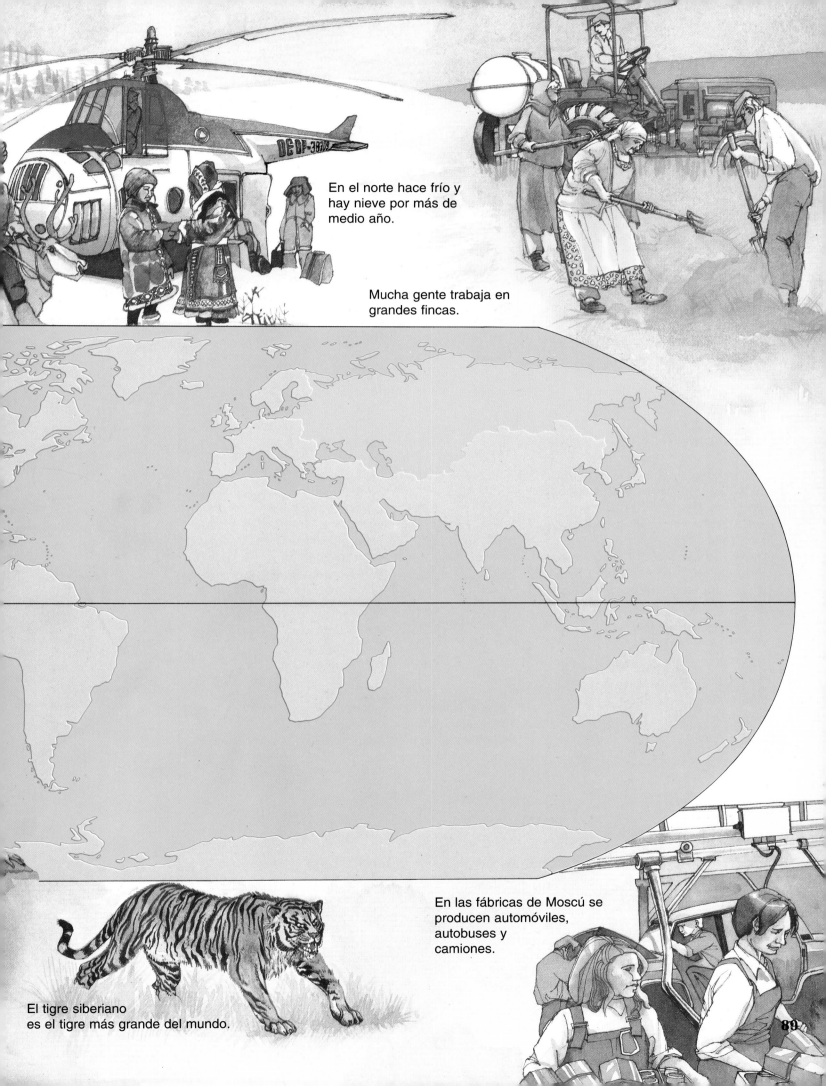

En el norte hace frío y hay nieve por más de medio año.

Mucha gente trabaja en grandes fincas.

En las fábricas de Moscú se producen automóviles, autobuses y camiones.

El tigre siberiano es el tigre más grande del mundo.

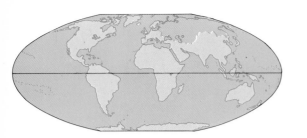

Rusia y sus vecinos

Los Países

En 1991, la Unión de Repúblicas Socialistas Soviéticas (U.R.S.S.) dejó de existir. Once de las quince repúblicas que constituían la U.R.S.S. declararon su independencia y se unieron para formar la Comunidad de Estados Independientes (CEI). Las otras cuatro repúblicas -Estonia, Georgia, Letonia y Lituania- también declararon su independencia pero no se unieron a la CEI.

Debido a que tiene fronteras con muchos otros países, esta región está en buena posición para comerciar.

Su historia

Por cientos de años esta región fue gobernada por los zares (reyes). Los zares vivían con gran lujo y se construyeron hermosos palacios. Pero mucha gente era muy pobre. En 1917, tuvo lugar una revolución que destronó a los zares. Finalmente, el Partido Comunista tomó el poder y declaró que nunca más nadie debía ser rico o pobre, sino que todos deberían ser iguales.

La U.R.S.S. se mantuvo alejada del resto del mundo por muchos años. Sus gentes trabajaron duramente para convertir el país en una de las mayores potencias mundiales. A menudo ellos desconfiaban de los extranjeros. Pero hoy, Rusia y sus vecinos son mucho más amigables con el resto del mundo y quieren comerciar y cambiar información en una gran variedad de temas.

El palacio de verano San Petersburgo fue construido por el zar Pedro el Grande en el siglo XVIII.

Su gobierno

En 1917, el Partido Comunista se apoderó del gobierno del país. Fue el único partido aprobado. El gobierno central en Moscú tomaba todas las decisiones que afectaban al país entero. Pero en 1990, los líderes del país aprobaron la

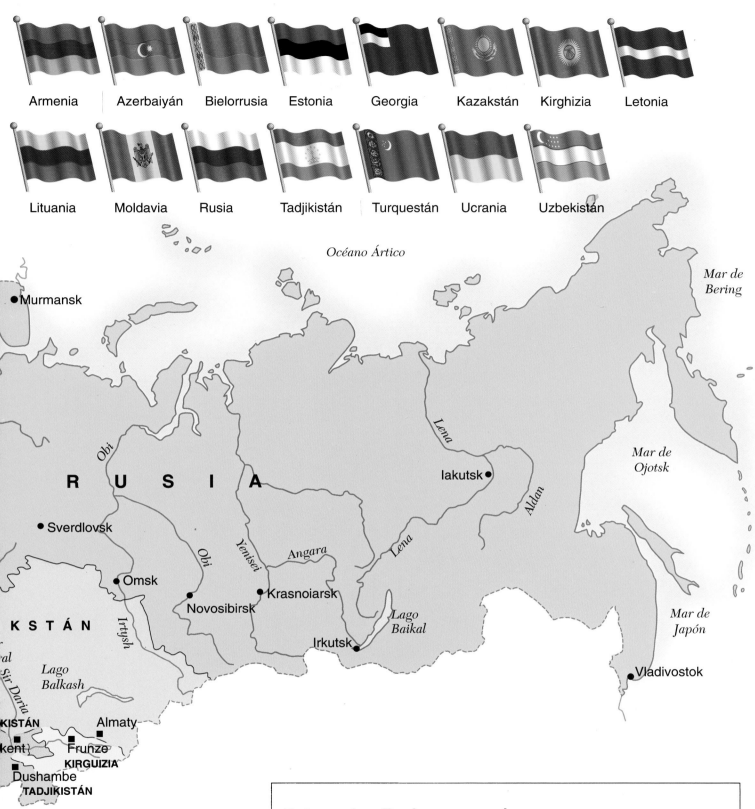

Armenia · Azerbaiyán · Bielorrusia · Estonia · Georgia · Kazakstán · Kirghizia · Letonia

Lituania · Moldavia · Rusia · Tadjikistán · Turquestán · Ucrania · Uzbekistán

Océano Ártico

Mar de Bering

●Murmansk

Obi

R U S I A

Lena

Iakutsk●

Mar de Ojotsk

●Sverdlovsk

Obi

Yenisei

Angara

Aldan

Lena

●Omsk

Irtysh

●Novosibirsk

●Krasnoiarsk

Lago Baikal

K S T Á N

Irkutsk●

Mar de Japón

al
Sir Daria

Lago Balkash

●Vladivostok

KISTÁN

Almaty

kent

Frunze
KIRGUIZIA

Dushambe
TADJIKISTÁN

creación de otros partidos.
Finalmente, el Partido Comunista
perdió el control. Cada república
de la región tiene ahora su propio
gobierno.

Datos sobre Rusia y sus vecinos

Área: 22.274.896 kilómetros
cuadradas.

Población: más o menos
292.955.000.

País más grande: Rusia.

Montaña más alta: El pico
Comunismo en Tadjikistán tiene
7.495 metros de alto.

Río más largo: El Lena es el río
más largo dentro de Rusia.
Tiene 4.400 kilómetros de largo.
El río Volga es el río más largo
en la parte europea de Rusia.
Tiene 3.530 kilómetros de largo.

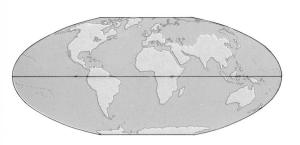

Observemos la tierra

Ucrania es un área enorme de tierras bajas al norte del Mar Negro. A principios de abril, brisas suaves calientan las llanuras de Ucrania, y los últimos parches de nieve comienzan a derretirse. Los granjeros llevan los ganados a los potreros y preparan la tierra para las siembras de primavera.

Al sureste de Ucrania se encuentran las escarpadas montañas del Cáucaso. Éstas forman una especie de puente entre el Mar Negro y el Mar Caspio, el mar interior más grande del mundo. Montañas altas se extienden entre las llanuras europeas y la vasta región nórdica de Siberia. Siberia es un páramo formado por llanuras y mesetas por el que corren algunos de los ríos más largos del mundo. Al sur de estas montañas se encuentran picos nevados, como también desiertos donde llueve muy poco, tal como el Karakum.

El **Volga** es el río más largo de Europa. Éste corre hasta el Mar Caspio. La mayor parte del río se congela por tres meses cada año. Muchas represas han sido construidas a lo largo del río, formando grandes lagos artificiales. Las represas controlan el flujo del agua que se necesita para las casas y las fábricas. En las represas hay plantas hidroeléctricas. Los buques tienen que pasar por las esclusas de la represa para moverse río arriba o río abajo.

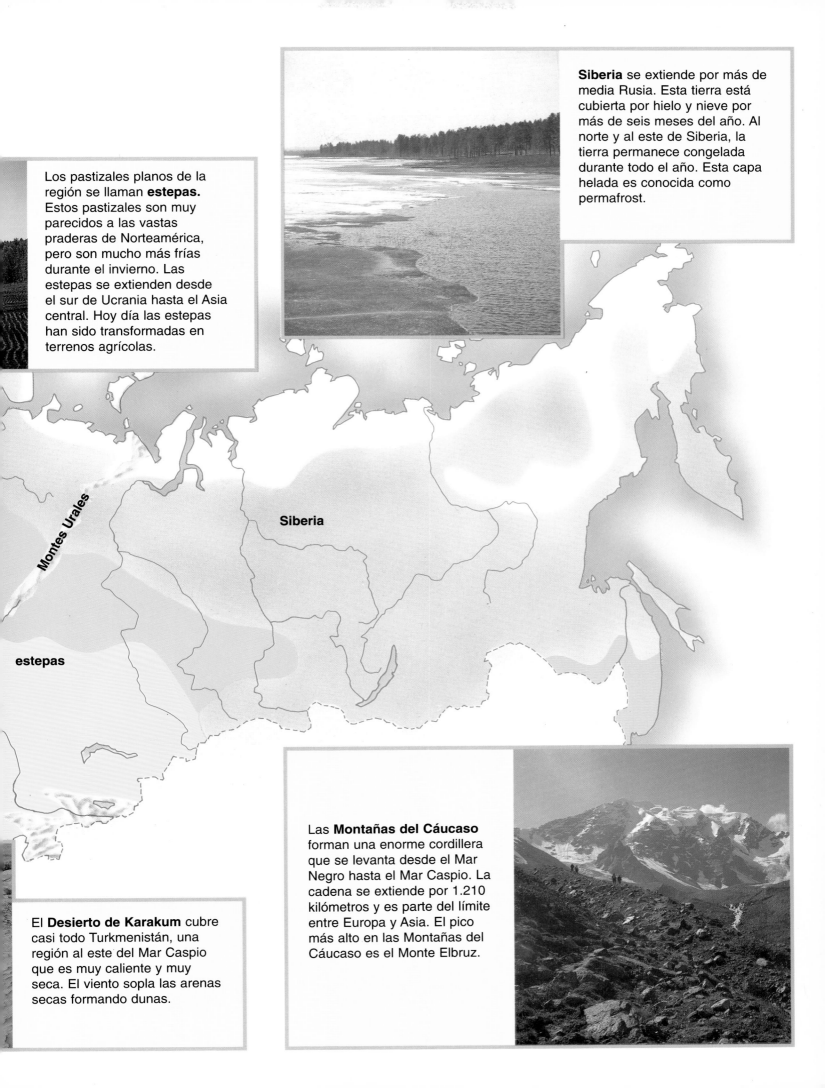

Siberia se extiende por más de media Rusia. Esta tierra está cubierta por hielo y nieve por más de seis meses del año. Al norte y al este de Siberia, la tierra permanece congelada durante todo el año. Esta capa helada es conocida como permafrost.

Los pastizales planos de la región se llaman **estepas.** Estos pastizales son muy parecidos a las vastas praderas de Norteamérica, pero son mucho más frías durante el invierno. Las estepas se extienden desde el sur de Ucrania hasta el Asia central. Hoy día las estepas han sido transformadas en terrenos agrícolas.

Montes Urales

Siberia

estepas

Las **Montañas del Cáucaso** forman una enorme cordillera que se levanta desde el Mar Negro hasta el Mar Caspio. La cadena se extiende por 1.210 kilómetros y es parte del límite entre Europa y Asia. El pico más alto en las Montañas del Cáucaso es el Monte Elbruz.

El **Desierto de Karakum** cubre casi todo Turkmenistán, una región al este del Mar Caspio que es muy caliente y muy seca. El viento sopla las arenas secas formando dunas.

Las plantas

Durante el invierno, vientos fríos silban a través de las tierras planas y estériles de la tundra, la parte situada al extremo norte de Rusia. Allí la temperatura permanece bajo el punto de congelación por ocho meses del año. La nieve se arremolina como polvo y se cuelga de las ramas de pequeños sauces encorvados. En los sitios donde la nieve ha desaparecido, hay parches de musgo y liquen. Aquí, sólo crecen árboles enanos y arbustos, y sólo las plantas más resistentes pueden vivir durante el invierno largo y crudo.

Al sur de la tundra, el clima es más caliente. Bosques de árboles perennes cubren los campos de este a oeste. Las grandes estepas, o pastizales, se extienden al sur. Partes del sur son desiertos rocosos y secos.

licopodio

espolín

juncia

tulipán

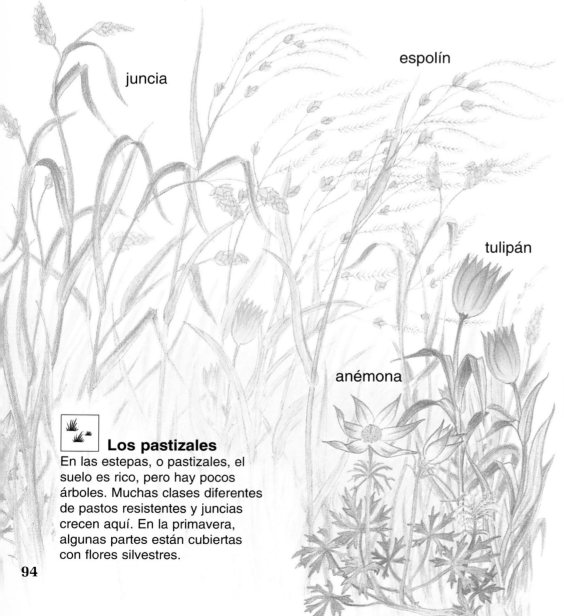

tamarisco

anémona

Los pastizales

En las estepas, o pastizales, el suelo es rico, pero hay pocos árboles. Muchas clases diferentes de pastos resistentes y juncias crecen aquí. En la primavera, algunas partes están cubiertas con flores silvestres.

El desierto

En el desierto, los días durante el verano son muy calientes, pero la temperatura desciende bruscamente por la noche y durante los inviernos largos. Los vientos no llevan lluvia a estas regiones interiores. Tamariscos y arbustos crecen en los terrenos arenosos, pero casi nada crece en los terrenos arcillosos.

94

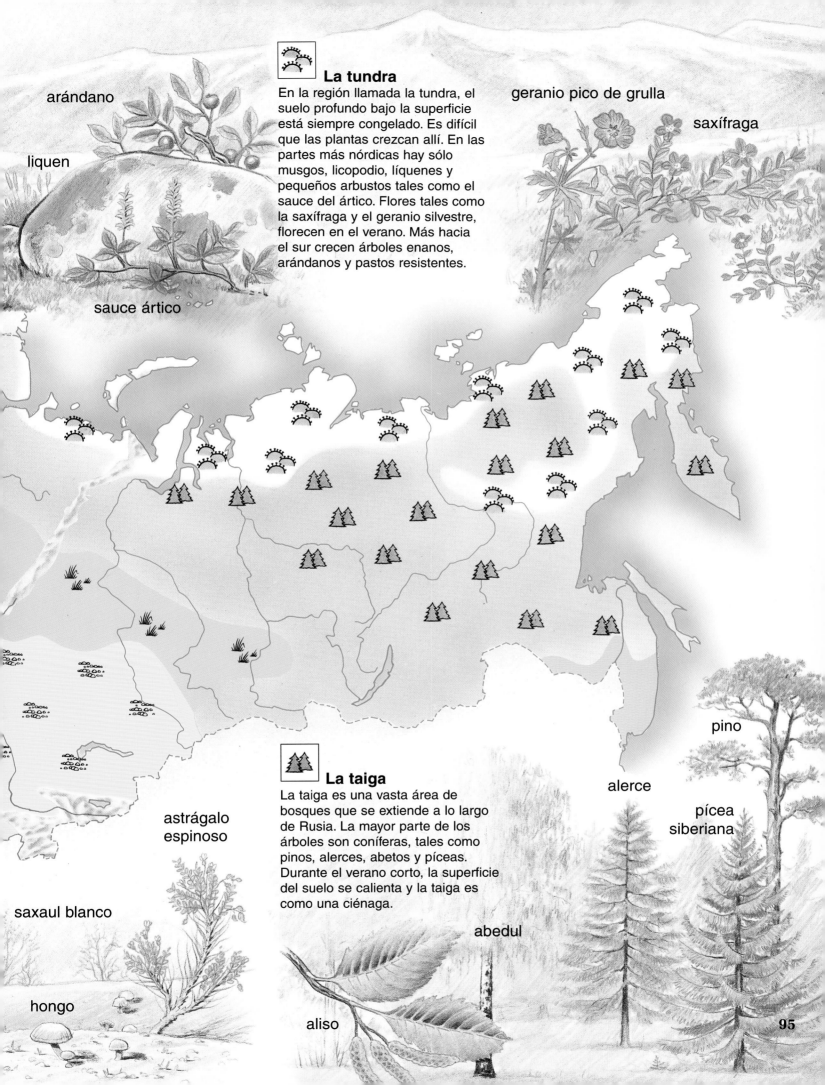

arándano

liquen

sauce ártico

La tundra

En la región llamada la tundra, el suelo profundo bajo la superficie está siempre congelado. Es difícil que las plantas crezcan allí. En las partes más nórdicas hay sólo musgos, licopodio, líquenes y pequeños arbustos tales como el sauce del ártico. Flores tales como la saxífraga y el geranio silvestre, florecen en el verano. Más hacia el sur crecen árboles enanos, arándanos y pastos resistentes.

geranio pico de grulla

saxífraga

astrágalo espinoso

saxaul blanco

hongo

La taiga

La taiga es una vasta área de bosques que se extiende a lo largo de Rusia. La mayor parte de los árboles son coníferas, tales como pinos, alerces, abetos y píceas. Durante el verano corto, la superficie del suelo se calienta y la taiga es como una ciénaga.

pino

alerce

pícea siberiana

abedul

aliso

95

Rusia y sus vecinos

Los animales

Oso polar

Las costas heladas

Algunos animales pasan la mayor parte del tiempo en las aguas heladas de las costas de la región de la tundra. Osos polares viven en los témpanos de hielo, y las focas y las morsas nadan en las aguas heladas.

La taiga oscura y fría se extiende a través de toda Rusia. En el invierno hay nieve durante varios meses en esta área boscosa. La comida básica de muchos animales en el invierno son las semillas de los árboles coníferos. El inmenso oso pardo es uno de los animales más grandes de la Taiga. Éste se alimenta de bayas, raíces, larvas y carne.

Al norte de la taiga el clima es muy frío para muchos animales. Ésta es la región de la tundra. Algunos animales como el reno se han adaptado a la vida en el frío. Esta clase de ciervo usa sus anchas pezuñas para cavar la nieve en busca de líquenes. Al sur de la Taiga, las estepas cubiertas de pastos proporcionan comida para los animales herbívoros, tales como el saiga. Cuando se derrite la nieve, el hortelano de las nieves llega y se alimenta de los enjambres de insectos.

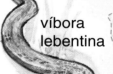

tigre siberiano

Oso pardo

lince

wisent

víbora lebentina

La taiga

Enormes osos marrones viven en los bosques, alimentándose de bayas, raíces y carne de animales más pequeños. El lince, un gato de cola corta y orejas puntiagudas, es otro cazador del bosque. Un pequeño número de grandes bisontes, llamados wisents, deambulan en el extremo oeste. Los nevados bosques de abetos del extremo este de Rusia son el hábitat de los tigres siberianos, los tigres más grandes del mundo.

El desierto

Existen muchas clases de jerbos que viven en los suelos arenosos del desierto. Éstos se alimentan por la noche de retoños y semillas. Los lagartos, tales como el varano, son comunes. Éstos se alimentan de insectos y pequeños animales. A su vez, a ellos se los comen las culebras.

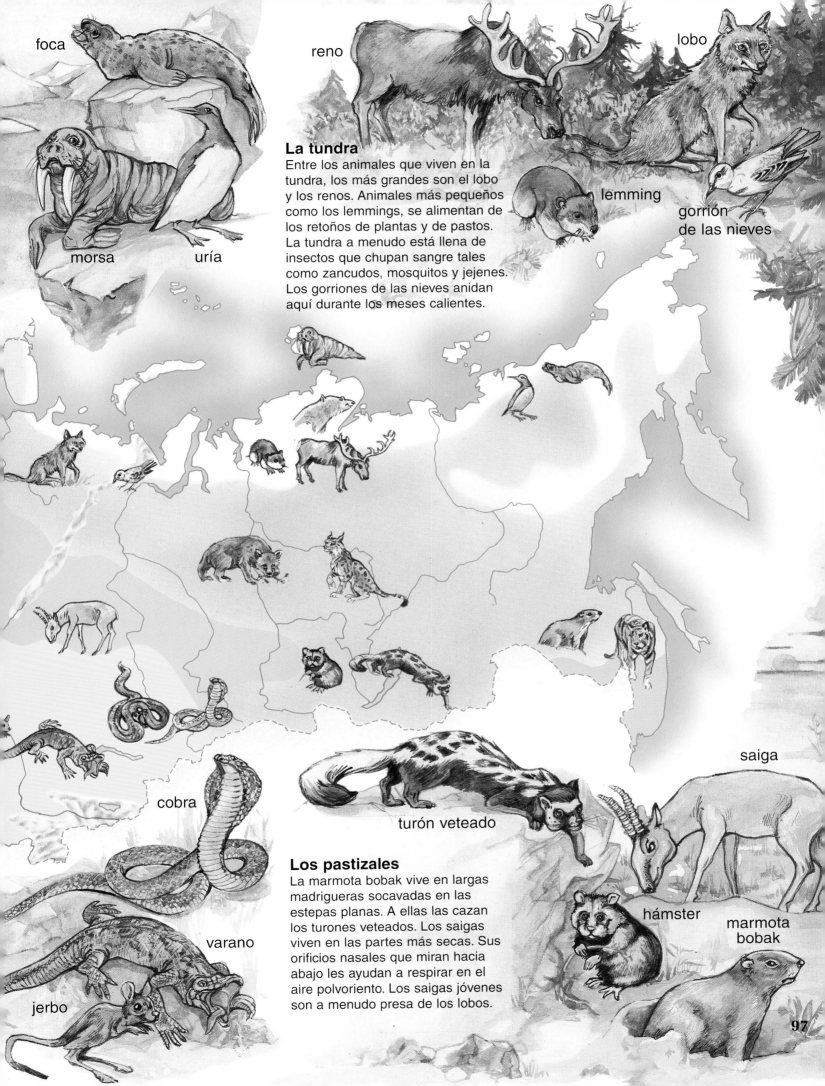

foca

morsa

uría

reno

lobo

lemming

gorrión
de las nieves

La tundra

Entre los animales que viven en la
tundra, los más grandes son el lobo
y los renos. Animales más pequeños
como los lemmings, se alimentan de
los retoños de plantas y de pastos.
La tundra a menudo está llena de
insectos que chupan sangre tales
como zancudos, mosquitos y jejenes.
Los gorriones de las nieves anidan
aquí durante los meses calientes.

saiga

cobra

turón veteado

hámster

marmota
bobak

Los pastizales

La marmota bobak vive en largas
madrigueras socavadas en las
estepas planas. A ellas las cazan
los turones veteados. Los saigas
viven en las partes más secas. Sus
orificios nasales que miran hacia
abajo les ayudan a respirar en el
aire polvoriento. Los saigas jóvenes
son a menudo presa de los lobos.

varano

jerbo

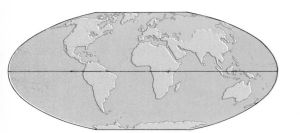

Cría, cultivo y manufactura

La gente de la aldea estaba reunida alegremente. A la aldea le habían otorgado un premio especial. Un empleado del gobierno les comunicaba que la finca de la aldea había tenido la mejor cosecha del área.

Se acostumbraba dividir la mayor parte de las tierras en grandes fincas llamadas cooperativas. Cada familia en la cooperativa tenía su pedazo de tierra. El gobierno compraba las cosechas a un precio determinado. Las fábricas las manejaban en la misma manera, pero ahora, las gentes están tomando control de las fincas y las fábricas.

Esta región tiene muchos recursos naturales, tales como carbón, mineral de hierro y níquel. El acero y el hierro se fabrican para ser usados en los astilleros y las fábricas. El gas natural y el petróleo se bombean del subsuelo.

Las fábricas
Hay muchas fábricas grandes en la región. Algunas hacen automóviles, otras producen maquinaria pesada que se usa en las fincas. San Petersburgo es famosa por sus astilleros y es además el puerto más grande de Rusia.

Cultivo y cría
La mayor parte de la tierra en la región se cultiva. En las estepas se cultiva trigo, centeno, maíz y avena. Esta región es una de las principales en la producción de trigo en el mundo. En Ucrania se crían vacas y cerdos.

Busca estos símbolos en el mapa:

 trigo

 maíz

 ganado vacuno

 ovejas

 níquel

 azúcar

 algodón

 madera

 pesca

 cerdos

 petróleo

 gas natural

 mineral de hierro

 industria

 carbón

El petróleo
Esta región produce una tremenda cantidad de petróleo. Mucha gente trabaja en las plataformas de perforación petrolera en los campos del Volga y los Urales. Existen también reservas de gas bajo el suelo. Un gasoducto enorme conduce el gas a las principales ciudades.

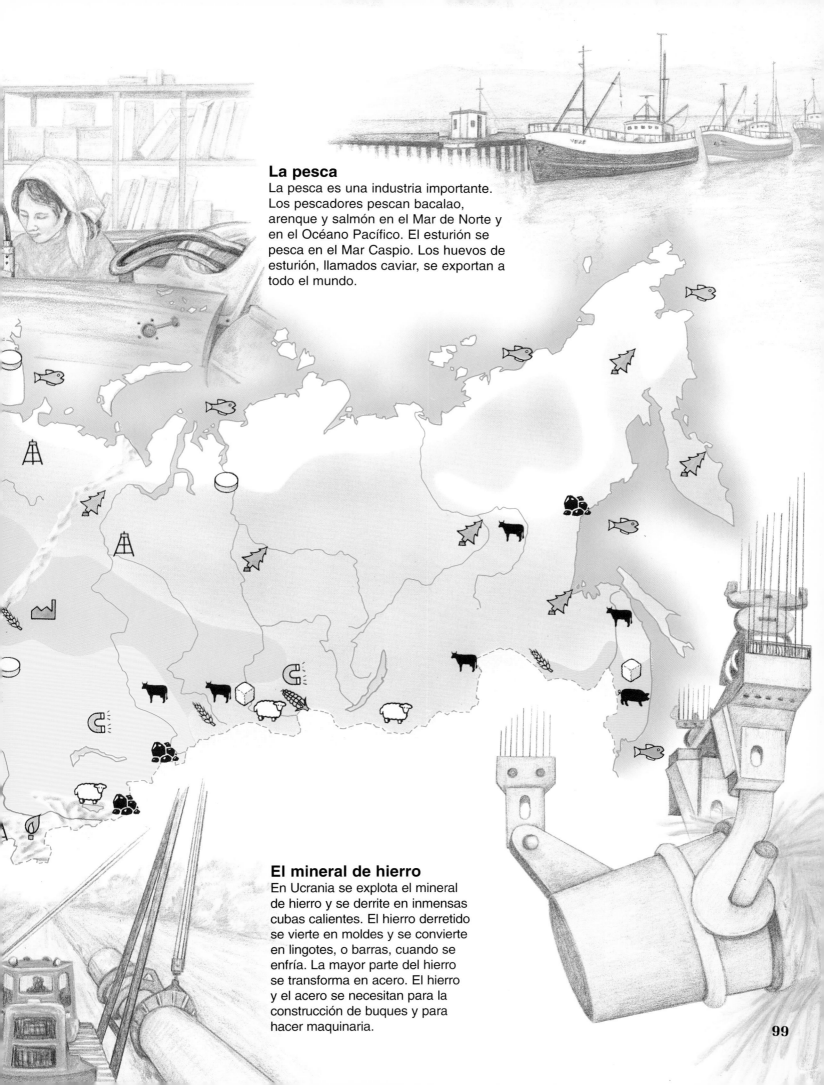

La pesca

La pesca es una industria importante. Los pescadores pescan bacalao, arenque y salmón en el Mar de Norte y en el Océano Pacífico. El esturión se pesca en el Mar Caspio. Los huevos de esturión, llamados caviar, se exportan a todo el mundo.

El mineral de hierro

En Ucrania se explota el mineral de hierro y se derrite en inmensas cubas calientes. El hierro derretido se vierte en moldes y se convierte en lingotes, o barras, cuando se enfría. La mayor parte del hierro se transforma en acero. El hierro y el acero se necesitan para la construcción de buques y para hacer maquinaria.

99

La gente y sus costumbres

Cuando las repúblicas soviéticas se independizaron, la gente tuvo la libertad de volver a sus costumbres y creencias tradicionales. Muchas de estas repúblicas abandonaron el idioma oficial ruso y volvieron a usar el idioma local.

De todos modos, los nuevos países comparten aún muchos problemas. La mayor parte de la gente vive en pueblos y ciudades superpoblados. Muchas familias viven en apartamentos de uno o dos cuartos. A menudo más de una familia comparte una casa. La compra de alimentos y ropa también puede ser difícil. Es común tener que hacer colas y algunos alimentos pueden ser muy caros.

Todos los jóvenes entre seis y diecisiete años asisten a la escuela. Después de la escuela, los jóvenes participan en actividades organizadas por clubes, tales como artesanías, música o deportes.

El famoso centro comercial GUM en Moscú se encuentra en la Plaza Roja, enfrente de los edificios de gobierno del Kremlin. A veces hay escasez de frutas, verduras y carne, y comprarlos puede ser difícil.

Algunos de los mejores gimnastas del mundo provienen de Rusia y sus países vecinos. El fútbol, el hockey sobre el hielo, el remo y el atletismo también son muy populares.

Todas estas gentes viven en Rusia y sus países vecinos.

En el campo mucha gente vive en pequeñas casas de madera. Estas casas a menudo no tienen gas ni agua corriente. La mayoría de la gente trabaja en fincas muy grandes, pero también pueden tener pequeñas parcelas de tierra en las que cultivan sus propios verduras. Los campesinos pueden vender las verduras en los mercados locales.

Las ciudades

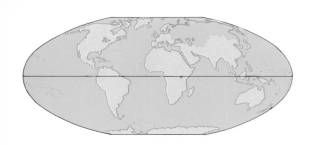

Moscú, como muchas ciudades rusas, es una mezcla de lo viejo y lo nuevo. Muchos de los edificios espléndidos y antiguos pertenecen a la época anterior a la Revolución de 1917. Antes de esta fecha Rusia estaba gobernada por los zares (reyes). Los miembros de la familia real vivían en hermosos palacios y casas en la ciudad. Muchos teatros, salones e iglesias elegantes fueron construidos en este período. Muchas iglesias son muy antiguas. Se pueden reconocer fácilmente por sus hermosas decoraciones en las paredes y los techos. La catedral de San Basilio está en la Plaza Roja y tiene cúpulas coloridas en forma de cebolla.

⬆

Kiev es la ciudad capital de Ucrania. La ciudad es un empalme importante de carreteras y ferrocarriles, y asimismo un puerto de mucho movimiento. Los buques pueden subir por el río Dniéper desde el Mar Negro.

⬅ **Moscú,** capital de Rusia, es una de las ciudades más grandes del mundo. En medio de la ciudad está el Kremlin, el cual fue originalmente una fortaleza. Ahora es el centro del gobierno ruso. En la Plaza Roja se encuentra la colorida catedral de San Basilio que es ahora un museo.

↑
Tashkent, la capital de Usbekistán, ha sido un mercado y sitio de comercio importante por cientos de años. En otros tiempos, las caravanas pasaban por ella, siguiendo la famosa Ruta de la Seda, que iba desde Europa hasta China. Hoy en día Tashkent es una ciudad moderna. Pero en la parte antigua tiene todavía un mercado tradicional.

Hay aproximadamente 700 puentes en **San Petersburgo.** Esta hermosa ciudad fue construida en tierra pantanosa y tiene muchos canales que la atraviesan. Por los canales más grandes navegan buques mercantes que van del río Volga al Mar Báltico. San Petersburgo es famosa por sus edificios elegantes.

↑
Novosibirsk tiene menos de cien años, pero es la ciudad más grande de Siberia. Trenes provenientes del este y el oeste de Siberia se encuentran aquí en los bancos del río Ob. Es también un importante centro industrial que produce camiones, equipo para minería, acero, plásticos y productos químicos. Novosibirsk tiene una universidad nueva y grandes laboratorios científicos de investigación.

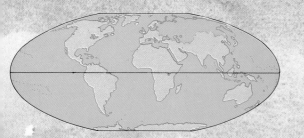

De viaje en el Expreso Transiberiano

Las ruedas de la inmensa locomotora se mueven lentamente a medida que el largo tren se aleja de la estación de Moscú. Pasajeros entusiasmados se amontonan en las ventanas de los coches y se despiden de amigos y parientes. Muchos viajarán hasta el final del camino en el ferrocarril más largo del mundo. Éste es el famoso Expreso Transiberiano que comienza su viaje en Moscú y viaja por más de 9.000 kilómetros hasta Vladivostok, en la costa del Océano Pacífico.

Una vez fuera de Moscú, el centro de transporte más importante de Rusia, el tren se desliza a lo largo de la Planicie Europea. La mayoría de los rusos viven aquí. El suelo es fértil y hay muchas industrias modernas. Los pasajeros admiran el ondulado paisaje. El viaje tomará casi siete días, así que cada uno se acomoda. Muchos toman té y charlan. El tren hace muchas paradas cortas durante el viaje. Los pasajeros compran galletas, frutas o papas calientes que les ofrecen los vendedores que esperan en los andenes.

Los pasajeros pasan el tiempo leyendo o mirando por las ventanas los cambios del paisaje.

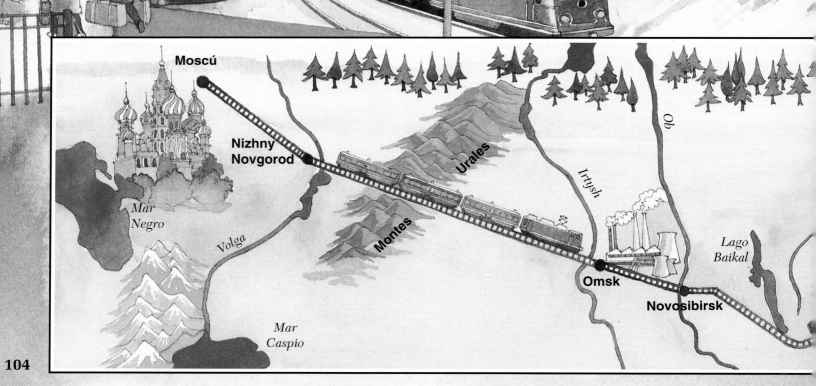

Desde la Planicie Europea los rieles se dirigen hacia los Montes Urales. Estas montañas antiguas y redondeadas no son muy altas, pero contienen inmensos depósitos de minerales.

Ahora el ferrocarril pasa por grandes ciudades industriales como Omsk y Novosibirsk. Estas ciudades dependen principalmente de los trenes para transportar productos y materias primas.

Más adelante está el lago Baikal. Éste es el lago de agua dulce más profundo del mundo.

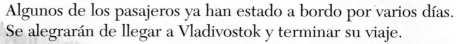

Antiguamente el tren tenía que cruzar el lago en transbordador para poder continuar el viaje al otro lado del lago. Ahora el expreso puede rodar hacia el sur, a lo largo de las escarpadas orillas del lago, para dirigirse al este después de pasar por el extremo del lago. Éste fue uno de los tramos del ferrocarril más difíciles de construir.

Algunos de los pasajeros ya han estado a bordo por varios días. Se alegrarán de llegar a Vladivostok y terminar su viaje.

Al fin los pasajeros divisan Vladivostok. Ellos recordarán para siempre el espectacular paisaje, los bosques nevados y el brillante cielo azul observado durante el largo viaje en tren. El Expreso Transiberiano tiene, sin duda alguna, un encanto especial.

El Expreso Transiberiano para en estaciones pequeñas a lo largo del camino.

Vladivostok

105

Bienvenidos al Suroeste de Asia

El Suroeste Asiático es la parte de Asia que se encuentra más cerca de Europa. De hecho, una pequeña parte de Turquía, uno de sus países, se encuentra situada en Europa.

Exceptuando a Turquía, en toda esta región vive muy poca gente cuando se compara con muchas otras partes del mundo. La tierra es por lo general seca y pocos cultivos crecerían sin irrigación. La mayor parte de la gente vive cerca de las costas donde las brisas marinas refrescan el aire y a veces causan lluvias.

En la última mitad de este siglo se han desarrollado campos petroleros en muchos países de la región. Algunos de los países se han vuelto muy ricos y la gente ha adoptado rápidamente nuevos y modernos estilos de vida. Pero la tradición es aún muy importante para mucha gente.

Los artesanos son muy importantes en el Suroeste Asiático. Algunos de los productos más conocidos son las hermosas alfombras tejidas.

Los diseños de las alfombras son a menudo muy detallados.

El camello es todavía una forma de transporte en el desierto.

Ecuador

Los musulmanes rinden culto en mezquitas hermosamente decoradas.

Gente errante, llamada nómada, vive en la región del Desierto de Arabia.

El dinero obtenido con la venta del petróleo se ha invertido en carreteras modernas, hospitales, escuelas y universidades.

El petróleo es un importante producto de exportación.

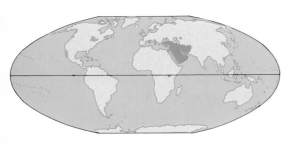

Los países

El Suroeste Asiático está conformado por 16 países. Arabia Saudita es el más grande, pero Irán, Iraq, Turquía y Afganistán también cubren vastas áreas.

África se encuentra al oeste de esta región, al otro lado del Mar Rojo. Al este se encuentran China y la India. Al norte están Europa y Rusia con sus países vecinos.

Su historia

Hace miles de años grandes civilizaciones se desarrollaron en los valles de dos grandes ríos, el Tigris y el Éufrates. Las ruinas de las ciudades de esa época están aún siendo descubiertas en el desierto.

Todas estas civilizaciones fueron destruidas por poderosos conquistadores hace cerca de 3.000 años. Finalmente, Alejandro Magno unió gran parte de la región y un imperio rico y poderoso se desarrolló. En el siglo VII de nuestra era, la región fue unificada aún más por una nueva religión basada en las enseñanzas del profeta Mahoma. A sus seguidores se les llama musulmanes. Por largo tiempo los árabes fueron conocidos como eruditos y diestros constructores. Se usaron los diseños más hermosos para construir edificios religiosos llamados mezquitas.

En tiempos modernos la Gran Bretaña, Francia y Turquía han gobernado parte de esta región. Pero la mayoría de los países se independizaron alrededor de 1949.

En 1948, se formó el estado de Israel para que los judíos de todas partes del mundo pudieran establecerse allí. Pero esto se hizo contra el deseo de los países árabes. Ha habido muchas guerras y conflictos entre Israel y los países árabes vecinos. En 1990, Iraq invadió Kuwait y comenzó la Guerra del Golfo Pérsico. Un ejército internacional finalmente obligó a Iraq a retirarse de Kuwait.

La mezquita de Omayad está en Damasco, capital de Siria.

Su gobierno

Arabia Saudita es una monarquía gobernada por reyes. El rey es el jefe del gobierno y también es el líder religioso del país. La familia real tiene miles de miembros. Ellos escogen al rey de entre sí mismos. Un consejo de ministros le ayuda al rey a gobernar.

Algunos de los demás países también son gobernados por reyes. Otros, tal como Israel, son repúblicas democráticas. Esto significa que la gente vota en las elecciones para escoger a los miembros del parlamento y al presidente. El parlamento israelí se llama el Knesset.

Afganistán

Bahrein

Chipre

Irán

Datos sobre el Suroeste Asiático

Hay 16 países independientes en la región.

Área: Alrededor de 6.845.306 kilómetros cuadradas.

Población: Alrededor de 212.425.000.

País más grande: Arabia Saudita.

Montaña más alta: El monte Nowshak en la frontera entre Afganistán y Paquistán tiene 7.485 metros de alto.

Río más largo: El Río Éufrates que fluye desdé Turquía, a través de Siria e Iraq, mide 2.736 kilómetros de largo.

Iraq

Israel

Líbano

Oman

Jordania

Kuwait

Siria

Turquía

Katar

Arabia Saudita

Emiratos Árabes Unidos

Yemen

Su riqueza

Por miles de años los agricultores han cultivado en los valles fértiles cerca de la costa y en las orillas de los ríos. En los espacios abiertos del desierto que cubre gran parte del Suroeste Asiático, pastores nómadas cuidan sus ovejas como lo han hecho siempre. Pero se ha encontrado petróleo bajo el desierto y el mar y ahora hay muchos pozos de petróleo. Esto ha traído riqueza a muchos países que antes eran pobres.

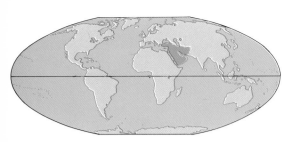

Observemos la tierra

Desiertos calientes cubren la mayor parte del Suroeste Asiático. Durante todo el día, el sol fuerte bate las tierras desoladas. Solamente los lagartos salen al calor abrasador que puede alcanzar los 50° C. Las rocas se expanden durante el día con el calor del sol, pero cuando el sol arrebolado se pone, el desierto se torna muy frío. Las piedras al enfriarse y contraerse se resquebrajan y se parten. Es por eso que el paisaje del desierto está siempre cambiando. Hasta la arena que se mueve asegura que el paisaje nunca sea el mismo. El viento esculpe nuevas formas en las dunas de arena, y a menudo desplaza grandes cantidades de arena de un lado al otro en tormentas arremolinadas.

Además de los desiertos, hay también áreas montañosas húmedas en el Suroeste Asiático, especialmente en el norte. Algunos ríos largos nacen en estas montañas y fluyen a través del desierto hasta el mar.

El **Monte Ararat** es la montaña más alta de Turquía. Tiene 5.185 metros de alto. La nieve cubre la montaña durante el invierno. En la primavera la nieve se derrite y alimenta los ríos.

El **Mar Muerto** es realmente un gran lago de agua salada. Sus costas están casi a 400 metros bajo el nivel del cercano Mar Mediterráneo. Éste es el punto más bajo del mundo en la superficie de la tierra. El sol caliente seca las aguas poco profundas dejando sal endurecida en las piedras y los árboles muertos.

El **Mar Rojo** tiene este nombre porque en verdad sus aguas se vuelven rojas algunas veces. Pequeñas algas que crecen allí durante el verano colorean el mar.

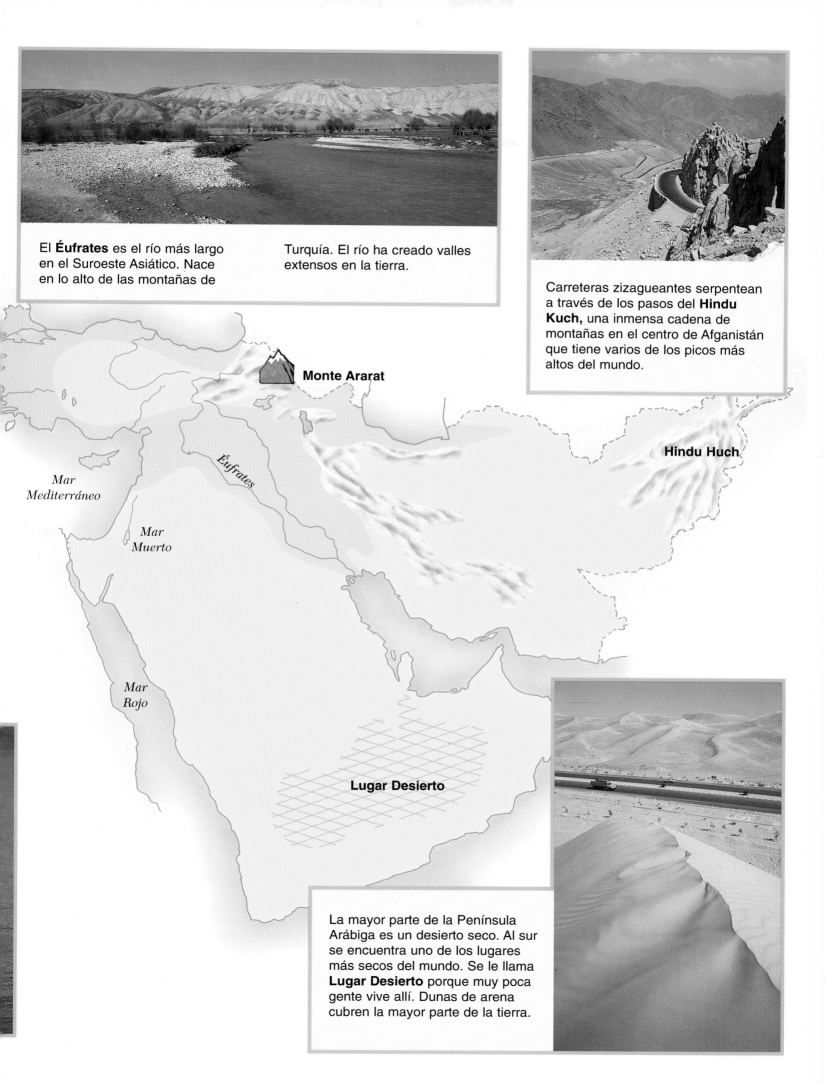

El **Éufrates** es el río más largo en el Suroeste Asiático. Nace en lo alto de las montañas de Turquía. El río ha creado valles extensos en la tierra.

Carreteras zizagueantes serpentean a través de los pasos del **Hindu Kuch,** una inmensa cadena de montañas en el centro de Afganistán que tiene varios de los picos más altos del mundo.

Monte Ararat

Hindu Huch

Mar Mediterráneo

Mar Muerto

Éufrates

Mar Rojo

Lugar Desierto

La mayor parte de la Península Arábiga es un desierto seco. Al sur se encuentra uno de los lugares más secos del mundo. Se le llama **Lugar Desierto** porque muy poca gente vive allí. Dunas de arena cubren la mayor parte de la tierra.

Las plantas y los animales

El lecho seco de un río, o *uadi*, se extiende por muchos kilómetros a través de la meseta rocosa. Una fuerte lluvia puede caer por unas pocas horas cada año. Entonces ese canal polvoriento se convierte en un torrente furioso que arrastra rocas. Cuando esta corriente de agua desaparece, quedan unos pocos charcos. Los animales llegan a beber en estos charcos hasta que el agua se seca. Bandadas de pájaros se aglomeran alrededor del agua. Las abubillas cantan sus reclamos cuando descienden desde las crestas de las colinas, donde las currucas achaparradas anidan. Siempre que una figura oscura planea en lo alto, los pájaros del uadi se quedan inmóviles y silenciosos. Si algo se mueve el halcón lanero de visión aguda se abate sobre su presa.

Muchos de los países del Suroeste Asiático son secos y calientes con grandes desiertos de arena. Pero en algunos lugares hay ríos anchos que corren por valles verdes. Hay algunos lagos grandes donde viven pelícanos y otros pájaros acuáticos. En las montañas del este viven los osos negros entre los altos árboles de los bosques de cedro, abeto y pino.

pelícan blanco

carrizo

carpa

Los lagos

En las orillas de los lagos, la mangosta egipcia busca pájaros acuáticos y huevos en los carrizales. El gato salvaje también merodea por los carrizales cazando ranas y ratones campestres. Los pelícanos blancos forman una línea curvada alrededor del banco de peces y los dirigen hacia la orilla. En las aguas poco profundas pueden coger fácilmente los peces en sus grandes picos.

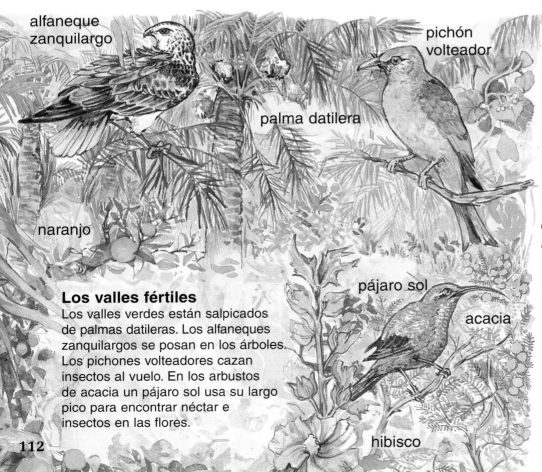

alfaneque zanquilargo

pichón volteador

palma datilera

naranjo

Los valles fértiles

Los valles verdes están salpicados de palmas datileras. Los alfaneques zanquilargos se posan en los árboles. Los pichones volteadores cazan insectos al vuelo. En los arbustos de acacia un pájaro sol usa su largo pico para encontrar néctar e insectos en las flores.

pájaro sol

acacia

hibisco

halcón lanero

abubilla

curruca achaparrada

avutarda

El uadi

Después de la lluvia el agua se recoge en pequeños charcos en el uadi. Pájaros tales como la abubilla y la curruca achaparrada llegan allí a beber. La rara avutarda esparce su plumaje en una danza de apareamiento.

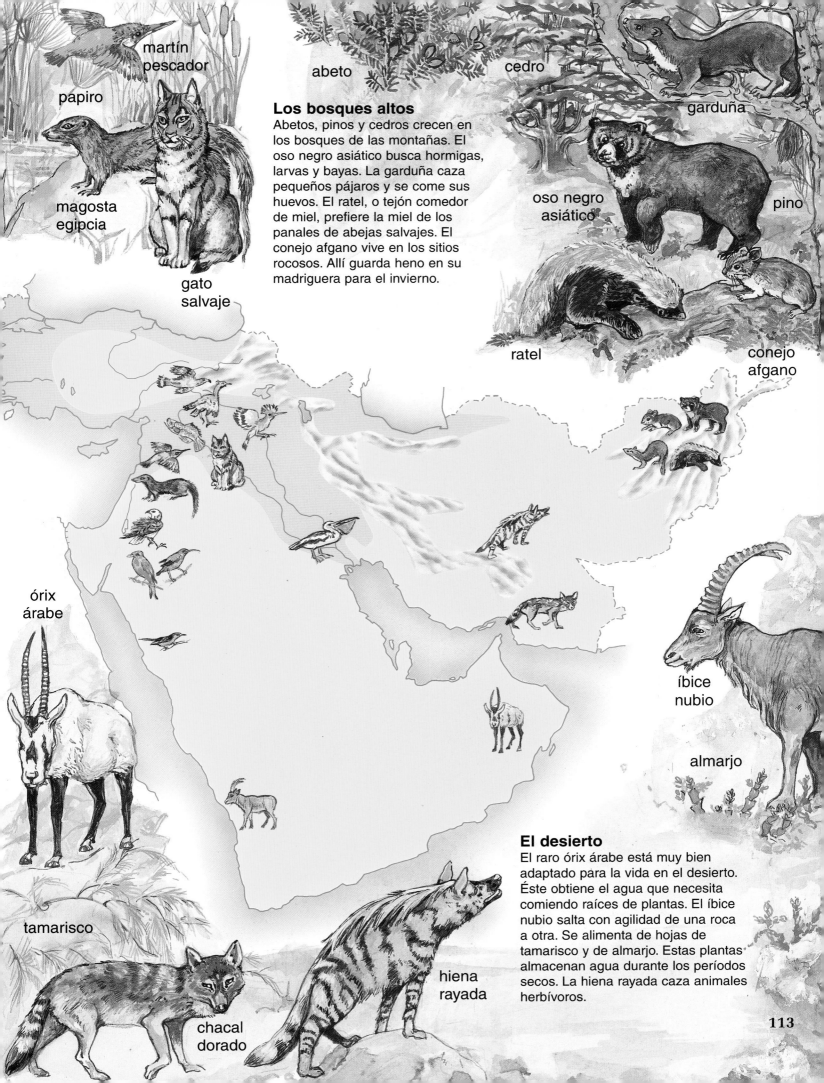

martín pescador

papiro

abeto

cedro

garduña

Los bosques altos

Abetos, pinos y cedros crecen en los bosques de las montañas. El oso negro asiático busca hormigas, larvas y bayas. La garduña caza pequeños pájaros y se come sus huevos. El ratel, o tejón comedor de miel, prefiere la miel de los panales de abejas salvajes. El conejo afgano vive en los sitios rocosos. Allí guarda heno en su madriguera para el invierno.

oso negro asiático

pino

magosta egipcia

gato salvaje

ratel

conejo afgano

órix árabe

íbice nubio

almarjo

tamarisco

El desierto

El raro órix árabe está muy bien adaptado para la vida en el desierto. Éste obtiene el agua que necesita comiendo raíces de plantas. El íbice nubio salta con agilidad de una roca a otra. Se alimenta de hojas de tamarisco y de almarjo. Estas plantas almacenan agua durante los períodos secos. La hiena rayada caza animales herbívoros.

hiena rayada

chacal dorado

113

Cría, cultivo y manufactura

Los torbellinos de arena seca y caliente remolinean por el desierto. Dunas de arena se extienden hasta perderse de vista. A primera vista esto parece una tierra donde nada puede vivir. Pero en algunas partes grupos de árboles robustos y plantas verdes rompen el paisaje desértico. Las hileras de arbustos están cargadas de frutas jugosas que muy pronto estarán a punto de cosecharse. Todo lo que se necesita es agua para hacer florecer el desierto. Los lugares del desierto donde se encuentra agua fresca se llaman oasis. En otros lugares el agua tiene que traerse al desierto por tubería. Esta agua es principalmente agua de mar de la que se ha quitado la sal.

En los países árabes, parte del dinero ganado de la venta de petróleo y gas se ha usado para ayudar a los agricultores y crear nuevas industrias. Han podido comprar semillas y maquinaria y pagar por la irrigación y el mejoramiento de la tierra. Además del petróleo, el cultivo de frutas es importante para los países del Suroeste Asiático. La gente también trabaja en industrias tradicionales, tales como el tejido de tapetes y alfombras.

La irrigación en el Suroeste Asiático
Muchas áreas desérticas se han convertido en tierras fértiles al llevar agua a ellas. Esto se llama irrigación.

Busca estos símbolos en el mapa:

 trigo

 maíz

 ovejas

 frutas

 algodón

 café

 tabaco

 pesca

 alfombras

 petróleo

 gas natural

 industria

 hidroelectricidad

Cultivo de dátiles en Omán
Uno de los principales productos de exportación de Omán son los dátiles. Las palmeras datileras crecen en los oasis a lo largo de la costa norte. Las frutas cuelgan en racimos que tienen hasta 1.000 dátiles. Los dátiles se recogen y se les quita la pepa. Luego la fruta se lava y se seca al sol o en hornos especiales. Los dátiles secos se comprimen en pequeños bloques y luego se empacan.

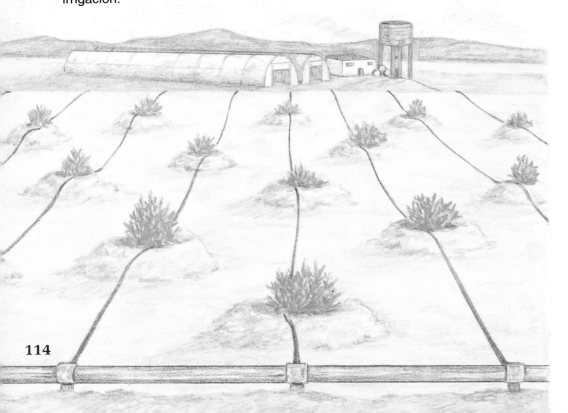

El petróleo en Arabia Saudita

Arabia Saudita es uno de los mayores países exportadores de petróleo y sus derivados en el mundo. Tiene más de cuarenta campos petroleros, la mayoría de ellos en la costa al este del país. El principal campo petrolero es el de Ghawar, el cual es el más grande del mundo. Arabia Saudita también tiene grandes cantidades de gas natural.

El tejido de tapetes en Turquía

Tapetes y alfombras hechas a mano se tejen en telares altos. Tienen ricos diseños y el tejerlos consume mucho tiempo.

Las frutas cítricas en Israel

Israel cultiva grandes cantidades de cítricos tales como naranjas, toronjas, limones, limas y mandarinas. Buena parte de la fruta se vende a través de mercados especiales del gobierno. Todas las frutas de Israel se estampan con el nombre Jaffa. Jaffa es el nombre de una de las ciudades más antiguas del mundo. Hoy es parte de la moderna ciudad de Tel Aviv-Jaffa.

115

Las gentes y sus ciudades

Más de 200 millones de personas viven en el Suroeste Asiático y gran parte de ellas son musulmanes que practican la religión islámica. En el Suroeste Asiático existen grandes centros religiosos donde los peregrinos musulmanes, cristianos y judíos van a rezar o a buscar una bendición especial. Un centro musulmán importante es la ciudad de La Meca, en Arabia Saudita. Aquí existe un edificio muy grande en forma de cubo llamado la Kaaba, donde hay una piedra negra que, según se cree, vino del Paraíso. Cada año, cientos de miles de peregrinos vienen a rendir culto en la Kaaba durante un peregrinaje especial llamado el Hajj. Todos los musulmanes deben tratar de visitar La Meca al menos una vez durante su vida, si les es posible.

Aunque nuevas ideas están cambiando las formas de vida tradicionales, casi todos los musulmanes siguen las reglas de su religión.

Formas modernas y tradicionales de transporte se encuentran en Arabia Saudita.

Bagdad es la antigua capital del Imperio Árabe. Es famosa por sus exquisitas mezquitas con sus torres llamadas minaretes. Las mezquitas están hermosamente decoradas. Palabras del Corán, el libro sagrado de los musulmanes, están inscritas sobre sus paredes.

La **Meca** es la ciudad santa del Islam. El profeta Mahoma nació aquí. En todo el mundo los musulmanes rezan y se inclinan hacia La Meca cinco veces al día.

En Afganistán vive un grupo de gentes llamados Pashtus. La mayor parte de los Pashtus viven en las partes altas de las montañas.

Todas estas gentes viven en el Suroeste Asiático.

Jerusalén es una ciudad sagrada de los judíos, los cristianos y los musulmanes. La parte antigua de la ciudad tiene edificios que son importantes para todas estas religiones. Uno de estos edificios es La Mezquita de Omar que está cerca de los muros que rodean la ciudad antigua. Calles estrechas serpentean a través de esta sección de Jerusalén. Pero se han construido edificios nuevos en el resto de la ciudad.

117

Bienvenidos al Subcontinente Indio

La India, el país más grande del Subcontinente Indio, está rodeado por el mar excepto por la parte norte. Aquí se encuentra el Himalaya, la cadena de montañas más alta del mundo. Bután, Nepal y China, los vecinos al norte de la India, comparten esta región montañosa. Los otros vecinos de la India son islas del Océano Índico, especialmente Sri Lanka, la gran isla que se encuentra frente a su cono sur.

En Pakistán, la agricultura es exitosa en la fértil llanura del río Indo. Bangladesh es un país plano, principalmente agrícola. Las estaciones son comúnmente muy calientes y secas, o muy calientes y húmedas.

Hay muchas ciudades y pueblos grandes por toda la India, donde se construyen más y más fabricas. Pero las costumbres tradicionales juegan un papel muy importante en la vida diaria moderna, especialmente en el campo.

Las hojas de la planta de té se recogen comunmente a mano.

Ecuador

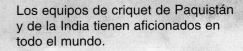

Los equipos de criquet de Paquistán y de la India tienen aficionados en todo el mundo.

El hermoso Taj Mahal fue construido por un emperador como tumba para su esposa.

118

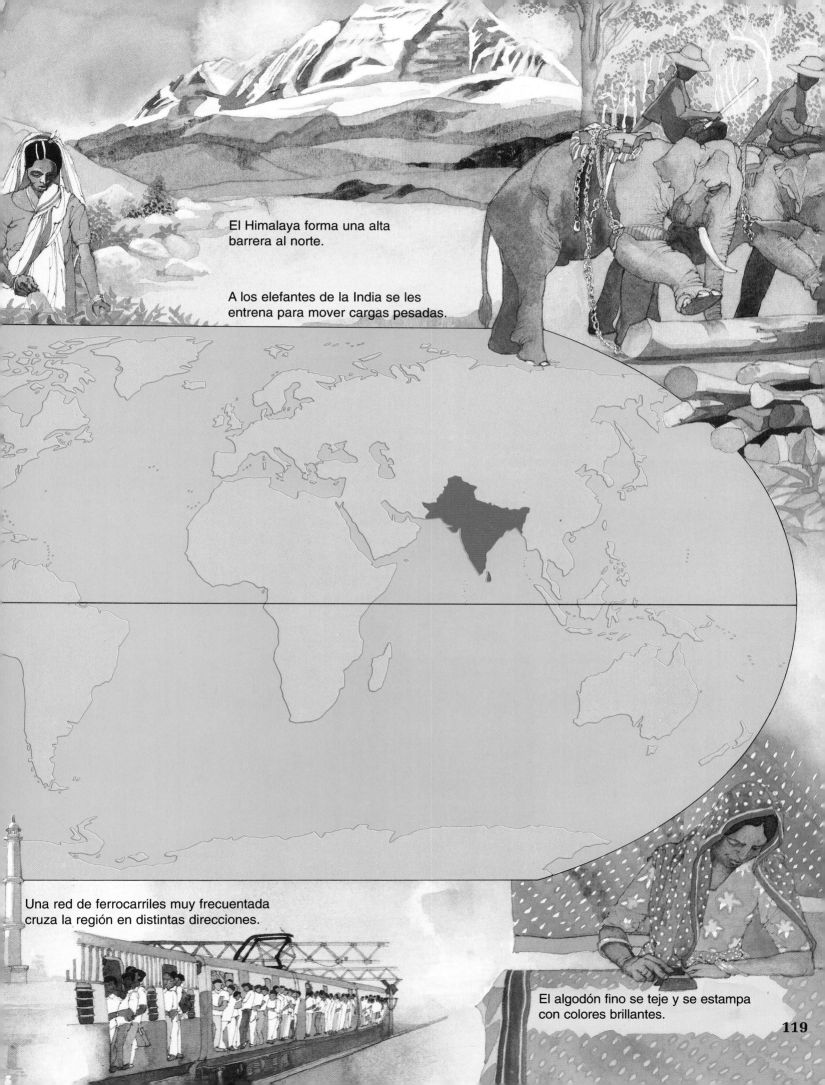

El Himalaya forma una alta barrera al norte.

A los elefantes de la India se les entrena para mover cargas pesadas.

Una red de ferrocarriles muy frecuentada cruza la región en distintas direcciones.

El algodón fino se teje y se estampa con colores brillantes.

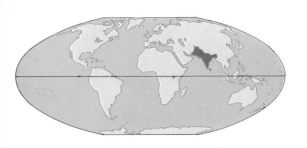

Los países

La región está constituida por un grupo de siete países. Éstos son Bangladesh, Bután, la India, las Maldivas, Nepal, Paquistán y Sri Lanka. Al noroeste de esta área está Afganistán. Al noreste está China. La India es el país más grande de la región.

Durante la mayor parte del año el clima es muy caliente. A menudo no hay suficiente lluvia para los cultivos y por eso la gente suele no tener suficiente para comer.

La India es el segundo país del mundo en población. Mucha gente es pobre, pero la mayoría de los niños puede recibir educación gratuita. Casi todas las aldeas tienen electricidad.

La historia de la India

Algunas veces en el pasado la India estuvo formada por varios reinos. Otras veces gran parte de ella fue gobernada como un solo imperio. Durante la mayor parte de su historia, la India fue una región rica que comerciaba en especias, seda y piedras preciosas con Europa.

A mediados del siglo XVIII, la Gran Bretaña se apoderó gradualmente de la mayor parte del Subcontinente Indio, pero al principio de este siglo mucha gente en la India exigió su independencia. Durante este período mucha gente siguió a un hombre llamado Mahatma Gandhi. Ghandi creía que la independencia podía ganarse pacíficamente. Él tenía razón. A la India se le dio la independencia en 1947.

Al mismo tiempo dos regiones musulmanas de la India se separaron y formaron un nuevo país llamado Paquistán. Más tarde Paquistán del Este se convirtió en un tercer país. Se llama Bangladesh.

Mahatma Gandhi fue un líder importante del movimiento de independencia de la India.

El gobierno de la India

La India es una república. El jefe de gobierno es el primer ministro. El primer ministro y el parlamento son elegidos por la gente. En la India cualquier persona mayor de 21 años puede votar.

El gobierno está tratando de ayudar a los pobres mejorando las condiciones de trabajo, elevando los salarios a un nivel más justo y ayudando a los ancianos. El gobierno se preocupa por el tamaño de la población. Le pide a la gente que tenga familias pequeñas. Si la población continúa creciendo al mismo paso, nunca podría haber suficientes trabajos ni tierra para todos.

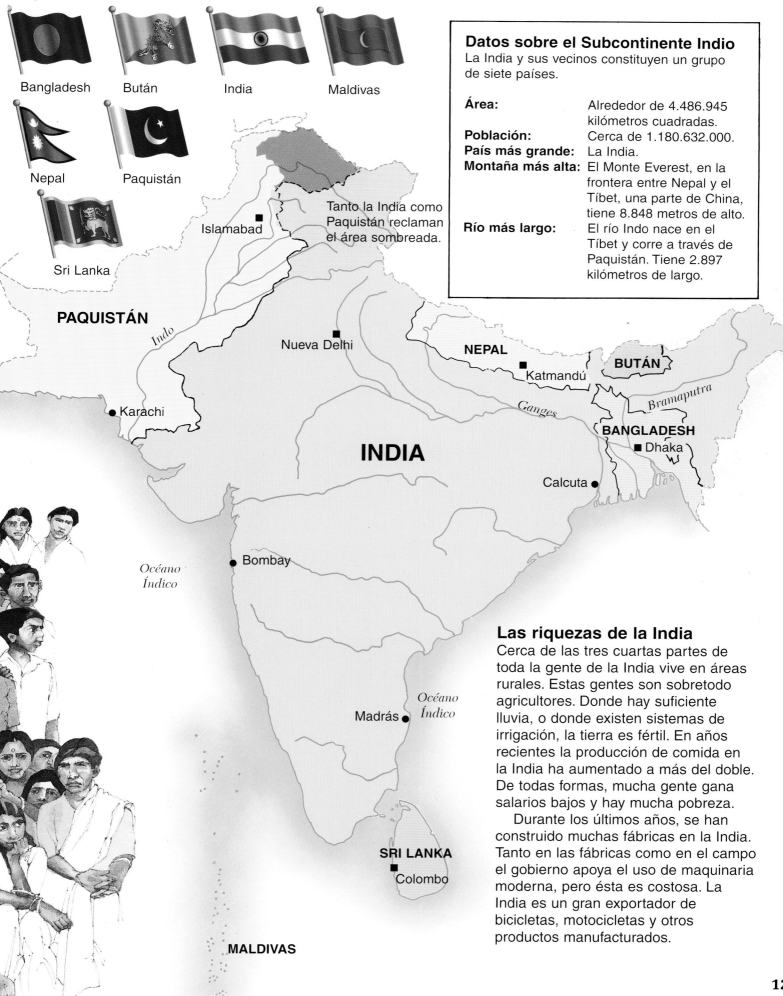

Bangladesh

Bután

India

Maldivas

Nepal

Paquistán

Sri Lanka

Datos sobre el Subcontinente Indio
La India y sus vecinos constituyen un grupo de siete países.

Área: Alrededor de 4.486.945 kilómetros cuadradas.

Población: Cerca de 1.180.632.000.

País más grande: La India.

Montaña más alta: El Monte Everest, en la frontera entre Nepal y el Tíbet, una parte de China, tiene 8.848 metros de alto.

Río más largo: El río Indo nace en el Tíbet y corre a través de Paquistán. Tiene 2.897 kilómetros de largo.

Islamabad

Tanto la India como Paquistán reclaman el área sombreada.

PAQUISTÁN

Indo

Nueva Delhi

NEPAL

Katmandú

BUTÁN

Karachi

Ganges

Bramaputra

BANGLADESH

INDIA

Dhaka

Calcuta

Océano Índico

Bombay

Las riquezas de la India
Cerca de las tres cuartas partes de toda la gente de la India vive en áreas rurales. Estas gentes son sobretodo agricultores. Donde hay suficiente lluvia, o donde existen sistemas de irrigación, la tierra es fértil. En años recientes la producción de comida en la India ha aumentado a más del doble. De todas formas, mucha gente gana salarios bajos y hay mucha pobreza.

Durante los últimos años, se han construido muchas fábricas en la India. Tanto en las fábricas como en el campo el gobierno apoya el uso de maquinaria moderna, pero ésta es costosa. La India es un gran exportador de bicicletas, motocicletas y otros productos manufacturados.

Madrás

Océano Índico

SRI LANKA
Colombo

MALDIVAS

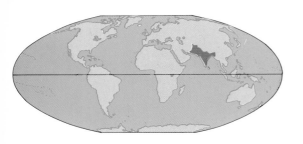

Observemos la tierra

En el norte del Subcontinente Indio existe la cadena de montañas más alta del mundo. La nieve que se derrite en el Himalaya forma ríos que han creado extensos valles en las laderas de las montañas. Los ríos se adentran en las planicies del norte de la India, Paquistán y Bangladesh. El Indo, un gran río, corre a través de Paquistán, mientras que el Ganges corre a través de la India y Bangladesh, donde se une con el Bramaputra.

El delta llano de los ríos Ganges y Bramaputra es un laberinto de canales y campos inundados. De vez en cuando se ven casitas encaramadas en pequeñas parcelas de tierra seca. Cada verano los monzones que soplan sobre la India traen lluvias que llenan los ríos, haciéndolos desbordar y creando inundaciones.

El Decán, una meseta muy grande, forma la mayor parte del sur, o península India. Cerca de la punta oriental de la península se encuentra la hermosa isla de Sri Lanka, mientras que las Islas Maldivas se encuentran al suroeste.

El río **Indo** nace en las montañas del Tíbet y corre hacia el sur a través de Paquistán. Cruza desiertos y pastizales secos antes de entrar en la vasta llanura. Aquí, canales de irrigación ayudan a irrigar una vasta área de tierra, haciéndola más fértil.

Las **Maldivas** es un país constituido por 1.200 pequeñas islas coralinas. Alrededor de las costas hay playas blancas. Solamente 200 islas están habitadas.

El **Everest** es la montaña más alta del mundo. Es parte del Himalaya, el cual forma la frontera entre el norte de la India y Tíbet. Su pico tiene 8.848 metros de altura.

Himalaya

Indo

Desierto de Thar

El Everest

Ganges

Bramaputra

Bahía de Bengala

Meseta de Decán

El río **Ganges** desciende del Himalaya. Antes de alcanzar el mar se divide en muchos brazos. Uno de estos brazos se junta con el Bramaputra, un río muy largo. Los dos ríos desembocan en la Bahía de Bengala.

Un gran desierto indio llamado el **Thar**, se extiende en la parte noroeste de India. La tierra está formada por colinas rocosas y dunas de arena. Aquí llueve muy poco, pero recientemente la gente ha comenzado a irrigar partes del desierto.

Sri Lanka

Maldivas

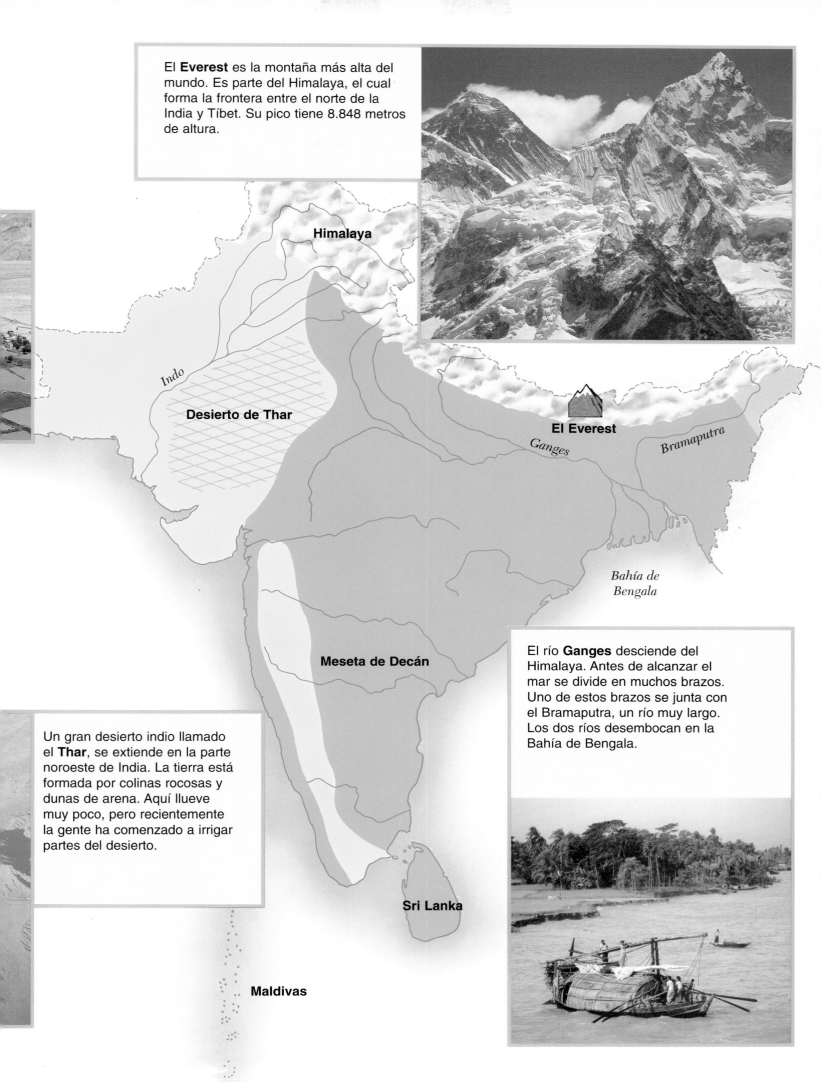

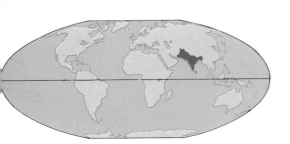

Las plantas

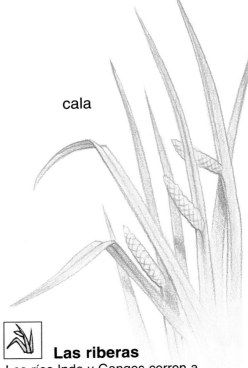

cala

Los picos nevados del Himalaya se pueden ver a través de las ramas del bosque. En las estribaciones de Nepal altos árboles de cedro deodara se elevan hacia el cielo. Debajo de ellos crecen rododendros. En las cercanías, en las faldas abiertas, hay prímulas moradas de Nepal y otras flores de colores brillantes. El sol tibio ilumina el azul intenso del delfinio del Himalaya.

Más abajo de las estribaciones están los valles más calientes y fértiles de los ríos Indo y Ganges. Aquí, diversas clases de cañas y juncos cubren las orillas del río. Hacia el sur se encuentran los pastizales más secos del Decán, con algunos árboles. Al oeste, la tierra está cubierta de tupidos bosques maderables.

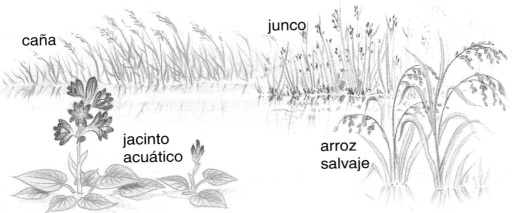

caña

junco

jacinto acuático

arroz salvaje

Las riberas

Los ríos Indo y Ganges corren a través de las llanuras del norte. En algunos bancos crecen juncos y cañas de varias clases y el arroz salvaje. La cala crece en las aguas poco profundas. Los jacintos acuáticos mantienen el agua limpia, absorbiendo muchas substancias químicas.

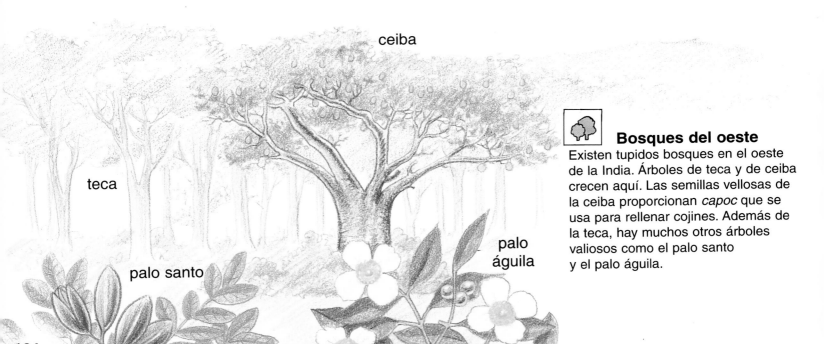

ceiba

teca

palo santo

palo águila

Bosques del oeste

Existen tupidos bosques en el oeste de la India. Árboles de teca y de ceiba crecen aquí. Las semillas vellosas de la ceiba proporcionan *capoc* que se usa para rellenar cojines. Además de la teca, hay muchos otros árboles valiosos como el palo santo y el palo águila.

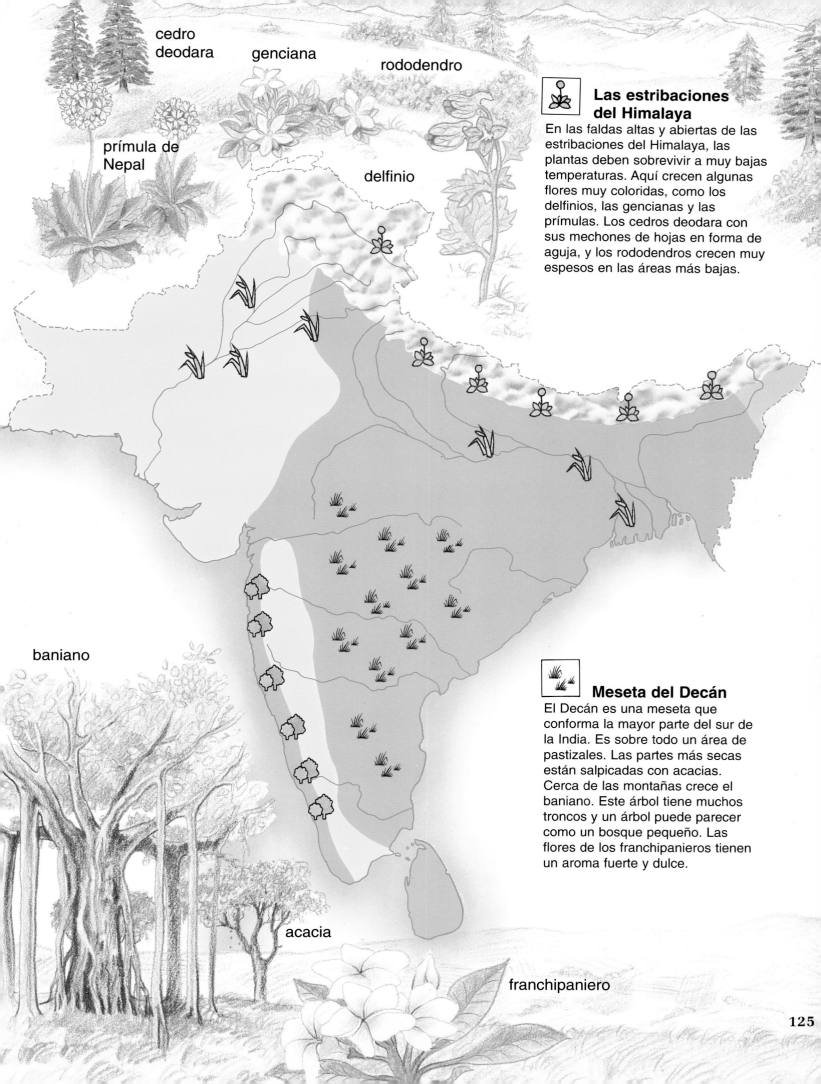

cedro
deodara

genciana

rododendro

prímula de
Nepal

delfinio

Las estribaciones del Himalaya

En las faldas altas y abiertas de las estribaciones del Himalaya, las plantas deben sobrevivir a muy bajas temperaturas. Aquí crecen algunas flores muy coloridas, como los delfinios, las gencianas y las prímulas. Los cedros deodara con sus mechones de hojas en forma de aguja, y los rododendros crecen muy espesos en las áreas más bajas.

baniano

Meseta del Decán

El Decán es una meseta que conforma la mayor parte del sur de la India. Es sobre todo un área de pastizales. Las partes más secas están salpicadas con acacias. Cerca de las montañas crece el baniano. Este árbol tiene muchos troncos y un árbol puede parecer como un bosque pequeño. Las flores de los franchipanieros tienen un aroma fuerte y dulce.

acacia

franchipaniero

125

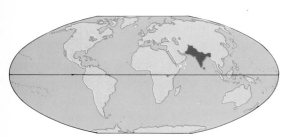

Los animales

cálao

elefante

ciervo axis

rinoceronte

Algunos de los animales más grandes viven en los bosques montañosos del nordeste. El raro tigre de la India pasa casi todo el día durmiendo bajo la sombra o echado en el agua para evitar el calor. Los elefantes se mueven por el bosque, alimentándose de plantas y hojas. En los lugares más húmedos y pantanosos el rinoceronte indio de un cuerno se revuelca en el barro y se alimenta de plantas acuáticas. Muchos de los animales más pequeños del bosque tienen pelaje con diseños que se mimetizan con el follaje y les ayuda a estar escondidos.

En el Himalaya, los animales tienen que ser buenos trepadores para poder sobrevivir. Muchos tienen pelaje grueso y lanudo que los protege del frío. Hacia el sur está la meseta del Decán, un área de pastizales secos. Muchas clases de culebras viven aquí. Uno de sus enemigos es un animal pequeño y fiero llamado la mangosta.

Sri Lanka, cerca de las costas del cono sur de la India, es caliente y húmedo. Pájaros de colores brillantes y muchas clases de animales trepadores, tales como los loris, viven en los bosques.

Los bosques de las montañas

El elefante de la India arranca con su trompa las hojas de los árboles. Es más pequeño que el elefante africano. Tanto el rinoceronte como el tigre de la India son animales raros. Los tigres cazan animales más pequeños, tales como el ciervo axis. Este ciervo con manchas se puede esconder bien en el bosque.

águila barbuda

tahr

goral

markhor

hangul

El Himalaya

Ciervos de Cachemira, llamados hanguls, pastan en el Himalaya. En faldas más escarpadas cabras salvajes, llamadas markhors, y hábiles gorales se alimentan de pastos. Al amanecer y al anochecer la panda menor busca retoños de bambú, raíces y a veces ratones e insectos.

panda menor

puercoespín

mangosta

La meseta del Decán

La comida es escasa en la seca meseta del Decán. La mangosta gris come casi cualquier cosa. Puede luchar con la mortífera cobra y regularmente gana. Los buitres son aves carroñeras que se alimentan de cadáveres de animales. Los buitres negros se alimentan primero, seguidos por el buitre de lomo blanco.

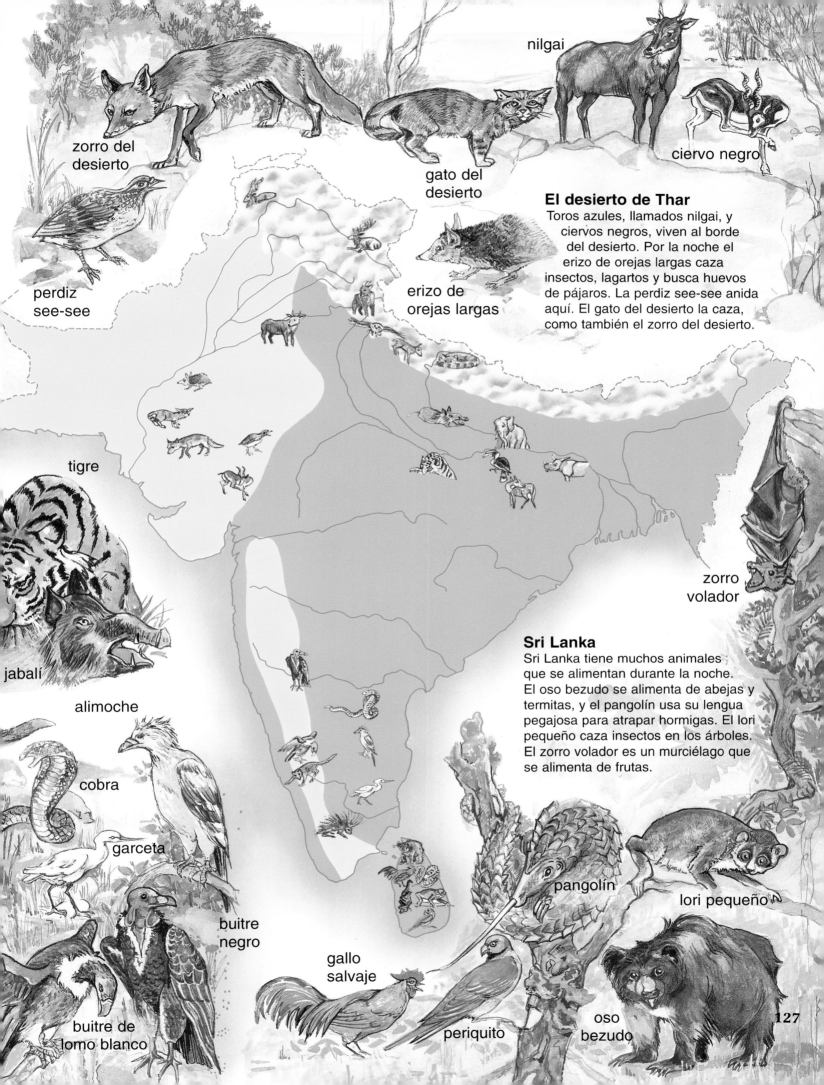

zorro del desierto

perdiz see-see

nilgai

gato del desierto

ciervo negro

erizo de orejas largas

El desierto de Thar
Toros azules, llamados nilgai, y ciervos negros, viven al borde del desierto. Por la noche el erizo de orejas largas caza insectos, lagartos y busca huevos de pájaros. La perdiz see-see anida aquí. El gato del desierto la caza, como también el zorro del desierto.

tigre

jabalí

alimoche

cobra

garceta

buitre negro

buitre de lomo blanco

gallo salvaje

periquito

zorro volador

Sri Lanka
Sri Lanka tiene muchos animales que se alimentan durante la noche. El oso bezudo se alimenta de abejas y termitas, y el pangolín usa su lengua pegajosa para atrapar hormigas. El lori pequeño caza insectos en los árboles. El zorro volador es un murciélago que se alimenta de frutas.

pangolín

lori pequeño

oso bezudo

127

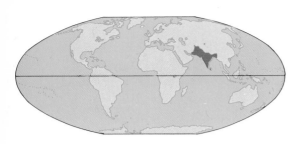

Cría, cultivo y manufactura

Filas de hombres y mujeres se mueven a lo largo de las ordenadas hileras de plantas de té. En sus espaldas llevan grandes canastos sujetados con correas que pasan por sus frentes. Ellos se mueven rápidamente entre los arbustos, recogiendo los retoños llamados brotes. Cada uno de ellos tiene varias hojas y un capullo. Cuando las canastas se llenan, se pesan y a los recogedores de té se les paga por cada canasta que hayan recogido. La India produce más té que cualquier otro país, aunque hay grandes plantaciones de té en Bangladesh y en Sri Lanka. Otros cultivos importantes son el arroz, el algodón, el yute, la caña de azúcar, el caucho y el coco.

La minería es importante para la India y Paquistán. El mineral de hierro es extraído y usado en la fundición de hierro y acero para hacer productos con metales pesados.

La recolección del té
Las hojas de té se recogen a mano. Se escogen y se secan antes de empacarlas para el consumo.

Busca estos símbolos en el mapa:

  trigo

 arroz

 ganado vacuno

 azúcar

 algodón

 té

 caucho

 coco

 maní

 madera

 pesca

 industria

 mineral de hierro

 cobre

 carbón

La agricultura
Muchas gentes del subcontinente son agricultores. Familias enteras trabajan la tierra. Algunos agricultores tienen tractores y otras maquinarias, pero la mayoría usa herramientas sencillas. Los bueyes se usan como animales de trabajo. Muchas áreas dependen de la irrigación para tener agua suficiente para los cultivos. Los agricultores pobres se esfuerzan para producir suficiente comida.

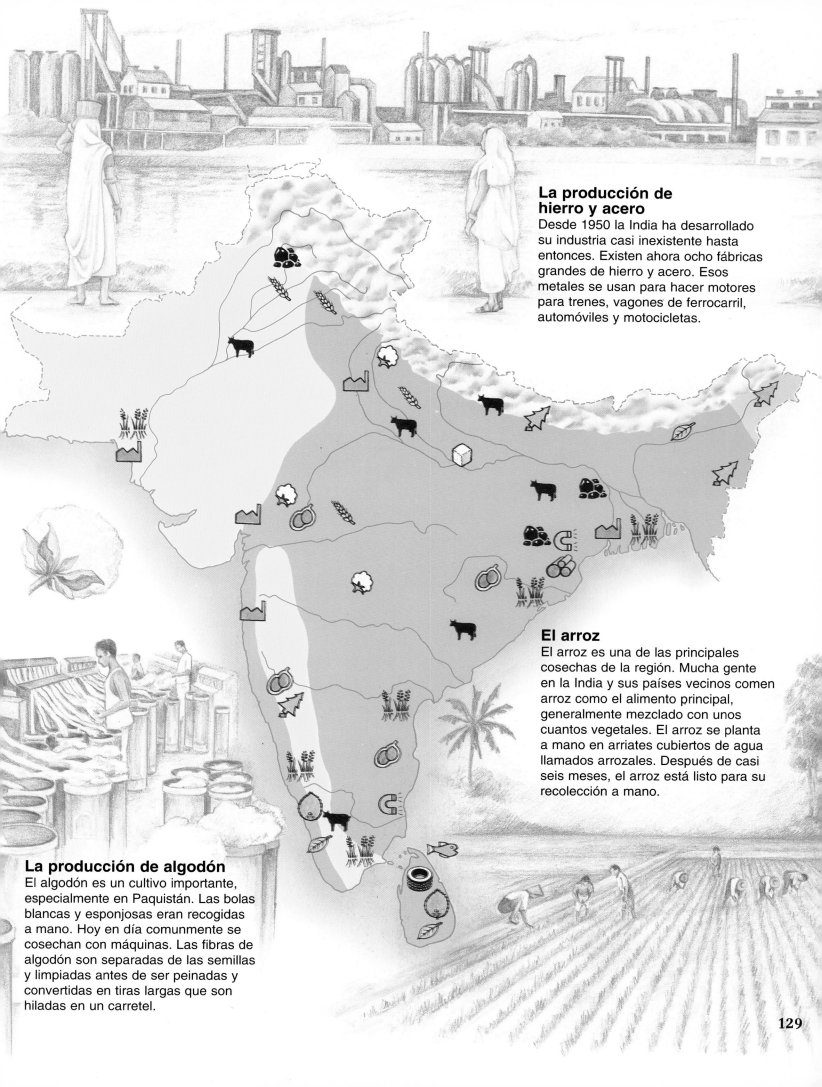

La producción de hierro y acero

Desde 1950 la India ha desarrollado su industria casi inexistente hasta entonces. Existen ahora ocho fábricas grandes de hierro y acero. Esos metales se usan para hacer motores para trenes, vagones de ferrocarril, automóviles y motocicletas.

El arroz

El arroz es una de las principales cosechas de la región. Mucha gente en la India y sus países vecinos comen arroz como el alimento principal, generalmente mezclado con unos cuantos vegetales. El arroz se planta a mano en arriates cubiertos de agua llamados arrozales. Después de casi seis meses, el arroz está listo para su recolección a mano.

La producción de algodón

El algodón es un cultivo importante, especialmente en Paquistán. Las bolas blancas y esponjosas eran recogidas a mano. Hoy en día comunmente se cosechan con máquinas. Las fibras de algodón son separadas de las semillas y limpiadas antes de ser peinadas y convertidas en tiras largas que son hiladas en un carretel.

129

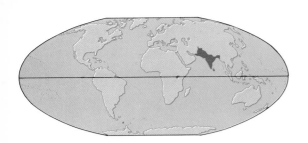

La gente y sus costumbres

A pesar de que la región se está volviendo rápidamente muy moderna con grandes ciudades y nuevas industrias, mucha gente todavía vive y se viste en forma tradicional. En casi toda la India la ropa es holgada, de tal forma que la gente se pueda sentir confortable en el calor. En las regiones montañosas del norte, como Cachemira, la gente viste ropa de lana para abrigarse durante el invierno.

Mucha gente vive en aldeas en las áreas rurales. La mayoría se gana la vida trabajando la tierra. A menudo las casas tienen pisos de barro y no tienen agua corriente ni electricidad. Pero nuevas ciudades están creciendo rápidamente y mucha gente está dejando las áreas rurales para trabajar en las ciudades.

La mayor parte de la gente de la India son hindúes, y la religión juega un papel muy importante en sus vidas. Las gentes de Paquistán y de muchas otras partes del subcontinente son musulmanes. En toda la región hay procesiones religiosas durante todo el año.

Casi toda la comida india se cocina con especias. En el patio se ponen ollas de cobre sobre el fuego o en pequeñas estufas. Un pan delgado se hace sobre una plancha de metal caliente. Se come cuando está todavía caliente.

Las vacas se ven comunmente en las regiones hindúes, aun en las ciudades. Se les permite caminar hasta que su dueño las reúne a la hora del ordeño. Los hindúes nunca sacrifican una vaca para obtener comida. En la religión hindú las vacas son sagradas.

Muchas mujeres se ponen aretes, adornos en las narices y brazaletes de colores brillantes. Algunas se pintan un punto, o bindi, en la frente con un polvo coloreado. Escogen un polvo de color que haga juego con el vestido o sarí.

Todas estas gentes viven en el subcontinente indio.

La música es importante en la vida del subcontinente. Entre los instrumentos tradicionales figuran tambores, cuernos y muchos instrumentos de cuerdas llamados cítaras. Los cortejos nupciales en el Himalaya son precedidos frecuentemente por músicos.

Los elefantes se han usado por siglos en la India para mover cargas pesadas. También se les usa en procesiones, donde se les ponen decoraciones de colores brillantes. A la silla para los pasajeros que se coloca en el lomo del elefante se le llama *howdah*.

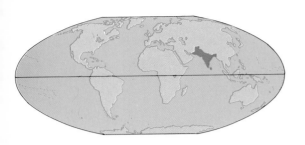

Las ciudades

Las ciudades de la región están muy pobladas. Algunas familias son ricas y viven en casas confortables, pero mucha gente vive amontonada en tugurios. Frecuentemente familias completas viven aquí en un solo cuarto pequeño. Algunas gentes no tienen casa y viven, comen y duermen en las calles.

Gente de las áreas rurales circundantes viene a la ciudad a vender sus animales y sus cosechas en los congestionados mercados al aire libre. Todo el día las calles están llenas de color, movimiento y bulla. Los automovilistas tocan la bocina y los ciclistas hacen sonar sus timbres mientras los comerciantes del mercado exhiben sus mercancías a los caminantes.

En algunas calles hay muchas tiendas artesanales, donde se hacen y venden hermosos adornos de latón, cobre, plata y oro. También se venden perfumes y especias costosas. Durante todo el día la gente se la pasa en las calles comprando y vendiendo.

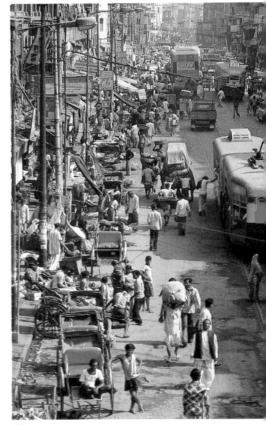

Calcuta es una de las ciudades más superpobladas del mundo. Las enfermedades y el hambre son comunes en los tugurios que son conocidos como *bustees,* pero existen también muchas casas lujosas en el centro de Calcuta. En las cercanías hay un parque, el Maidan, donde las vacas pastan y se juega criquet.

Nueva Delhi es la ciudad capital de la India. Queda a cinco kilómetros de Delhi, la vieja ciudad capital. Nueva Delhi tiene suficiente espacio. Hay anchas calles bordeadas de árboles y edificios modernos. La ciudad tiene algunos edificios de gobierno muy grandes, tales como el Parlamento y el edificio de los ministerios.

Islamabad es la nueva ciudad capital de Paquistán. La ciudad fue construida en este siglo. Anteriormente, la capital era Karachi. El nombre Islamabad significa La Ciudad del Islam. El gobierno de Paquistán se reúne en un edificio moderno en la ciudad.

Bombay es uno de los puertos con mayor movimiento en el mundo. Cerca del puerto se encuentra un arco muy grande que se conoce como La Puerta de la India. Bombay es también un centro industrial importante con refinerías de petróleo, fábricas de automóviles e hilanderías de algodón.

Más de cuatro millones de personas viven en **Madrás,** la cuarta ciudad en población de la India. Los trabajadores viajan en bicicletas a sus trabajos en las grandes fábricas donde se construyen automóviles y vagones de ferrocarril. Hay también hilanderías de algodón y curtiembres de cuero, y los buques de todo el mundo usan el activo puerto.

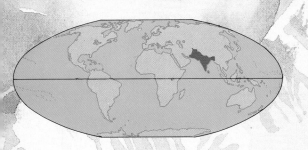

En las estribaciones del Himalaya

En el pasado los exploradores del Himalaya y los escaladores del Everest tenían que hacer el largo viaje a pie desde Katmandú hasta las pendientes más bajas del monte Everest. Hoy en día, un viaje corto en una avioneta los lleva al pequeño aeropuerto de Lukla. En este sitio los escaladores son recibidos por sus guías. Todos están ansiosos ante la jornada que les espera. En breve, el grupo se dirige hacia los altos picos.

La primera parte del camino lleva a los escaladores a remontar el valle del río Dudh Kosi. Este río es una corriente de agua que se precipita recogiendo las aguas de las pendientes más bajas del Everest. La nieve que cae más arriba de la línea nevada casi nunca se derrite, y los picos rocosos que se alzan sobre las nubes están siempre expuestos. A medida que los escaladores suben, la tierra se vuelve rocosa.

Cruzando el río de un lado para otro sobre puentes endebles, el sendero se eleva zigzagueante hacia el glaciar Khumbu. Aquí el aire es helado. Mirando hacia atrás se ve el valle del río envuelto en neblina. Adelante, la pirámide oscura del pico del monte Everest brilla con la puesta del sol.

Sólo sobreviven aquí unos pocos enebros y abedules resistentes. Sus troncos están cubiertos de musgo y retorcidos por el viento.

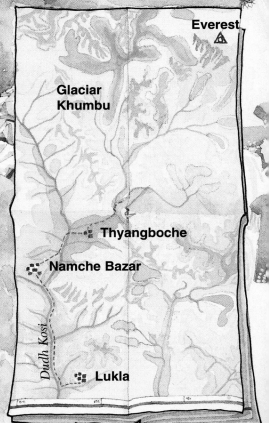

Everest

Glaciar Khumbu

Thyangboche

Namche Bazar

Dudh Kosi

Lukla

El Himalaya forma una barrera que separa el norte de la India de la meseta del Tíbet en China.

Meseta tibetana

Everest

Namche Bazar

Kathmandú

PAQUISTÁN

INDIA

Indo

Ganges

Muy pronto los escaladores llegan a la aldea de Namche Bazar donde comparten una comida con una familia de la localidad. Luego se acurrucan bajo las mantas calientes de lana de yac para pasar la noche.

Al día siguiente llegan al último puesto de avanzada, un antiguo monasterio encaramado en la alta montaña. Aquí el aire tiene poco oxígeno y la respiración se vuelve difícil, pero la vista es magnífica. Los picos gigantescos de las montañas —en algunas partes nevadas y en otras sólo rocas al descubierto— se destacan contra un cielo azul brillante.

El monasterio de Thyangboche se alza contra el espectacular paisaje del Himalaya. Sacerdotes budistas, llamados lamas, viven detrás de sus blancas paredes.

Para este grupo de escaladores, la visita a las estribaciones del Everest es suficiente. No tratarán de escalar la gran montaña. Recuerdan los nombres de los primeros escaladores en conquistar el Everest, Tenzing Norgay y Edmund Hillary, y se dan cuenta de cuánto coraje y destreza se debe tener para alcanzar la cima de la montaña. Pensando en estos dos hombres, los escaladores empiezan a regresar a Katmandú para recorrer otros senderos en las estribaciones del Himalaya.

En el Himalaya se encuentran las montañas más grandes del mundo. Sin embargo, la vida aquí puede ser cruel y terrible. Avalanchas de nieve pueden cubrir pequeñas aldeas en las cuestas más altas, y los ríos a menudo se desbordan e inundan los valles estrechos. Terremotos y derrumbes cambian el paisaje. El clima es a menudo frío y húmedo. A veces cae granizo —algunos tan grandes que magullan la piel— y vientos fuertes destruyen las pequeñas casas de ladrillos de barro.

La gente se ve muy pequeña en medio del inmenso paisaje que la rodea.

Los escaladores del Himalaya ven todas estas cosas, pero al igual que los campesinos locales que veneran las grandes montañas, ellos pueden solamente maravillarse del tamaño y la belleza de los imponentes picos.

Bienvenidos a China y al Asia Oriental

China es el país más grande que se encuentra completamente en Asia y el tercero en tamaño en el mundo. Pero algunos de sus vecinos, tales como Hong Kong y Macao, son pequeños. Macao cubre unas dieciséis kilómetros cuadradas.

China se extiende desde Asia central hasta el Océano Pacífico, a través de casi 4.828 kilómetros de montañas, desiertos y llanuras fértiles. En el sureste el clima es muy caliente y lluvioso durante la mayor parte del año y aquí es donde se cultiva la mayoría de las cosechas de China. Es también donde la mayor parte de la gente vive. En gran parte del norte la tierra es seca y desierta, con vientos extremadamente fríos.

En China vive más gente que en cualquier otro país. De hecho, una de cada cinco personas en el mundo vive allí. Los chinos llaman *putonghua* a su lengua oficial, que significa Lengua Común. En vez de tener un alfabeto, los chinos escriben usando un sistema de signos que representan palabras, llamados caracteres.

Éste es el carácter para escribir bienvenido.

La mayoría de la gente de la China trabaja en el campo.

Ecuador

Hay muchos mercados callejeros en Hong Kong.

El panda gigante vive en China central.

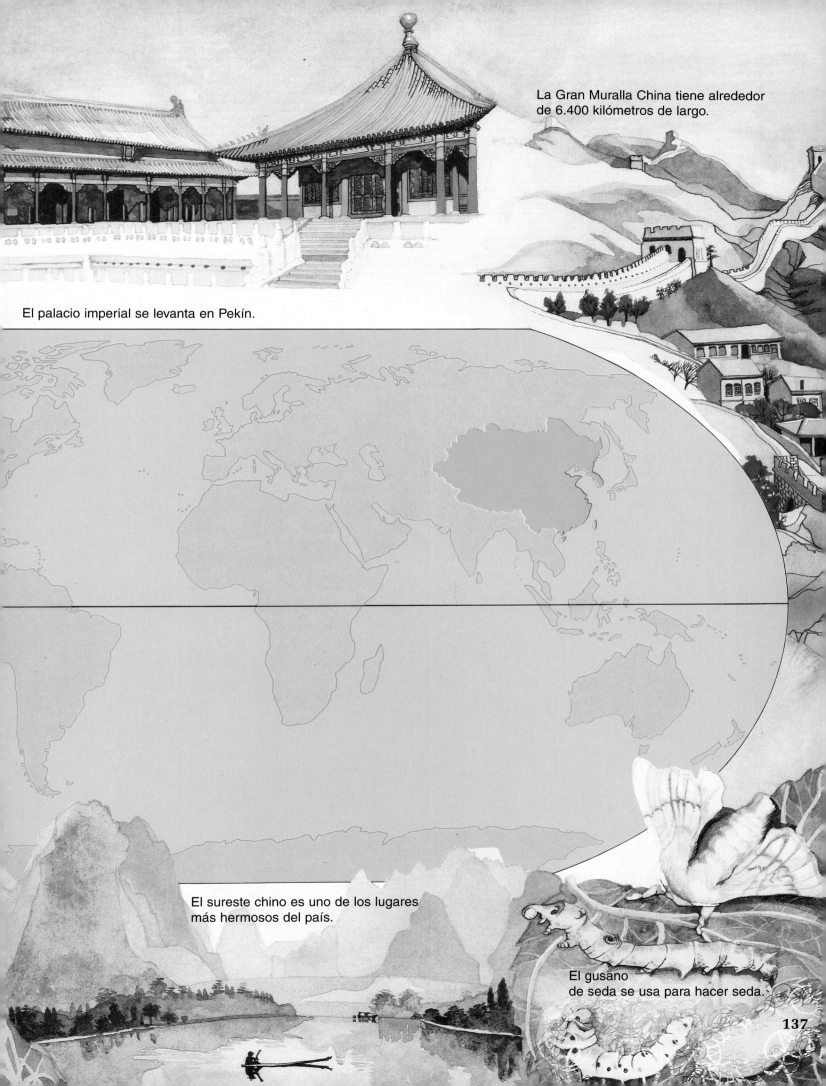

La Gran Muralla China tiene alrededor de 6.400 kilómetros de largo.

El palacio imperial se levanta en Pekín.

El sureste chino es uno de los lugares más hermosos del país.

El gusano de seda se usa para hacer seda.

137

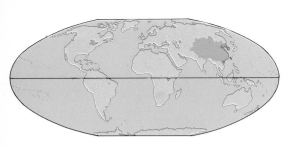

Los países

La región está compuesta por China, Mongolia, Corea del Norte, Corea del Sur, Taiwan, Hong Kong y Macao. Al norte limita con Rusia y sus vecinos, al oeste con el Subcontinente de la India y al sur con Burma, Laos y Vietnam.

China es el país más grande de la región. Está rodeada de desiertos inhóspitos, grandes cadenas de montañas y el mar. Por cientos de años estos límites naturales actuaron como barreras que mantuvieron a China separada del resto del mundo.

La historia de China

El imperio chino comenzó hace más de 2.000 años. La historia de esos tiempos, los pensamientos y tradiciones de sus gentes están escritos. Todavía se leen hoy en día.

Dirigidos por sus gobernantes, los chinos construyeron grandes ciudades y crearon obras de arte esplendorosas. Fue en China donde se inventaron el papel, el compás, la porcelana china y la pólvora. Los antiguos chinos fueron grandes astrónomos y doctores.

El imperio chino duró hasta el siglo xx, cuando tuvo lugar una revolución y una guerra. Ahora, China tiene un papel cada día más importante en los asuntos mundiales.

El gobierno de China

Casi todos los miembros del gobierno chino pertenecen al Partido Comunista. Aproximadamente una de cada 24 personas es miembro del Partido Comunista y el que quiera tener un puesto importante debe ingresar al partido.

Los miembros del partido se escogen para que representen aldeas y pueblos y éstos a su vez escogen a los representantes de la región. Los miembros más importantes del partido sirven en el Comité Central. A muchos chinos les gustaría que su gobierno fuera más democrático.

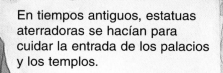

En tiempos antiguos, estatuas aterradoras se hacían para cuidar la entrada de los palacios y los templos.

Datos sobre China y el Asia Oriental

Hay cinco países en la región.

Área: 11.396.254 kilómetros cuadradas.

Población: Alrededor de 1.241.757.000.

País más grande: China.

Montaña más alta: El Everest, en la frontera de China con Nepal, tiene 8.848 metros de alto.

Río más largo: El Yang-Tsé en China con 6.300 kilómetros de largo.

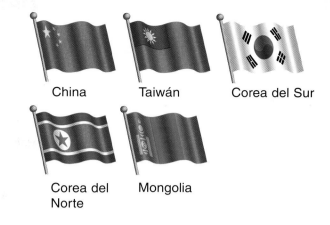

China   Taiwán   Corea del Sur

Corea del Norte   Mongolia

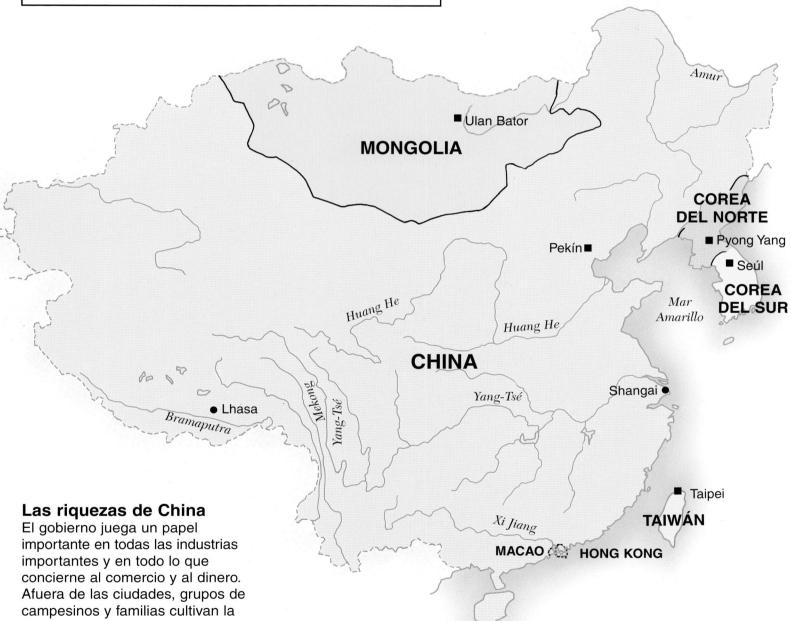

Las riquezas de China

El gobierno juega un papel importante en todas las industrias importantes y en todo lo que concierne al comercio y al dinero. Afuera de las ciudades, grupos de campesinos y familias cultivan la tierra por su cuenta. A pesar de que China tiene vastas tierras y cerca de tres cuartas partes de la población son agricultores, apenas hay suficiente comida para todos.

El gobierno de China, preocupado por el número de sus habitantes, les pide a los jóvenes que no se casen hasta que lleguen a los veinticinco años y que tengan una familia pequeña.

El gobierno quiere que China sea un país más rico y moderno para el año 2.000. Ha estimulado la creación de nuevas industrias. Ha mejorado las escuelas y los hospitales. Además les ha pedido a sus habitantes que trabajen muy duro en la industria y la agricultura durante los próximos diez años.

139

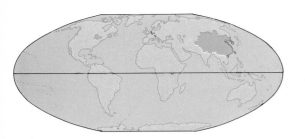

Observemos la tierra

Los terremotos son comunes en el nordeste de China. Algunas veces éstos hacen mucho daño. Científicos chinos viajan por la región, buscando señales que puedan indicar la posibilidad de un terremoto. Ellos usan un instrumento llamado un sismógrafo, el cual mide el movimiento de la corteza terrestre. En 1975, los científicos pudieron prevenir a la gente de que un terremoto iba a sacudir a la ciudad de Haicheng. La ciudad fue destruida exactamente dos horas después de que la gente se había puesto a salvo.

Las inundaciones son también un problema en China. El río Huang He corre a través de las llanuras anchas del norte de China. Este río se desbordaba casi todos los años, destruyendo aldeas y cultivos. Hoy en día, se han construido diques y represas para contener los desbordamientos.

El nombre **Huang He** significa Río Amarillo. Es amarillo porque lleva gran cantidad de tierra amarilla. El Huang He desemboca en el Mar Amarillo.

Al norte de la cadena montañosa del Himalaya está la meseta del **Tíbet.** Éste es el altiplano más alto y más grande del mundo. La mayor parte del Tíbet es un páramo. El suelo está congelado casi todo el año, pero en algunas laderas la tierra ha sido convertida en terrazas. Cuando la nieve se derrite, el agua se recoge en las terrazas y entonces se cultiva arroz.

El **Yang-Tsé** es uno de los ríos más largos del mundo. Nace en las altas montañas y corre vertiginosamente a través de desfiladeros profundos y rocosos. Cerca del mar el río se ensancha y es muy navegado.

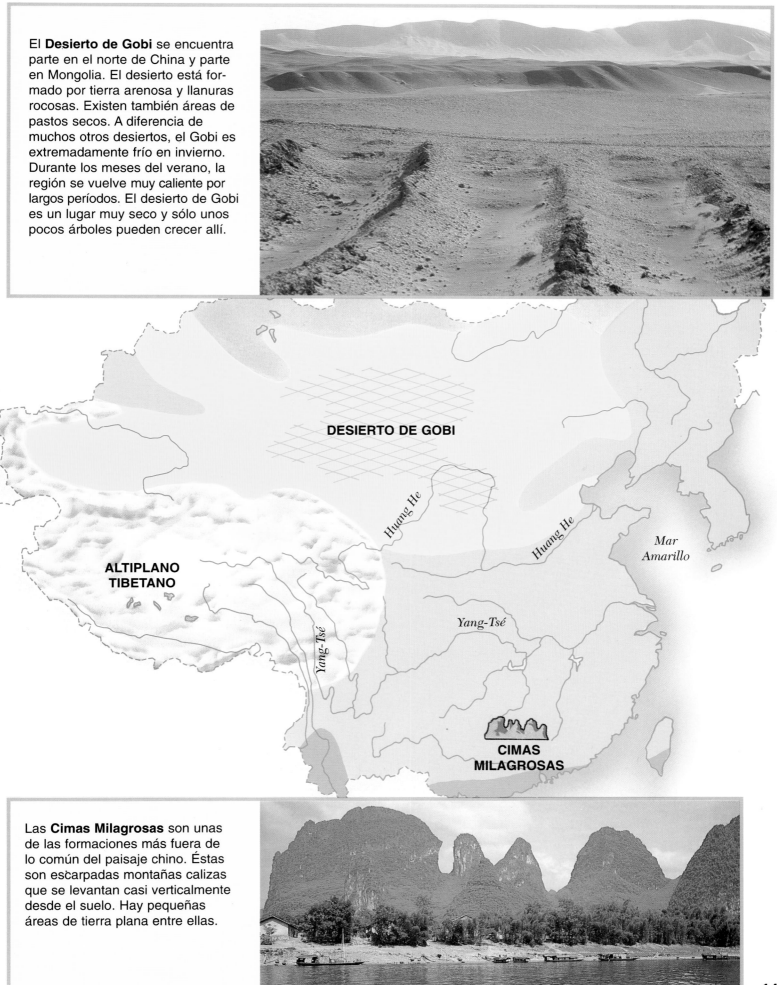

El **Desierto de Gobi** se encuentra parte en el norte de China y parte en Mongolia. El desierto está formado por tierra arenosa y llanuras rocosas. Existen también áreas de pastos secos. A diferencia de muchos otros desiertos, el Gobi es extremadamente frío en invierno. Durante los meses del verano, la región se vuelve muy caliente por largos períodos. El desierto de Gobi es un lugar muy seco y sólo unos pocos árboles pueden crecer allí.

DESIERTO DE GOBI

ALTIPLANO TIBETANO

Huang He

Huang He

Mar Amarillo

Yang-Tsé

Yang-Tsé

CIMAS MILAGROSAS

Las **Cimas Milagrosas** son unas de las formaciones más fuera de lo común del paisaje chino. Éstas son escarpadas montañas calizas que se levantan casi verticalmente desde el suelo. Hay pequeñas áreas de tierra plana entre ellas.

141

Las plantas

espina de camello

tamarisco

anabasis

ajenjo

salsola

quenopodio

A principios del verano la espesa nieve se ha derretido y la región de los bosques altos es todo color. El hielo ha desaparecido de los bancos de los arroyos, y rododendros salvajes con sus flores blancas, rojas, rosadas y moradas cubren las cuestas. Los troncos oscuros del abeto y de las píceas sobresalen por encima de estos coloridos arbustos, y el arce y el abedul lucen sus hojas nuevas. Varas gigantes de bambú crujen en la brisa.

En el altiplano tibetano, las plantas son muy diferentes. Debido al intenso frío, aquí sólo crecen flores y pastos pequeños. En la región desértica de Mongolia casi nunca llueve, así que hay muy pocas plantas. Las llanuras del norte están cubiertas de pastos, hierbas y algunos árboles pequeños.

El Desierto

El desierto rocoso de Gobi es seco y frío. Pocas plantas crecen aquí. Las raíces del tamarisco se extienden a considerable distancia para encontrar humedad y el quenopodio sobrevive aun en las partes más secas. El esquenanto es muy espinoso. Sólo las jetas resistentes de los camellos pueden masticar sus ramas.

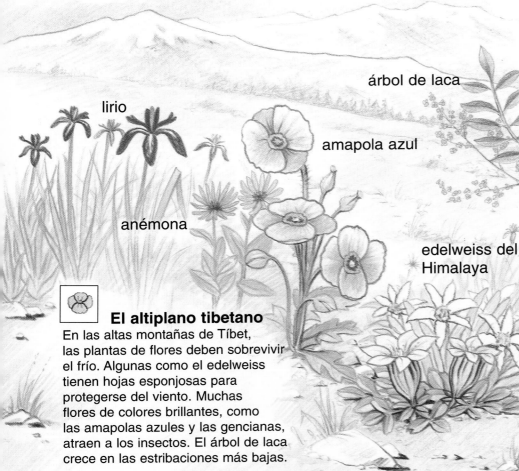

lirio

árbol de laca

amapola azul

anémona

edelweiss del Himalaya

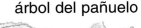

árbol del pañuelo

canelo

rododendro

El altiplano tibetano

En las altas montañas de Tíbet, las plantas de flores deben sobrevivir el frío. Algunas como el edelweiss tienen hojas esponjosas para protegerse del viento. Muchas flores de colores brillantes, como las amapolas azules y las gencianas, atraen a los insectos. El árbol de laca crece en las estribaciones más bajas.

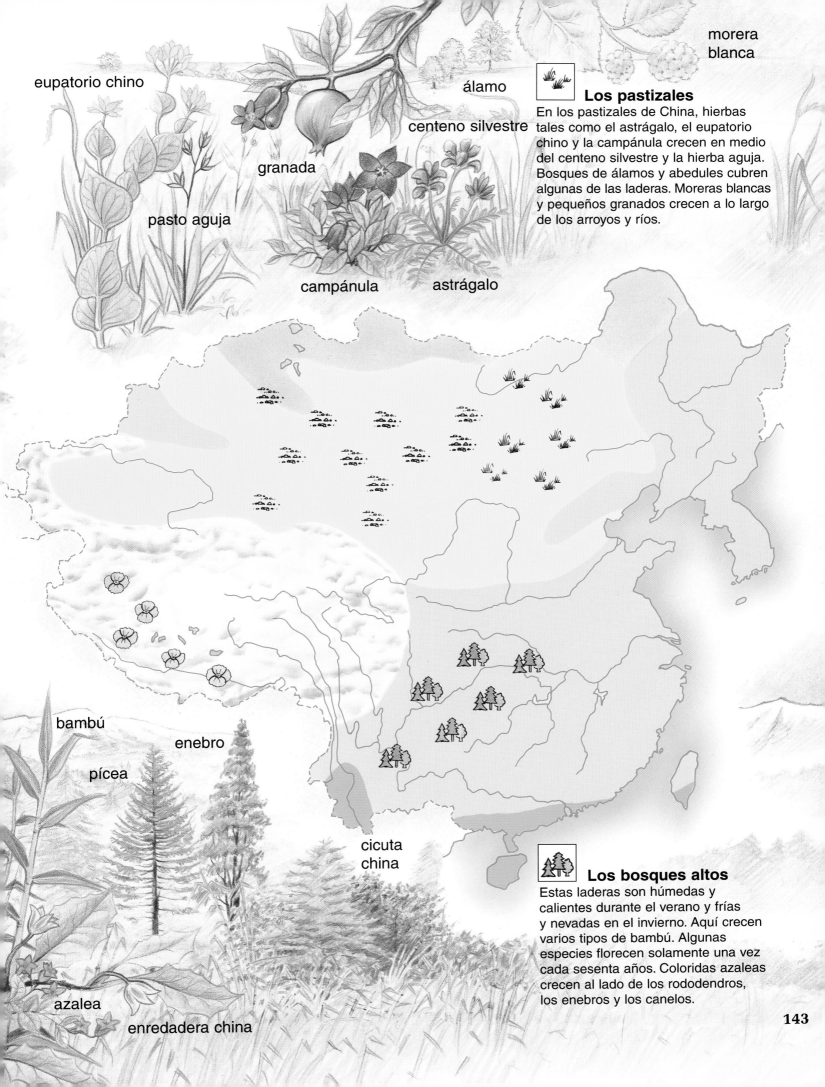

eupatorio chino

morera
blanca

álamo

granada

centeno silvestre

pasto aguja

Los pastizales

En los pastizales de China, hierbas tales como el astrágalo, el eupatorio chino y la campánula crecen en medio del centeno silvestre y la hierba aguja. Bosques de álamos y abedules cubren algunas de las laderas. Moreras blancas y pequeños granados crecen a lo largo de los arroyos y ríos.

campánula

astrágalo

bambú

enebro

pícea

cicuta china

Los bosques altos

Estas laderas son húmedas y calientes durante el verano y frías y nevadas en el invierno. Aquí crecen varios tipos de bambú. Algunas especies florecen solamente una vez cada sesenta años. Coloridas azaleas crecen al lado de los rododendros, los enebros y los canelos.

azalea

enredadera china

143

Los animales

tarpán

camello bactriano

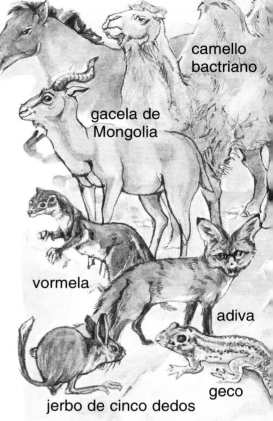

gacela de Mongolia

vormela

adiva

geco

jerbo de cinco dedos

Hay grandes bosques de bambú en la región del Sichuan en China central. Esta área es el hábitat del gran panda blanco y negro, el cual se alimenta principalmente de bambú. Éste dobla y jala las altas varas de bambú y luego masca los brotes y las hojas. También hay otros animales que viven en el bosque. Faisanes de colores brillantes se posan en los arbustos bajos y ratas del bambú excavan buscando raíces en el suelo blando. En lo alto, monos dorados saltan por las ramas de los árboles.

Al oeste de la región de Sichuan, en los altiplanos de Tíbet, viven animales muy bien adaptados al frío. Algunos como el yac, tienen gruesos pelajes para protegerse del viento glacial.

Algunas clases de pájaros acuáticos hacen sus nidos en las orillas de los lagos y en los arrozales cerca del río Yang-Tsé. El frío y seco desierto de Gobi era antes el hábitat de manadas de caballos salvajes y es todavía uno de los pocos lugares donde los camellos vagan libremente.

El altiplano tibetano
Sólo los animales más fuertes pueden sobrevivir en estas tierras altas. Los yacs están muy bien protegidos por su pelaje grueso y enmarañado. Los chirus y los gorales pastan aquí al lado de las ovejas azules salvajes. A ellos los cazan el leopardo de las nieves de piel pálida y las grandes aves de rapiña.

grifón himalayo

buitre negro

leopardo de las nieves

El Desierto
Los camellos bactrianos de dos gibas viven en las regiones secas de China. Ellos tienen pelaje largo para protegerse de los inviernos fríos. Las vormelas y los zorros, llamados adivas, son los cazadores nocturnos de la región. Ellos cazan animales más pequeños, como los gecos y los jerbos.

yac

chiru

oveja azul

goral

Las montañas de Sichuan
El bambú es la comida principal del gran panda blanco y negro y del takin. Faisanes coloridos viven en los bosques de las montañas, y monos dorados saltan en los árboles. El pájaro sol de cola de fuego se alimenta de los insectos y del néctar de las flores.

mono dorado

takin

faisán monal

pájaro sol

ratón del bambú

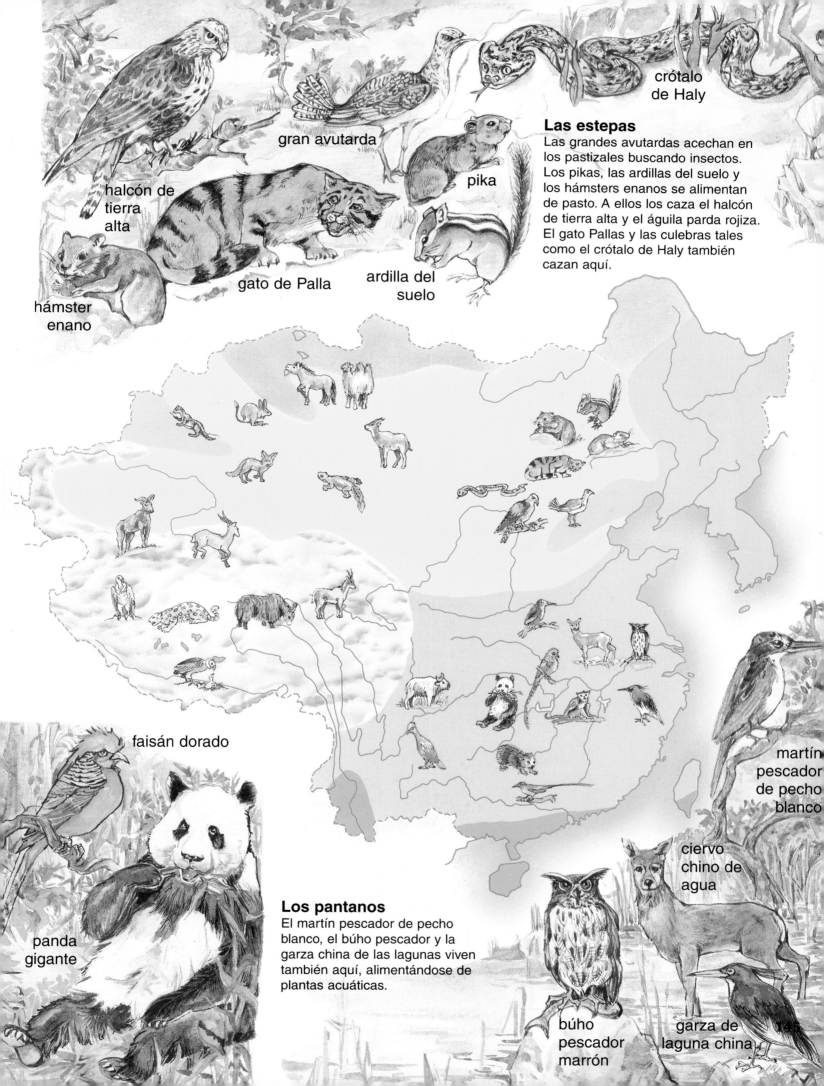

crótalo
de Haly

Las estepas
Las grandes avutardas acechan en
los pastizales buscando insectos.
Los pikas, las ardillas del suelo y
los hámsters enanos se alimentan
de pasto. A ellos los caza el halcón
de tierra alta y el águila parda rojiza.
El gato Pallas y las culebras tales
como el crótalo de Haly también
cazan aquí.

gran avutarda

pika

halcón de
tierra
alta

gato de Palla

ardilla del
suelo

hámster
enano

faisán dorado

martín
pescador
de pecho
blanco

ciervo
chino de
agua

panda
gigante

Los pantanos
El martín pescador de pecho
blanco, el búho pescador y la
garza china de las lagunas viven
también aquí, alimentándose de
plantas acuáticas.

búho
pescador
marrón

garza de
laguna china

147

Cría, cultivo y manufactura

Dentro de la fábrica de seda hay gran ruido y movimiento. Todos están muy ocupados. La seda ha sido hilada, teñida y devanada en grandes carretes. Ahora, éstos están apilados en hileras de colores brillantes. Un trabajador levanta y lleva los carretes hasta una banda transportadora para llevarlos al empaque. La seda será enviada a todas partes del mundo para ser tejida y convertida en tela. Los chinos han fabricado seda por miles de años. Para comprarla, mercaderes europeos viajaban a China por una ruta especial llamada La Ruta de la Seda.

China todavía produce más de la mitad de la seda en el mundo. La agricultura es también muy importante en China, donde se producen muchos cultivos y animales para alimentar la inmensa población del país. También se pueden encontrar muchas riquezas bajo el suelo. China y algunos de sus vecinos extraen minerales tales como carbón, mineral de hierro, oro y petróleo. La mayoría de los equipos para la minería es anticuada y el trabajo es lento. Otra industria importante es la producción de aparatos eléctricos tales como radios y televisores. Éstos se producen en Hong Kong, Taiwan y Corea del Sur.

La producción de seda en China

La mariposa de seda pone huevos de los que salen los gusanos de seda. Los trabajadores chinos los alimentan con hojas de morera. Después de varias semanas los gusanos de seda hilan un capullo alrededor de sí mismos. Los capullos se llevan a las fábricas donde se recoge y se hila la seda.

Busca los siguientes símbolos en el mapa:

 trigo

 arroz

 maíz

 lana

 algodón

 té

 tabaco

 madera

 pesca

 cerdos

 petróleo

 mineral de hierro

 oro

 carbón

 industria

 seda

tungsteno

La minería en China

La minería es muy importante en China. Bajo el suelo hay mineral de hierro, carbón, oro y un metal llamado tungsteno. China produce y exporta más tungsteno que cualquier otro país. El petróleo provee cerca de una cuarta parte de la energía de China.

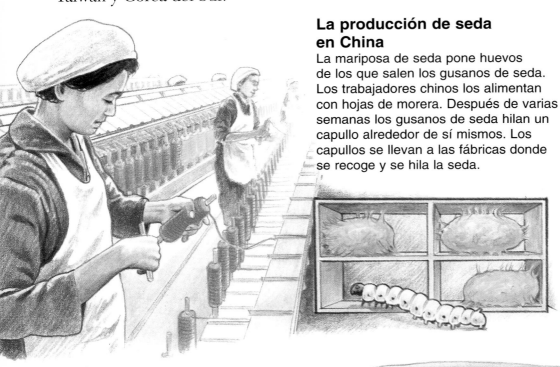

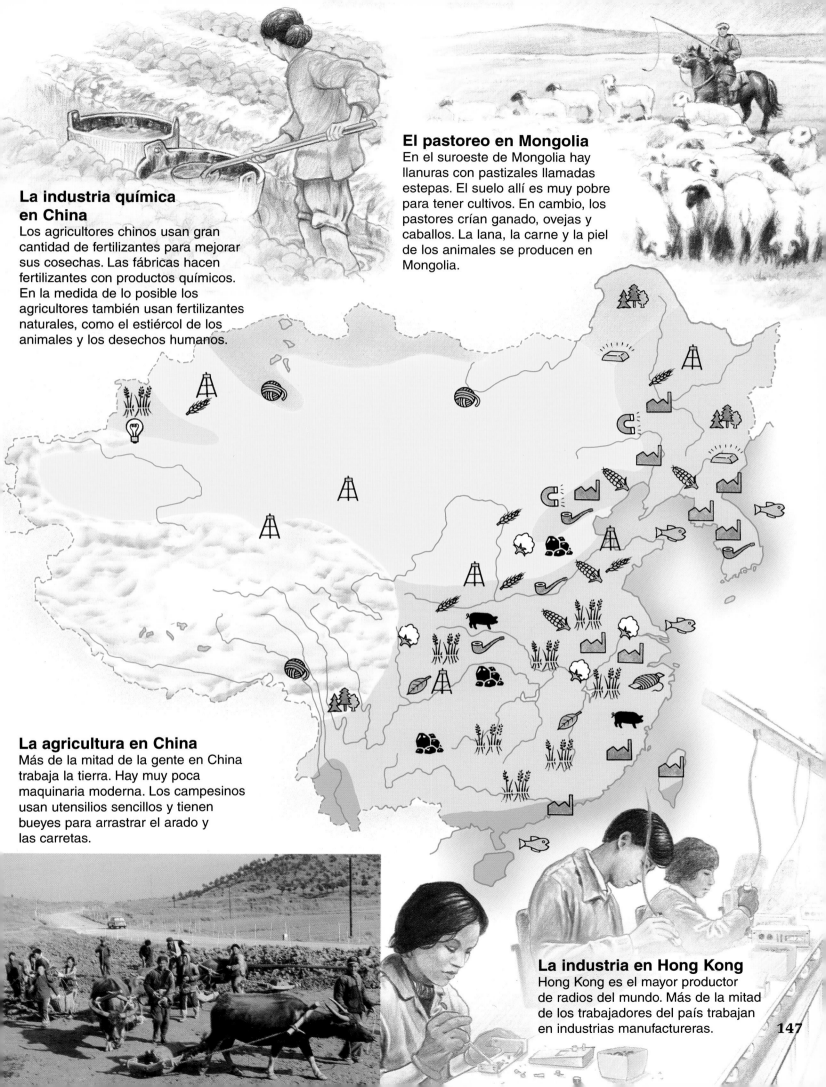

La industria química en China

Los agricultores chinos usan gran cantidad de fertilizantes para mejorar sus cosechas. Las fábricas hacen fertilizantes con productos químicos. En la medida de lo posible los agricultores también usan fertilizantes naturales, como el estiércol de los animales y los desechos humanos.

El pastoreo en Mongolia

En el suroeste de Mongolia hay llanuras con pastizales llamadas estepas. El suelo allí es muy pobre para tener cultivos. En cambio, los pastores crían ganado, ovejas y caballos. La lana, la carne y la piel de los animales se producen en Mongolia.

La agricultura en China

Más de la mitad de la gente en China trabaja la tierra. Hay muy poca maquinaria moderna. Los campesinos usan utensilios sencillos y tienen bueyes para arrastrar el arado y las carretas.

La industria en Hong Kong

Hong Kong es el mayor productor de radios del mundo. Más de la mitad de los trabajadores del país trabajan en industrias manufactureras.

147

La gente y sus costumbres

En China se consideran como muy importantes la cocina y la buena comida. Los chinos saben que ciertas comidas ayudan a mantener a la gente sana y la mayor parte de los chinos comen sólo alimentos muy frescos. Hoy en día, la comida china es famosa en todo el mundo. Algunos alimentos se consideran una especialidad, tales como los nidos de pájaros, la sopa de aletas de tiburón, los pepinos de mar servidos con raíz de loto y las castañas de agua.

Pero para la mayoría de la gente china, la comida, la ropa y las casas son sencillas. Los vestidos están diseñados para ser cómodos y prácticos. Mucha gente usa pantalones y chaquetas amplios de colores simples. Cerca de las dos terceras partes de la población viven en aldeas y pequeños pueblos en las áreas rurales de China.

Los chinos celebran el Año Nuevo con un desfile. Se necesita un grupo de personas para llevar el disfraz gigante de dragón hecho de seda y terciopelo. El dragón danza por las calles, seguido por gente que toca tambores y hace sonar címbalos. La gente disfruta mirando los fuegos artificiales.

Todas estas gentes viven en China y el Asia oriental.

Los chinos cortan la comida en bocados pequeños, la cocinan y luego la comen con palillos.

Muchos mongoles viven en tiendas tradicionales llamadas *yurts.* Un *yurt* tiene una estructura circular hecha de madera ligera, la cual se cubre con mantas de fieltro engrasadas para que la lluvia y el frío no penetren. En el centro del *yurt* se enciende un fuego sobre el suelo para cocinar.

En China los músicos tocan instrumentos tradicionales y modernos. El violín de dos cuerdas es un instrumento tradicional.

Se toca con un arco. En China la música normalmente acompaña todas las obras de teatro.

Los niños chinos comienzan la escuela cuando tienen seis o siete años. Tienen que aprender entre 3.000 y 5.000 caracteres chinos o signos y por eso aprender a leer y escribir es una tarea dura.

Muchos pescadores chinos usan veleros de madera llamados juncos. Después de cada salida al mar, descargan la pesca y luego vuelven al mar. Algunas familias viven a bordo de los juncos. Viven apiñados, pero duermen en la cubierta cuando hace calor.

China y el Asia Oriental
Las ciudades

Hay muy pocos automóviles en China, por lo tanto la gente en las ciudades va a trabajar en bicicleta. En Pekín, solamente, hay millones de bicicletas. Los caminos están congestionados con autobuses, carretillas y triciclos que llevan personas o mercancías. Las calles son también muy bulliciosas. Las bocinas ululan y pitan y los timbres de las bicicletas suenan. Hay policías en plataformas para dirigir el tráfico y hacerlo mover. Ellos llevan altavoces para gritarle advertencias a la gente. Se para y se multa a cualquiera que ignore una luz. Le pueden hasta quitar la bicicleta al ciclista.

En las ciudades y los pueblos de la China hay mucho movimiento y mucha gente. En Pekín, la capital, viven casi seis millones de personas. La bulliciosa Shangai es una de las ciudades más grandes de la Tierra. Los hogares en la ciudad se encuentran frecuentemente en modernos apartamentos que son compartidos a veces por dos familias.

Pekín ha sido la capital de China por más de mil años. Tiene la mayoría de los edificios del gobierno y más de cincuenta universidades. En el centro de la ciudad se encuentra la Plaza Tiananmen, una de las más grandes del mundo. Junto a ella se encuentra la Ciudad Prohibida, que fue una vez la residencia de los emperadores chinos.

Shangai es la ciudad más poblada de China. Es el centro industrial del país y el puerto más importante. Las fábricas de Shanghai producen telas de algodón y seda, productos químicos, hierro, acero y buques de mar.

Lhasa, capital del Tíbet, es una de las ciudades más remotas del mundo. Es un centro de comercio para las pieles, el té, la lana y la sal. Lhasa tiene muchos templos budistas. El edificio más famoso es el inmenso Potala. Éste fue antes un palacio del líder religioso tibetano, el Dalai Lama.

El nombre **Hong Kong** significa Puerto Aromático. Más de cinco millones de personas, principalmente chinos, viven en esta pequeña colonia inglesa en la costa sureste de China. El puerto natural contribuye a hacer de Hong Kong un centro importante para la industria y el comercio mundial. Gran Bretaña le va a devolver Hong Kong a China en 1997.

Seúl, la capital de Corea del Sur, sufrió muchos daños durante la Guerra de Corea (1950-1953). Pero la mayor parte de la ciudad ha sido reconstruida. También ha crecido rápidamente, porque la gente del campo se mudó a la ciudad para encontrar trabajo. Seúl es la mayor ciudad industrial de Corea del Sur.

Caminemos por la Gran Muralla

Por la mañana el autobús se aleja de Pekín para recorrer 40 kilómetros hasta la Gran Muralla.

Por el camino, el guía cuenta la historia de la muralla, explicando cómo se empezaron las diferentes secciones, probablemente en el siglo v a.C. para separar las tribus que guerreaban. Esta tarea monumental la ordenó el primer emperador de la China, Shi Huangdi. El guía nos cuenta cómo más tarde las diferentes partes fueron unidas para formar una inmensa muralla. Completarla tomó muchos cientos de años. El guía localiza la ruta zigzagueante de la Gran Muralla a lo largo de un mapa de China. Los pasajeros del autobús se maravillan de que una muralla pueda extenderse por cerca de 6.400 kilómetros.

Hay atalayas a lo largo de toda la muralla. En cada una había un soldado que vigilaba para descubrir enemigos que fuesen a atacar desde el norte.

Jiayuguan

Desierto de Gobi

Huang He

Los pasajeros del autobús descienden en una plaza grande. En la plaza hay unas cuantas casetas donde venden recuerdos.

Todos suben por una escalera hasta la alta entrada que marca el comienzo de esta parte de la Gran Muralla. La parte superior de la muralla es una calzada ancha, tan ancha como para que cinco caballos puedan galopar el uno al lado del otro. Desde la entrada, la línea de la calzada zigzaguea colina arriba hasta desaparecer en la distancia. En el primer kilómetro la calzada va subiendo en escalones. Una atalaya inmensa, hecha de piedra, se levanta sobre los parapetos. Una segunda y una tercera torre se levantan a la distancia. Torres como éstas se levantan a intervalos regulares a lo largo de toda la muralla.

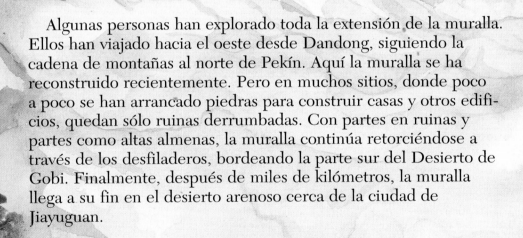

Algunas personas han explorado toda la extensión de la muralla. Ellos han viajado hacia el oeste desde Dandong, siguiendo la cadena de montañas al norte de Pekín. Aquí la muralla se ha reconstruido recientemente. Pero en muchos sitios, donde poco a poco se han arrancado piedras para construir casas y otros edificios, quedan sólo ruinas derrumbadas. Con partes en ruinas y partes como altas almenas, la muralla continúa retorciéndose a través de los desfiladeros, bordeando la parte sur del Desierto de Gobi. Finalmente, después de miles de kilómetros, la muralla llega a su fin en el desierto arenoso cerca de la ciudad de Jiayuguan.

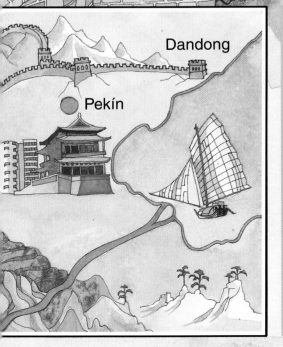

Dandong

Pekín

La Gran Muralla China se extiende por cerca de 6.400 kilómetros.

Bienvenidos a Japón

El pescado es un alimento importante en Japón.

Japón es un país insular en el norte del Océano Pacífico, cerca de la costa del Asia continental. Mucha gente vive en la isla de Honshu, donde se han construido muchas ciudades grandes.

Japón tiene inviernos fríos con bastante nieve y veranos frescos. Las islas del sur son más cálidas que las otras. La mayoría de las costas japonesas son rocosas. El interior es muy montañoso, con pocas áreas planas. Hay muchos volcanes y los terremotos son comunes.

Japón es uno de los países más industrializados del mundo. Se producen y se exportan productos electrónicos y automóviles a todo el mundo. Las ciudades japonesas albergan a millones de personas. El tráfico en las calles llega casi a paralizarse cuando se llenan diariamente de trabajadores durante las horas de tráfico intenso.

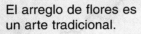
El arreglo de flores es un arte tradicional.

Ecuador

Japón tiene muchos templos budistas.

La casa tradicional japonesa es muy sencilla.

154

Japón produce muchos productos electrónicos.

El volcán Fusi Yama es una de las vistas más hermosas de Japón.

Cometas de papel se echan a volar durante festivales especiales.

Tokio es la ciudad capital de Japón.

15

El país y sus tierras

Japón es un país formado por muchas islas. Hay cuatro principales —Honshu, Hokkaido, Kiusiu y Sikoku— y miles de islas pequeñas. Las islas forman una curva que tiene cerca de 1.900 kilómetros de largo. Al suroeste, Japón está a unas 800 kilómetros de China. Por el norte, Japón está a menos de 300 kilómetros de Rusia.

Las islas japonesas son parte de una cadena de altas montañas volcánicas. El pico más famoso del Japón, el Monte Fuji, o Fusi Yama, es un volcán inactivo que no ha hecho erupción desde 1707. Picos escarpados, bosques espesos, ríos torrentosos, estruendosas cascadas y lagos tranquilos hacen de Japón una tierra de gran belleza natural.

Datos sobre Japón

Japón está formado por cuatro islas principales —Honshu, Hokkaido, Kiusiu y Sikoku— y miles de islas pequeñas.

Área: 377.801 kilómetros cuadradas.

Población: 124.595.000.

Isla más grande: Honshu.

Montaña más alta: El Monte Fuji, en Honshu, tiene 3.776 metros sobre el nivel del mar.

Río más largo: El río Shinano, en Honshu, tiene 367 kilómetros de largo.

Su historia

Durante la mayor parte de su historia, Japón fue una nación turbulenta. Familias poderosas y generales llamados *shoguns* peleaban por el poder. Por más de mil años, el emperador no tuvo poder verdadero y gobernaba sólo de nombre.

A principios de siglo XVII, los gobernantes de Japón aislaron al país del resto del mundo. Ellos creían que esto les iba a permitir mantener el orden dentro del país.

En 1868, el emperador recuperó sus poderes tradicionales. Muchas ideas del occidente fueron introducidas y se fomentó el comercio con el exterior.

En la década de 1930 los japoneses conquistaron gran parte del Asia Oriental. A pesar de la derrota en la segunda guerra mundial, Japón se ha convertido en una gran potencia industrial.

Muchos budistas japoneses visitan la gran estatua de Buda. El budismo llegó a Japón desde China y Corea alrededor del año 552 de nuestra era.

Sus riquezas

Durante los últimos treinta años Japón se ha transformado en la mayor potencia económica del Asia. Productos manufacturados de alta calidad que van desde pequeñas pastillas de silicio hasta buquetanques, se producen en las modernas fábricas de Japón. Estos productos se exportan a casi todos los países del mundo. Japón también manufactura muchos productos en otros países.

Su gobierno

El jefe del estado japonés es el emperador. Las leyes del país las hace la Dieta, un cuerpo de legisladores elegidos por voto. Los asuntos diarios del gobierno están a cargo del primer ministro y su gabinete.

Hokkaido es una hermosa isla cubierta de bosques y montañas. Mucha gente visita Hokkaido para disfrutar de sus parques naturales. Grandes precipitaciones de nieve durante el largo invierno la hacen un buen sitio para los deportes invernales. El **Lago Shikotsu** está en el parque nacional Shikotsu-Toya. El lago se formó cuando el agua se acumuló en el cráter de un volcán extinto.

Mar de Okhotsk

Hokkaido

Sapporo
Lago Shikotsu

La parte norte de la isla de **Honshu** es muy montañosa, pero hay áreas de tierras planas. Algunas de estas tierras planas se inundan para crear campos donde se cultiva arroz. Se cultivan también otras cosechas. Más hacia el sur está la llanura Kanto que es el área más grande de tierra plana en Japón.

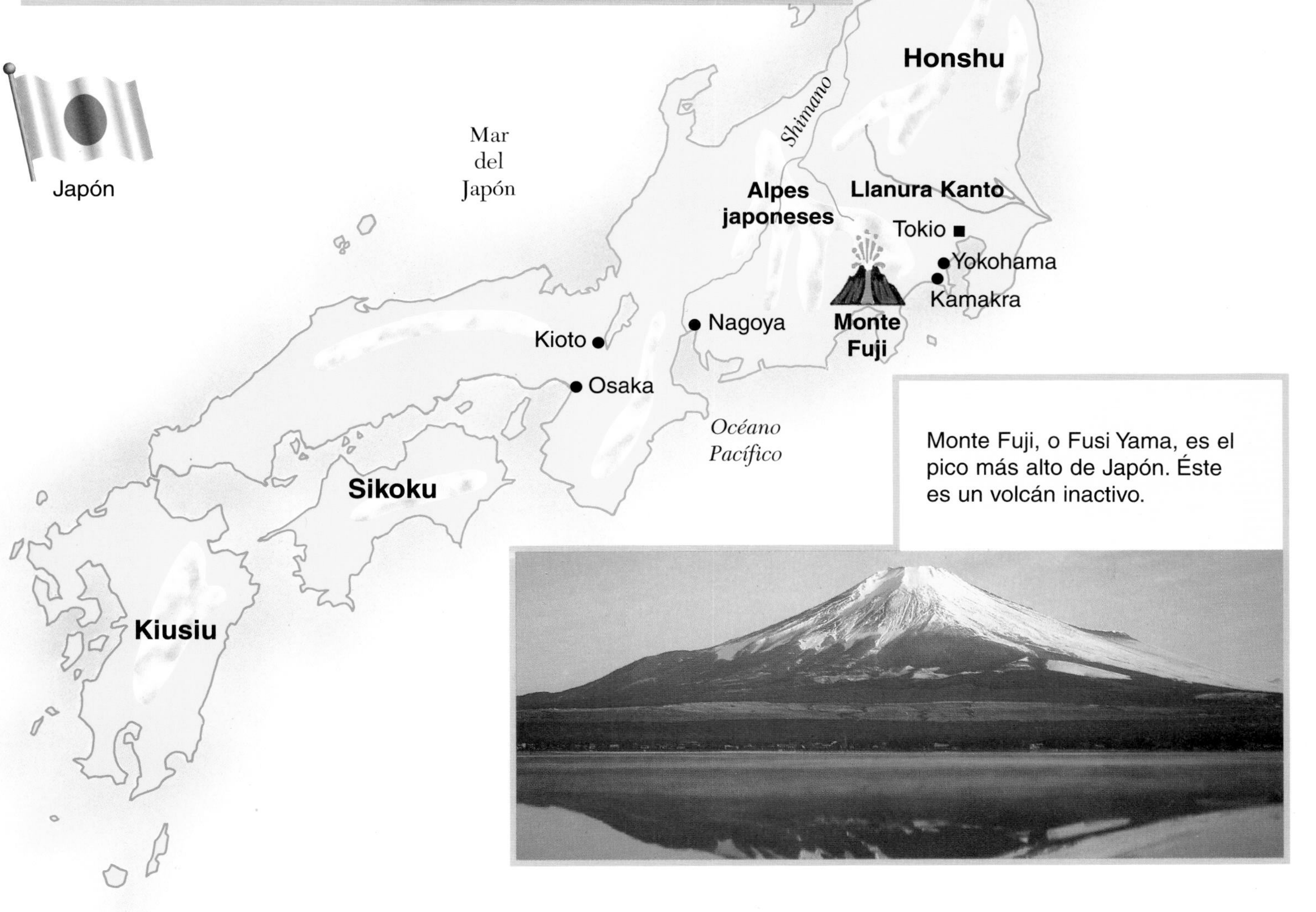

JAPÓN

Honshu

Shinano

Japón

Alpes japoneses

Mar del Japón

Llanura Kanto

Tokio ■
● Yokohama
Kamakra

● Nagoya

Monte Fuji

Kioto ●

● Osaka

Océano Pacífico

Sikoku

Kiusiu

Monte Fuji, o Fusi Yama, es el pico más alto de Japón. Éste es un volcán inactivo.

Japón

Las plantas y los animales

león marino

águila marina

foca manchada

La cadena montañosa de Honshu se destaca sobre las ordenadas terrazas y los arrozales. Las estribaciones de las montañas están cubiertas por un bosque espeso de abedules. Esta área es rica en vida silvestre. Es el hábitat del macaco japonés, un mono ruidoso pero tímido. Los macacos se mueven por el bosque en grupos numerosos. ¡A menudo, los macacos japoneses se sientan en pozos de aguas termales para mantenerse calientes! Otra criatura poco común del bosque es la cabra del Tíbet. Ésta es una cabra parecida al antílope que vive sólo en Japón. Durante el invierno, las cabras del Tibet se alimentan de los brotes de los árboles del bosque. En el verano suben a pastar en las praderas altas.

El Japón tiene muchos hábitats hermosos para la vida silvestre. La isla de Hokkaido, en el norte, es diferente de los otros sitios de Japón. Tiene altas montañas donde nieva durante casi medio año. Aquí, osos marrones enormes cazan ratones que se esconden bajo las raíces de los árboles y las grullas japonesas hacen animadas demostraciones de cortejo. Al sur hace más calor. Cerca de estas costas hay delfines y muchas clases de peces.

Las costas frías
Grupos de focas manchadas viven cerca de las costas del norte de Japón. Grandes leones marinos viven también aquí. Los machos tienen gruesas melenas de piel alrededor de sus pescuezos. Las águilas marinas se lanzan a cazar peces de las aguas frías del mar.

martín pescador rojizo

rododendro

pato mandarín

culebra de agua

carpa dorada

salamandra gigante

Los ríos de montaña
La salamandra gigante vive en los arroyos altos del sur cálido. Crece hasta uno y medio metros de largo y es el anfibio más grande del mundo. Se alimenta de noche con insectos y peces. La carpa dorada vive en los remansos del río. El martín pescador rojizo se zambulle para pescarlos y los patos mandarines anidan en los bancos del río.

frailecillo empenachado

marsopa sin aleta

delfín

araña de mar

pez globo

Las costas calientes
Las marsopas nadan cerca de la costa atrapando peces pequeños. Pero no tocan al pez globo de nariz puntiaguda porque es venenoso. A los delfines les gusta jugar. Ellos saltan fuera del agua y dan vueltas. Gigantescas arañas de mar viven en el fondo del mar. Los frailecillos nadan bajo el agua para coger pescados. Las tortugas de mar salen a la playa a poner huevos.

cedro
japonés

Hokkaido
Los enebros, los abetos y el cedro
japonés cubren las pendientes de las
montañas. El gran oso marrón busca
ratones en el bosque debajo de las
raíces. En la primavera llega el colibrí
siberiano y grullas japonesas se
cortejan danzando y cantando.

oso
marrón

abeto

colibrí
siberiano

pino
arolla

grulla
japonesa

macaco
japonés

abedul

enebro

liebre

marsopa
de Dall

cabra del
Tibet

ciervo
sika

tortuga
mordedora

Honshu
En los bosques de abedul y pinos del
norte, el perro mapache se alimenta
de insectos, frutas y pequeños
animales. Los macacos japoneses y
los ciervos sika son animales huraños
del bosque, tal como la cabra del
Tibet que come brotes de los árboles
y hierbas.

perro
mapache

zorro

Cría, cultivo y manufactura

La fábrica japonesa es un escenario lleno de bullicio, ruido y movimiento cuando las cintas transportadoras pasan llevando una hilera de carrocerías. Cada vez que la línea ensambladora se detiene, grandes robots se acercan por ambos lados para poner puntos de soldadura. Estos robots parecen pájaros gigantes. Una vez que los paneles de los carros se ajustan y se sueldan, la línea se mueve nuevamente.

Japón produce más de siete millones de automóviles al año y es uno de los mayores productores de automóviles. Los automóviles japoneses se venden en todo el mundo y son famosos por su alta calidad.

Además de automóviles, Japón también exporta barcos y equipo electrónico. La pesca y la madera son también industrias importantes en Japón. Los trabajadores japoneses son muy leales a sus compañías y casi nunca cambian de trabajo. Muchos trabajadores pasan juntos su tiempo libre. Hasta van de vacaciones organizadas por la compañía.

Busca estos símbolos en el mapa:

 trigo

 arroz

 ganado vacuno

 leche

 frutas

 té

 madera

 pesca

 vegetales

 cerdos

 carbón

 industria

 construcción de buques

 fabricación de automóviles

 computadoras

 televisores

La manufactura de automóviles
La manufactura de automóviles es importante en Japón. Los automóviles se venden en muchos países de todo el mundo.

Silvicultura
La mayoría de las áreas deshabitadas de Japón están cubiertas de bosques. Los árboles crecen rápidamente porque hay suficiente sol y lluvias cálidas traídas por los monzones durante el verano. Muchos árboles se usan para la producción de papel. Los bosques son parte de la belleza natural de Japón.

La electrónica
Japón hace y exporta grandes cantidades de aparatos electrónicos y eléctricos, tales como televisores, radios, pasacintas y computadoras para las casas. Japón es el líder en la producción de televisores. Muchas partes de estos productos se fabrican en Japón, pero son ensambladas en otros países de Asia donde se les paga menos a los trabajadores. Por esta razón los productos japoneses se pueden vender a precios más bajos.

La pesca
En la flota pesquera japonesa hay desde embarcaciones pequeñas que pescan cerca de las costas, hasta los grandes buques para la pesca de arrastre en el mar profundo. Los principales peces que se pescan son el atún, los tiburones, el salmón y las sardinas. También se pescan calamares. En Japón, muchos peces se crían en viveros. Los japoneses comen más pescado que carne.

La construcción de buques
Japón ha sido por muchos años el país líder en el mundo en la construcción de buques. Muchos de los grandes supertanques petroleros se construyen en Japón. Estos gigantescos buques se usan para transportar petróleo desde el Suroeste Asiático. Japón tiene que importar la mayor parte de su petróleo y del mineral de hierro, pero aun así, es uno de los líderes mundiales en la producción de acero.

Sus gentes y sus ciudades

Japón es uno de los países más poblados del mundo. La mayor parte de su inmensa población vive cerca de las costas, especialmente en las cuatro ciudades más grandes: Tokio, Yokohama, Osaka y Nagoya. Edificios de concreto y acero se levantan en estas populosas ciudades y mucha gente vive en altos edificios de apartamentos.

Las familias japonesas disfrutan de la paz y calma de los jardines. Como hay muy poco espacio para los parques o jardines en las ciudades, la gente hace pequeños jardines en cualquier pequeño pedazo de tierra disponible. Este amor por la naturaleza viene del Shinto, la religión japonesa dominante. Los fieles del Shinto creen que los dioses se encuentran en las montañas, los árboles y otras cosas naturales. Muchos japoneses siguen también la religión budista. Ellos tratan de llevar una vida tranquila y feliz por medio del ejercicio de la bondad y la sabiduría. En la vida moderna de Japón, estas dos antiguas religiones son importantes en la vida diaria.

⇧
En Japón, los abuelos ayudan a cuidar a los niños. Los niños japoneses van a la escuela cinco días y medio a la semana. Ellos aprenden a leer y a escribir el idioma japonés, el cual está formado por signos de escritura llamados caracteres.

Todas estas gentes viven en el Japón.

⇧
En días especiales las niñas se ponen el kimono, un traje largo de seda sujetado alrededor de la cintura con una faja llamada *obi*.

Cada año en **Sapporo,** la capital de Hokkadio, hay un festival de esculturas de hielo. Las esculturas parecen hechas de cristal, pero realmente son esculpidas en el hielo. Sapporo es un centro de vacaciones para esquiar en el invierno.

La ciudad de **Kioto** fue fundada hace más de mil años. La ciudad tiene muchos templos y santuarios budistas hermosos.

La mayoría de la gente de Japón vive en las ciudades. **Tokio** es la ciudad capital. En sus calles llenas de actividad hay muchísimos edificios grandes y modernos de oficinas y apartamentos.

Bienvenidos al Sureste Asiático

El Sureste Asiático está conformado por varios países, muchos de los cuales son islas o grupos de islas. Indonesia es el mayor grupo de islas del mundo. Este país está compuesto por más de 13.600 islas que se extienden por cerca de 4.800 kilómetros en el océano. Muchas de las islas están cubiertas de selvas tropicales, porque esta área del mundo es siempre calurosa y húmeda. El ecuador atraviesa el centro de la región. Vientos húmedos traen cada año fuertes aguaceros durante la estación de los monzones.

Muchas de las islas son volcanes cuya lava ha creado suelos fértiles. El bambú crece aquí, como también algunos árboles de maderas finas tales como la teca y la caoba.

Ecuador

En las laderas de las montañas se construyen terrazas para los arrozales.

Bangkok es famosa por sus templos y palacios.

Los orangutanes y los cálaos viven en las selvas de las montañas.

La savia del gomero se transforma en el caucho que rebota, tal como lo conocemos nosotros.

Hay muchos volcanes en Indonesia y las Filipinas.

En Tailandia, frutas y verduras se venden desde las embarcaciones en mercados flotantes en el río.

Singapur es un pequeño país muy moderno situado en una isla.

165

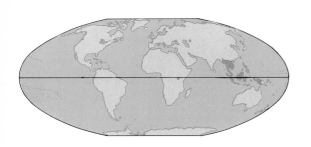

Los países

Hay diez países en el Sureste Asiático. Éstos son Brunei, Birmania, Camboya, Indonesia, Laos, Malasia, Las Filipinas, Singapur, Tailandia y Vietnam. Algunos de estos países son grupos de numerosas islas.

Al oeste de Birmania y Laos está la India. Al nordeste de la región está China. Al sureste, los vecinos más cercanos son Papúa Nueva Guinea y Australia.

Muchos de los países del Sureste Asiático están rodeados de agua. La gente ha desarrollado habilidades para hacer muchas cosas para satisfacer sus necesidades. Hoy en día, se exportan sus productos a todo el mundo.

Su historia

Hace más de mil años, la gente de esta región se enriqueció comerciando con China y las tierras árabes. Ellos crearon muchas obras de arte espléndidas. Desde el siglo XVI en adelante, marineros europeos exploraron la región. Estos exploradores también reclamaron partes de esta área para sus propios países. Estas áreas fueron convertidas en colonias gobernadas por largo tiempo por Francia, Gran Bretaña, Holanda, Portugal y España.

Sólo Tailandia se mantuvo independiente. Los miembros de la familia real Tai han gobernado el país por más de 200 años.

Después de un tiempo, todas las tierras colonizadas del Sureste Asiático quisieron ser independientes para gobernarse a sí mismas. Algunas se independizaron pacíficamente. En otras áreas, hubo luchas violentas que duraron años. También hubo guerra civil en algunos países, como Vietnam y Camboya. Esto trajo mucho sufrimiento a la gente de estas tierras.

Su riqueza

Esta región es rica en recursos de todas clases. Hay también muchos ríos y abundante lluvia. Esto, junto con la ceniza volcánica, hace que el suelo sea rico y fértil. A pesar de que los métodos de cultivo usados en la mayoría de los países son tradicionales y lentos, se cultivan y se exportan muchas cosechas. Hay minerales y depósitos de petróleo bajo el suelo, pero no tienen suficiente dinero o maquinaria para explotarlos. Las selvas del Sureste Asiático proporcionan la mayoría de la teca del mundo. La pesca es también una industria importante.

La mayor parte de la gente vive y trabaja en áreas rurales. Sin embargo, se han construido pequeñas fábricas donde se hacen cosas tales como herramientas, ropa y utensilios domésticos. En Tailandia, Indonesia, Malasia y especialmente en Singapur, hay muchas de estas fábricas. Hay también fábricas grandes que producen automóviles y repuestos para aviones.

Los gobernantes de Tailandia viajaban en elaboradas embarcaciones. Hoy, estas embarcaciones se usan en ocasiones especiales.

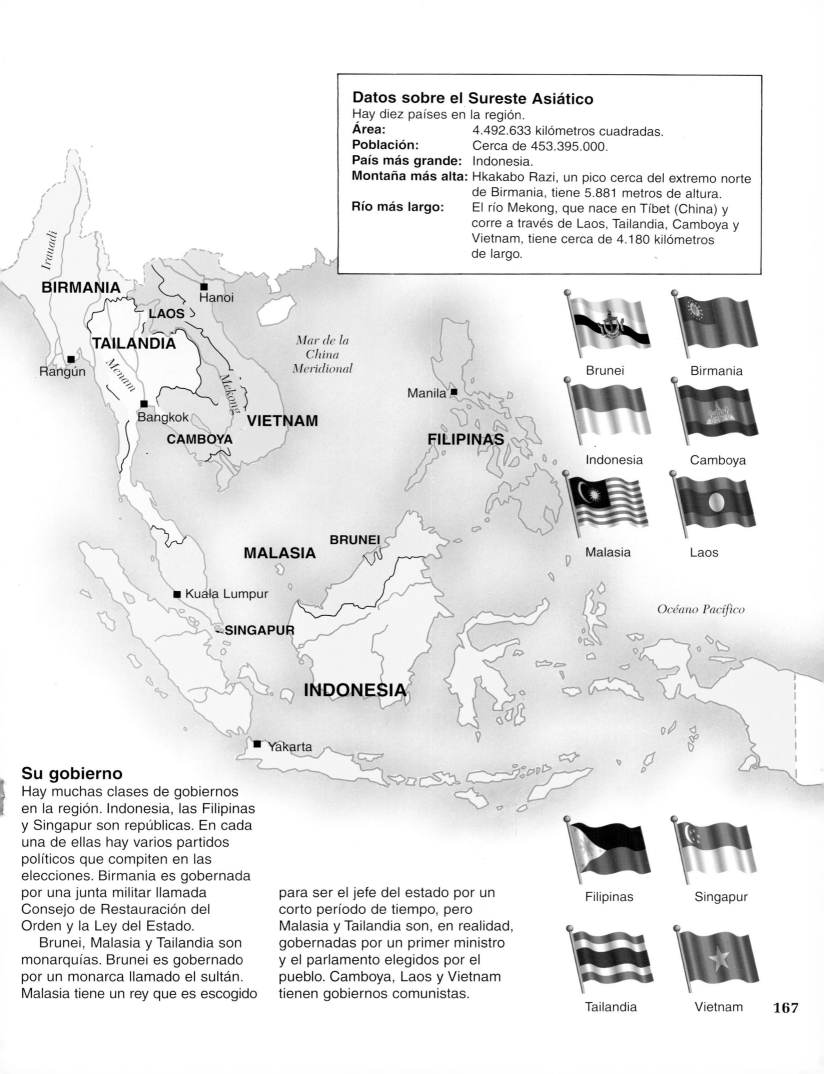

Datos sobre el Sureste Asiático

Hay diez países en la región.

Área:	4.492.633 kilómetros cuadradas.
Población:	Cerca de 453.395.000.
País más grande:	Indonesia.
Montaña más alta:	Hkakabo Razi, un pico cerca del extremo norte de Birmania, tiene 5.881 metros de altura.
Río más largo:	El río Mekong, que nace en Tíbet (China) y corre a través de Laos, Tailandia, Camboya y Vietnam, tiene cerca de 4.180 kilómetros de largo.

BIRMANIA

Irawadi

Hanoi

LAOS

TAILANDIA

Rangún

Menam

Mar de la China Meridional

Mekong

Bangkok

VIETNAM

CAMBOYA

Manila

FILIPINAS

Brunei   Birmania

Indonesia   Camboya

BRUNEI

MALASIA

Malasia   Laos

Kuala Lumpur

Océano Pacífico

SINGAPUR

INDONESIA

Yakarta

Su gobierno

Hay muchas clases de gobiernos en la región. Indonesia, las Filipinas y Singapur son repúblicas. En cada una de ellas hay varios partidos políticos que compiten en las elecciones. Birmania es gobernada por una junta militar llamada Consejo de Restauración del Orden y la Ley del Estado.

Brunei, Malasia y Tailandia son monarquías. Brunei es gobernado por un monarca llamado el sultán. Malasia tiene un rey que es escogido para ser el jefe del estado por un corto período de tiempo, pero Malasia y Tailandia son, en realidad, gobernadas por un primer ministro y el parlamento elegidos por el pueblo. Camboya, Laos y Vietnam tienen gobiernos comunistas.

Filipinas   Singapur

Tailandia   Vietnam

167

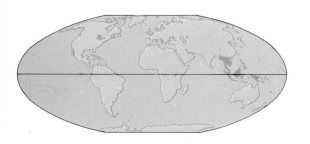
Observemos la tierra

Mientras los campesinos trabajan los campos inundados de los arrozales en la isla de Java, ellos vigilan el volcán vecino. El humo que ven elevarse contiene vapor, gases y pequeños pedazos de ceniza caliente. Los campesinos saben que la montaña es uno de los volcanes más activos del mundo. Ha hecho erupción muchas veces en los últimos 150 años. Cada vez causa daños graves, pero esta vez los científicos les advertirán si hay peligro.

Muchas de las islas del Sureste Asiático, incluyendo muchas en Indonesia y las Filipinas, comenzaron como volcanes que hicieron erupción y se alzaron desde el fondo del mar. La configuración de esta región todavía está cambiando y creciendo.

En las llanuras anchas y planas de Tailandia, el agua del río Menam es canalizada. Los canales proporcionan agua para los campos de arroz. Los ríos son también importantes vías navegables. Muchas embarcaciones transportan productos por el río.

El río Mekong comienza en Tíbet como un riachuelo torrentoso. Cruza cinco países. Cerca del mar serpentea lentamente a través de un delta ancho y cenagoso. Al final del verano, después de fuertes lluvias, el Mekong se desborda inundando vastas áreas de tierra.

Hay más de 7.000 islas en las Filipinas. La mayor parte de ellas se encuentran en el borde de un pedazo de corteza terrestre que está en movimiento. Por esta razón los terremotos y los volcanes son comunes. El **volcán Mayon** en la isla de Luzón está activo.

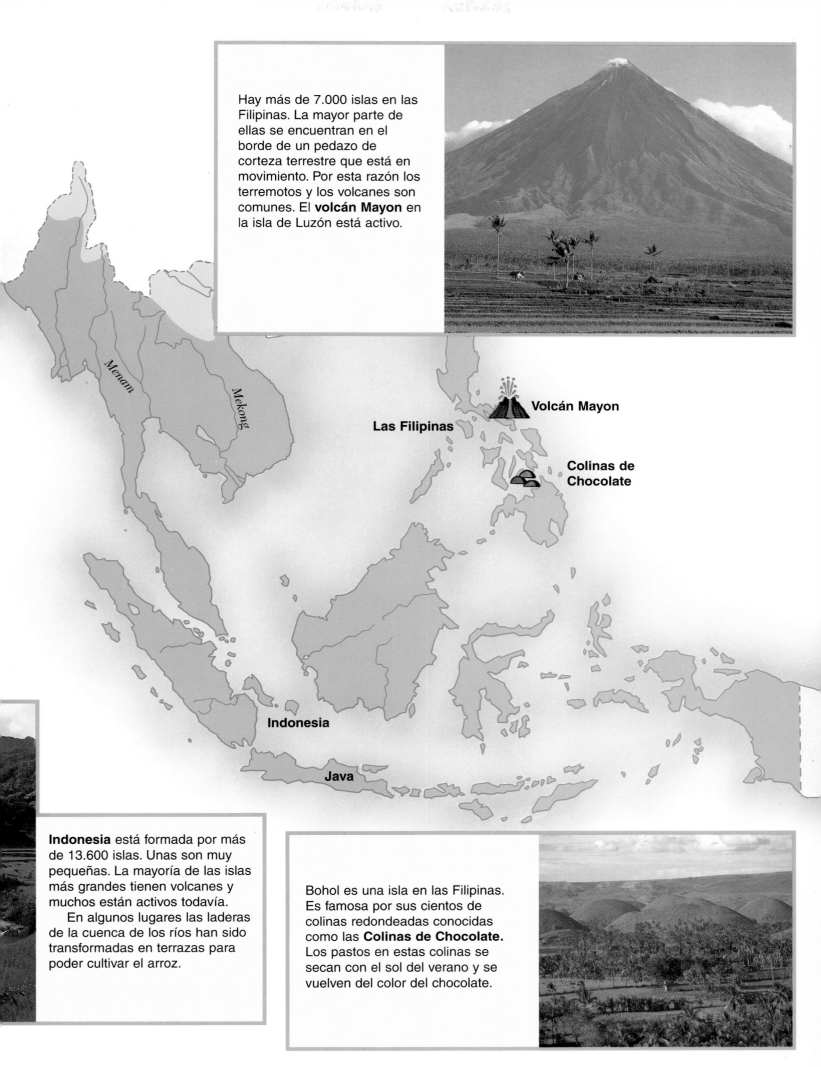

Menam

Mekong

Volcán Mayon

Las Filipinas

Colinas de Chocolate

Indonesia

Java

Indonesia está formada por más de 13.600 islas. Unas son muy pequeñas. La mayoría de las islas más grandes tienen volcanes y muchos están activos todavía.

En algunos lugares las laderas de la cuenca de los ríos han sido transformadas en terrazas para poder cultivar el arroz.

Bohol es una isla en las Filipinas. Es famosa por sus cientos de colinas redondeadas conocidas como las **Colinas de Chocolate.** Los pastos en estas colinas se secan con el sol del verano y se vuelven del color del chocolate.

Las plantas

Hay un mal olor flotando en el aire húmedo de la selva tropical. Enjambres de moscas zumban sobre una flor inmensa en el suelo de la selva. Sus pétalos desiguales y rojos se extienden por una metro y desde su centro en forma de copa sale un olor a carne podrida. Ésta es la raflesia, la flor más grande del mundo. Esta planta no tiene hojas. Obtiene su comida de otra planta, una enredadera trepadora. Plantas de jengibre crecen allí cerca, con enredaderas de pimienta que trepan sobre ellas. Sus bayas rojas son granos de pimienta picante. Los troncos gruesos de las higueras lloronas se elevan muy alto sobre el suelo. Sus hojas ocultan casi toda la luz.

En la selva tropical del sureste asiático crecen más de 25.000 plantas que florecen —más que en cualquier otra parte del mundo—. Los bosques de las montañas y de las orillas de los ríos están también llenos de frutas silvestres y flores.

La selva ribereña

Graciosos helechos cuelgan de las ramas de los árboles. Las arecas producen nueces que algunas gentes mastican. Algunas especies de banano silvestre son muy coloridas. Más abajo de ellos crecen hermosas orquídeas zapatilla que tienen esa forma para atraer a las abejas.

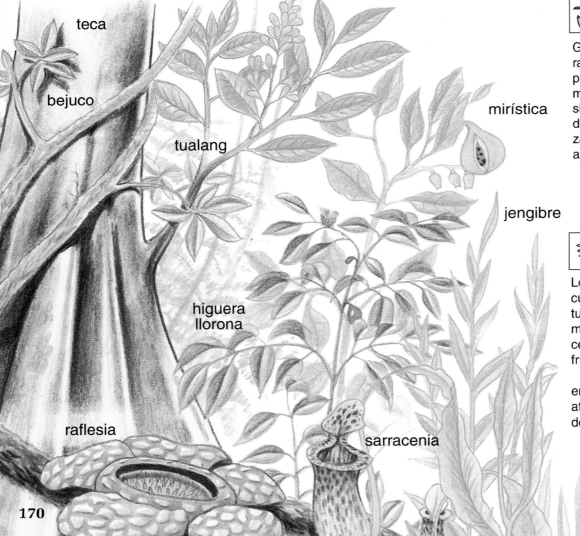

La selva tropical

Los panales de las abejas salvajes cuelgan de las ramas de un árbol tualang, que puede crecer hasta los 80 metros de altura. Debajo de ellos crecen pequeños árboles de mirística con frutas redondas y picantes.

Lianas e higueras lloronas crecen en medio de los árboles. La sarracenia atrapa insectos en sus hojas en forma de jarro.

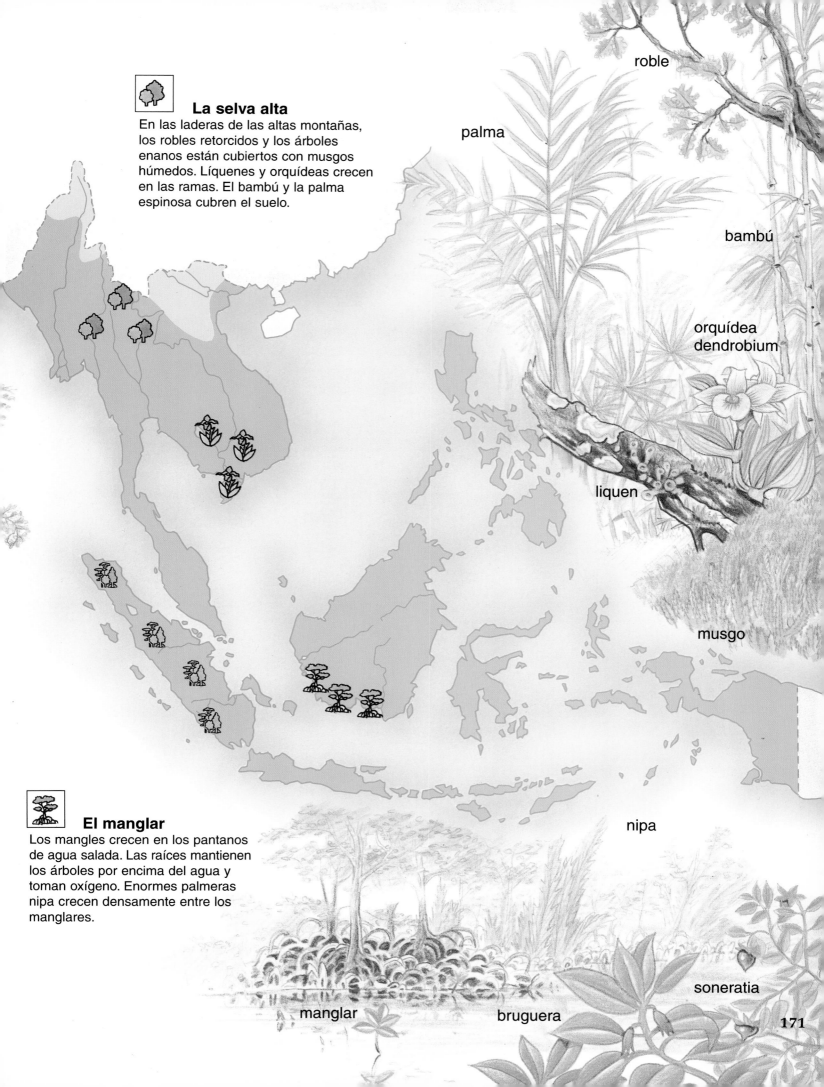

La selva alta

En las laderas de las altas montañas, los robles retorcidos y los árboles enanos están cubiertos con musgos húmedos. Líquenes y orquídeas crecen en las ramas. El bambú y la palma espinosa cubren el suelo.

roble

palma

bambú

orquídea
dendrobium

liquen

musgo

El manglar

Los mangles crecen en los pantanos de agua salada. Las raíces mantienen los árboles por encima del agua y toman oxígeno. Enormes palmeras nipa crecen densamente entre los manglares.

nipa

soneratia

manglar

bruguera

Los animales

tortuga
verde

vaca
marina

cocodrilo
de agua
salada

culebra de mar

Muy adentro de la selva tropical, los orangutanes, unos simios grandes de color marrón rojizo, se mueven por entre los árboles en busca de comida. Estos animales comparten su hábitat con otra variedad de animales. Los chillidos del cálao de colores brillantes resuenan en la selva. La culebra voladora dorada se mueve velozmente por entre los árboles, aplanando su cuerpo para deslizarse de un árbol a otro.

La mayor parte del Sureste Asiático está cubierto de selvas tropicales. Muchos animales y pájaros raros viven ahí, pero no se puede verlos fácilmente en la espesura de la selva. Grandes ríos atraviesan estas selvas. Allí la fauna y la flora son muy variadas. En los manglares, cerca de las desembocaduras de los ríos, viven unos peces llamados saltadores que pueden respirar aire. Las tortugas salen a la playa en las costas arenosas.

La costa
Las tortugas verdes y los cocodrilos de agua salada ponen sus huevos en la arena. Las vacas marinas nadan cerca de la orilla para alimentarse de plantas subacuáticas. Cerca de la costa, el águila marina de pecho blanco y el milano real agarran los peces de la superficie del agua.

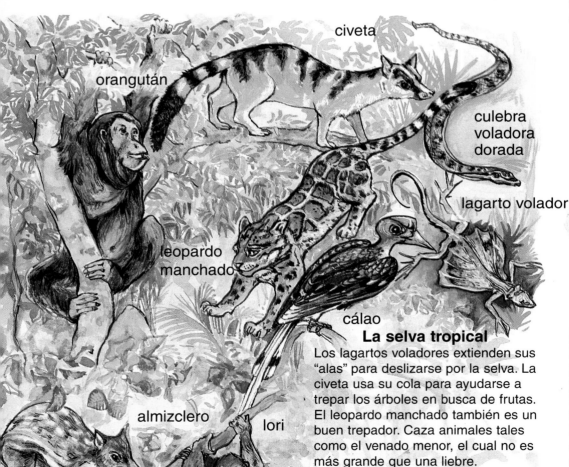

civeta

orangután

culebra
voladora
dorada

lagarto volador

leopardo
manchado

cálao

almizclero

lori

macaco

barrilete

pez saltador

La selva tropical
Los lagartos voladores extienden sus "alas" para deslizarse por la selva. La civeta usa su cola para ayudarse a trepar los árboles en busca de frutas. El leopardo manchado también es un buen trepador. Caza animales tales como el venado menor, el cual no es más grande que una liebre.

El manglar
Los peces saltadores de barro son peces que pueden vivir fuera del agua por corto tiempo. Cuando la marea baja, ellos saltan sobre el fango. El toxotes no puede vivir fuera del agua. Ellos tumban insectos lanzándoles chorros de agua. Los macacos se alimentan de cangrejos barriletes a la orilla de las aguas.

milano
real

águila marina

pájaro sastre

pavo real

pitón

Los ríos de la selva

El banteng va a los ríos de la selva para beber. Es un enorme buey salvaje de patas blancas. Los pitones hacen que las familias de monos hanumanes estén siempre alertas. El pavo real despliega sus coloridas plumas a las orillas del río. El pequeño pájaro sastre de cola roja teje hojas para hacer su nido.

hanumán plateado

banteng

varano

toxotes

Las islas

En varias islas se encuentran animales que no existen en ninguna otra parte del mundo. En Sulawesi, Indonesia, vive el babirusa, un animal sin pelo, parecido a un cerdo con cuatro colmillos. El dragón Komodo es el lagarto más grande del mundo. La rara águila comedora de monos vive sólo en las Filipinas.

cacatúa

águila comedora de micos

papagayo

babirusa

loro rojo

dragón
Komodo

anoa

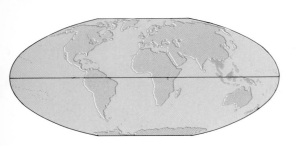

Cría, cultivo y manufactura

Los trabajadores se resbalan tratando de mantenerse de pie en las fangosas laderas de Malasia. Más arriba, en una mina a campo abierto, hay montones de fango y mineral de estaño. Los hombres, usando mangueras gruesas apuntan potentes chorros de agua al mineral fangoso. Se empuja el mineral colina abajo hasta una alberca que se llena de fango marrón claro. Una bomba succiona el fango y las piedras por un tubo hacia un canal donde se extrae el mineral de estaño. En seguida el mineral se muele, se funde y se convierte en barras de estaño llamadas lingotes.

Malasia es el mayor productor de estaño del mundo. En el Sureste Asiático también se producen petróleo, bauxita, mineral de hierro y cobre. Otros productos importantes son arroz, caucho, copra, mandioca y teca.

Busca estos símbolos en el mapa:

 arroz

 maíz

 azúcar

 caucho

 coco

 banano

 madera

 pesca

 mandioca

 petróleo

 mineral de hierro

 cobre

 bauxita

 estaño

 industria

Los árboles de teca en Birmania

La mayor parte de la teca que se produce en el mundo viene de Birmania, donde dos tercios de su tierra está cubierta de árboles. Los árboles grandes se talan y a menudo tienen que ser trasladados por elefantes. Los elefantes arrastran los pesados troncos hasta los ríos, donde flotan río abajo hasta los aserraderos.

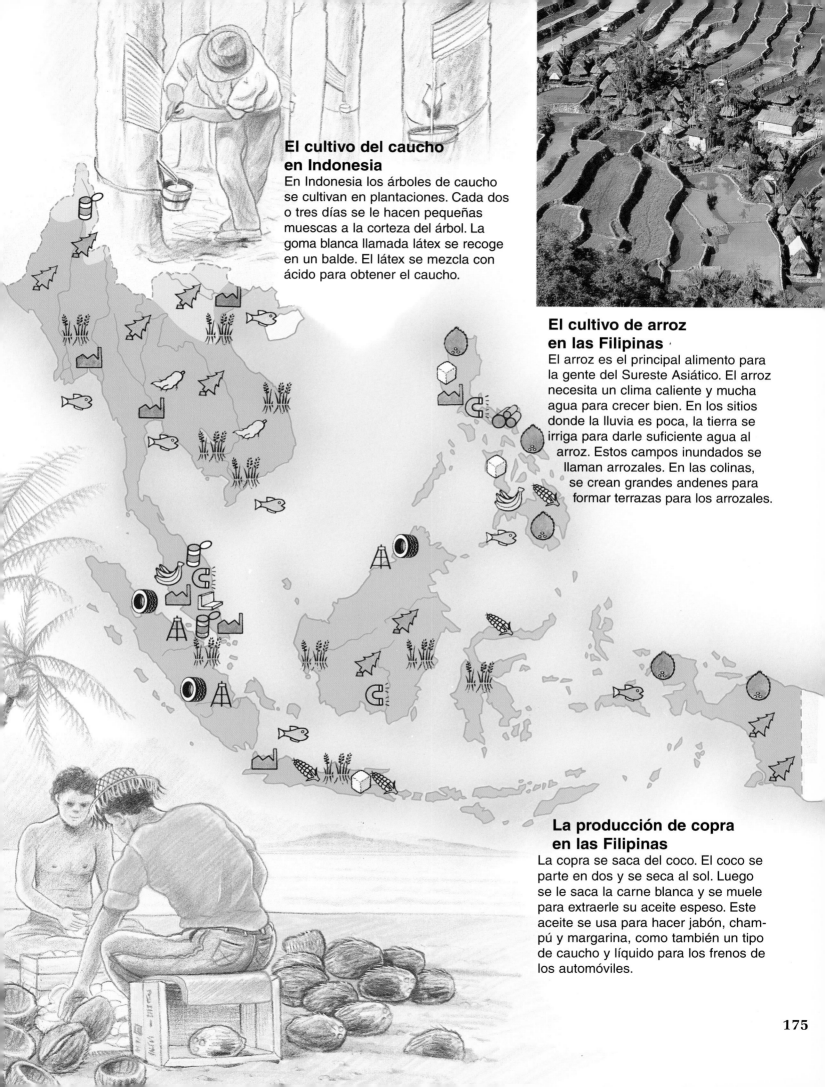

El cultivo del caucho en Indonesia

En Indonesia los árboles de caucho se cultivan en plantaciones. Cada dos o tres días se le hacen pequeñas muescas a la corteza del árbol. La goma blanca llamada látex se recoge en un balde. El látex se mezcla con ácido para obtener el caucho.

El cultivo de arroz en las Filipinas

El arroz es el principal alimento para la gente del Sureste Asiático. El arroz necesita un clima caliente y mucha agua para crecer bien. En los sitios donde la lluvia es poca, la tierra se irriga para darle suficiente agua al arroz. Estos campos inundados se llaman arrozales. En las colinas, se crean grandes andenes para formar terrazas para los arrozales.

La producción de copra en las Filipinas

La copra se saca del coco. El coco se parte en dos y se seca al sol. Luego se le saca la carne blanca y se muele para extraerle su aceite espeso. Este aceite se usa para hacer jabón, champú y margarina, como también un tipo de caucho y líquido para los frenos de los automóviles.

175

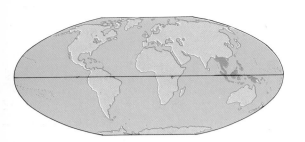

La gente y sus costumbres

Los títeres son muy populares en el Sureste Asiático, especialmente en Indonesia y Malasia. Los adultos y los niños disfrutan estas presentaciones. Los títeres, manejados por titiriteros, pueden representar cuentos que duran varias horas. Por medio de estas presentaciones, los titiriteros cuentan la historia y las tradiciones de sus países.

Hay muchos otros pasatiempos y juegos populares. En un juego, los jugadores tratan de mantener en el aire una pelota de mimbre usando la cabeza, las piernas y los pies. Al juego se le llama *tacrau* en Tailandia y *chinlón* en Birmania. Otro pasatiempo popular es el boxeo de estilo tailandés. Los adversarios usan las manos y también los pies. Y, en Malasia y Tailandia, ¡la gente hace competencias en "guerras de cometas" de colores brillantes!

La mayoría de la gente del Sureste Asiático vive y trabaja en áreas rurales. En algunos sitios las maquinarias son muy escasas, y el arroz, que es la cosecha principal, generalmente se planta y cosecha a mano.

En las afueras de Bangkok, en Tailandia, hay un mercado muy especial: un mercado flotante. Los comerciantes traen sus botes al mercado a lo largo de los canales llamados *clongs*.

Toda esta gente vive en el Sureste Asiático.

Muchos títeres son hechos de cuero y madera. Una lámpara de aceite proyecta la sombra de los títeres contra un telón. Detrás del telón un titiritero mueve los títeres y crea las voces de cada uno.

En las aldeas de Birmania hay muchas escuelas nuevas. Puede haber hasta setenta alumnos en una clase. Se sientan juntos en largos bancos de madera, las niñas a un lado y los niños al otro.

Bali es una de las islas de Indonesia. La isla tiene ochenta y dos días de festivales al año. Muchos de los bailes de los festivales se basan en el Hinduismo de Bali, la religión de los balineses. Cada movimiento de las manos tiene un significado especial durante el baile.

En las áreas rurales de las Filipinas las casas se construyen en la manera tradicional. Tienen techos empinados para resguardarse de las lluvias torrenciales de los monzones.

Las ciudades

Hace doscientos años, los veleros llevaban productos desde el Sureste Asiático a sitios al otro lado de la Tierra. Las ciudades modernas de la región han crecido de aquellos antiguos centros de comercio. Hoy en día, son sitios bulliciosos donde se exportan los productos de las fincas, selvas y minas a cambio de las importaciones que llegan de otras tierras.

Ciudades como Singapur y Bangkok son famosas en el mundo entero por sus almacenes. Miles de pequeños fabricantes hacen y venden productos para el hogar y ropa de diseños populares. Las fábricas y los almacenes son a menudo dirigidos por familias chinas o indias. Las áreas comerciales están atestadas de avisos pintorescos haciéndole propaganda a los productos.

Hanoi es la capital de Vietnam. La ciudad se encuentra en el delta del río Rojo en el norte del país. Partes de Hanoi fueron destruidas por las bombas durante la guerra de Vietnam, la cual duró desde 1957 hasta 1975. Algunos edificios antiguos han sido reconstruidos cuidadosamente.

Yakarta es la capital de Indonesia. Es una de las ciudades más populosas del Sureste Asiático. En el centro de la ciudad está la ciudad antigua, construida por los holandeses hace 300 años. Alrededor de ésta se han construido muchos edificios y calles modernas.

⬆
La ciudad capital de Tailandia es Krun Thep, que significa La Ciudad de los Ángeles. Los extranjeros la llaman **Bangkok.** La parte antigua de la ciudad tiene muchos palacios magníficos y cientos de hermosos templos budistas. Pero el principal centro de negocios de la ciudad está a varias kilómetros hacia el este.

⬆
Rangún es la ciudad capital, y principal puerto, de Birmania. Su edificio más famoso es la pagoda Shwe Dagon. Las cúpulas de la pagoda están cubiertas de oro. En los mercados de Rangún se venden muchas cosas producidas localmente, joyas y esculturas hechas con la hermosa piedra llamada jade.

Singapur es el puerto de mayor movimiento en el Sureste Asiático. Un buque entra o sale del puerto cada diez minutos, y puede haber hasta 600 buques al mismo tiempo en el puerto. Singapur es también una ciudad de negocios importante, donde muchas compañías internacionales tienen sus oficinas.

⇨

179

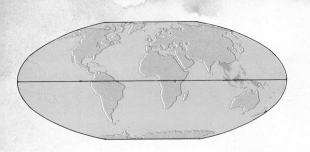

En el Anillo de Fuego

El cielo no tiene ni una nube y el mar está calmado mientras la embarcación sale lentamente del puerto de Sulawesi. Éste es el comienzo de su viaje por una parte del Anillo de Fuego. Anillo de Fuego es el nombre que se le da a una cadena de cientos de volcanes activos que rodean casi en su totalidad al Océano Pacífico.

A una distancia prudente de la costa, la tripulación iza las velas y la embarcación acelera su marcha. Es una embarcación de velas negras llamada *prahu*. Ésta es la embarcación tradicional de los habitantes de la isla Bugi que son comerciantes marinos. Por miles de años, los bugis comerciaron con miles de pequeñas islas de Indonesia, pero ahora comercian principalmente con las islas grandes de Sulawesi, Java y Borneo.

A medida que el prahu se aleja de la protección que ofrecen las costas, y se dirige hacia el Mar de Banda, los delfines saltan cerca de la embarcación. Se está dirigiendo a la isla volcánica de Banda.

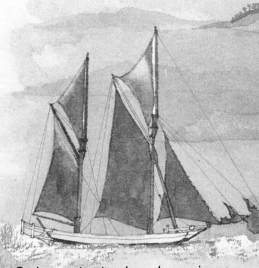

Cada constructor de embarcaciones usa la forma especial de la madera en su diseño. Por esta razón, a pesar de que cada prahu tiene dos mástiles altos y un casco de madera bajo y curvado, no hay dos prahus que sean exactamente iguales.

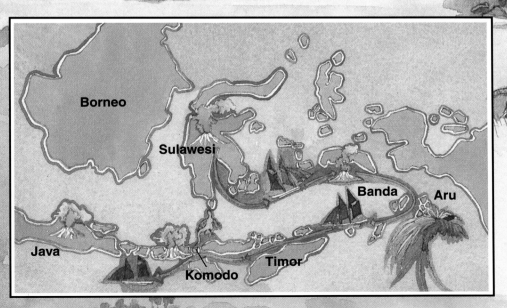

En la isla de Komodo, lagartos inmensos llamados dragones de Komodo husmean sus presas. Los dragones de Komodo tienen garras largas, dientes afilados y son muy fuertes. Comen animales tales como cabras y ciervos pequeños.

En Banda se carga la embarcación con nuez moscada roja. Las nueces serán molidas y convertidas en una especia de fuerte sabor.

Después de Banda, el *prahu* —la embarcación— se dirige a la isla de Aru. A medida que la embarcación se acerca a la isla, se escuchan voces entusiasmadas en una de las barcas pesqueras anclada en los arrecifes de coral. Un buceador ha encontrado una perla magnífica. Las perlas son raras. Solamente una de cada 50.000 ostras posee una. Pero la concha de la ostra de valvas doradas es también apreciada por su hermoso nácar.

Con su bodega llena de nuez moscada y conchas, el *prahu* se dirige hacia Java. De Java, irá a otras islas, descargando y cargando a lo largo de su ruta. Puede viajar miles de kilómetros, pasando por muchas islas con encumbrados volcanes, pero aun así habrá cubierto solamente una pequeña parte del gran Anillo de Fuego del Pacífico.

En las selvas de Aru vive el pájaro del paraíso de mayor tamaño. El pájaro macho despliega las largas plumas de su cola.

Nubes de humo salen constantemente del cono del único volcán activo de Banda, pero solamente hace erupción, más o menos, una vez cada cien años.

Bienvenidos a África

África es un continente enorme casi todo rodeado por agua. El Océano Atlántico y el Índico bañan la mayoría de sus costas, pero África también tiene costas en el Mar Mediterráneo y el Mar Rojo.

África es el segundo continente del mundo en tamaño, después de Asia. Se extiende hacia el sur desde el Mediterráneo, pasando por el ecuador hasta el hemisferio sur. África tiene una variedad de características naturales; costas hermosas, selvas tropicales y cascadas espectaculares. El Sáhara inmenso es el desierto más grande del mundo y el Nilo es el río más largo. Parte del continente está formado por llanuras donde viven jirafas, leones y cebras.

Hay más de cincuenta países en África, más que en cualquier otro continente. Los diversos grupos de gentes que viven allí hablan más de 800 idiomas.

Muchas ciudades modernas son centros de comercio y de gobierno.

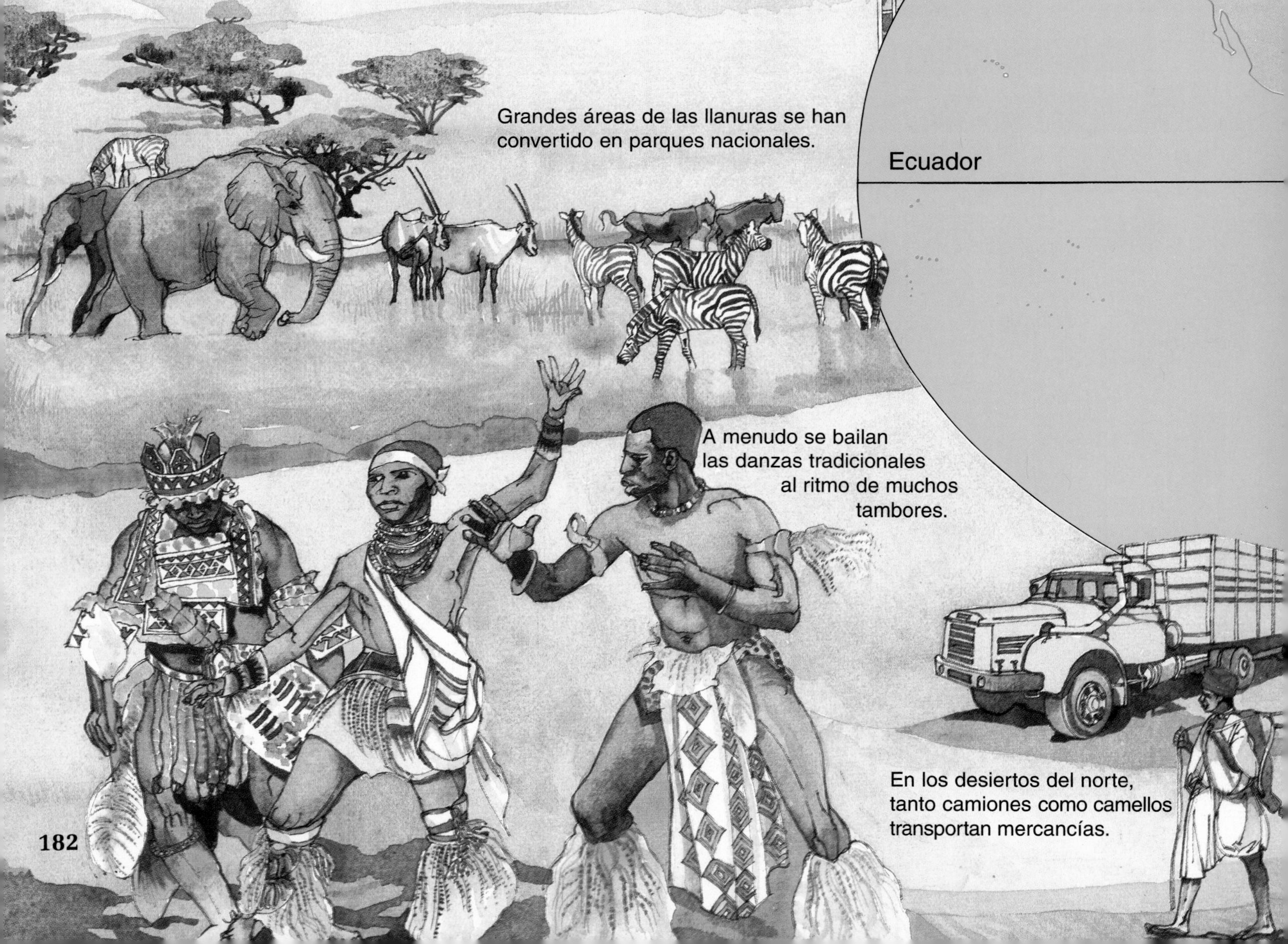

Grandes áreas de las llanuras se han convertido en parques nacionales.

Ecuador

A menudo se bailan las danzas tradicionales al ritmo de muchos tambores.

En los desiertos del norte, tanto camiones como camellos transportan mercancías.

182

En las aldeas de África se encuentran estilos de vida tanto tradicionales como modernos.

Las mujeres a menudo recogen las cosechas y muelen los granos a mano.

El antiguo mercado de Marrakech en Marruecos es un famoso lugar de comercio.

183

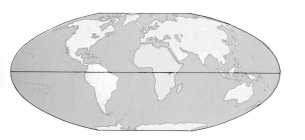

África

Los países

África cubre casi un quinto de la superficie terrestre. Es el segundo continente después de Asia. Hay cincuenta y tres países independientes en África. El país más nuevo es Eritrea, que se independizó en 1993. Los países árabes en el norte están separados del resto de África por el Sáhara.

África tiene un gran número de habitantes. Algunas áreas con suelos fértiles están superpobladas. Otras, como el Sáhara, tienen muy poca gente.

Su historia

En tiempos antiguos el norte de África estuvo estrechamente ligado a Europa al otro lado del Mar Mediterráneo. Pero los europeos sabían muy poco acerca de los grandes reinos africanos al sur del abrasador Sáhara.

A partir del siglo XV, los exploradores europeos navega-ron hacia el sur por las costas de África. A ellos los siguieron los traficantes de esclavos en el siglo XVI, quienes llevaron esclavos de África a las Américas. El tráfico de esclavos terminó en el siglo XIX. En la segunda parte del siglo XIX, los europeos dividieron a África en más de cincuenta países. Ellos gobernaron estos países como colonias. Después de la segunda guerra mundial, los africanos exigieron su independencia.

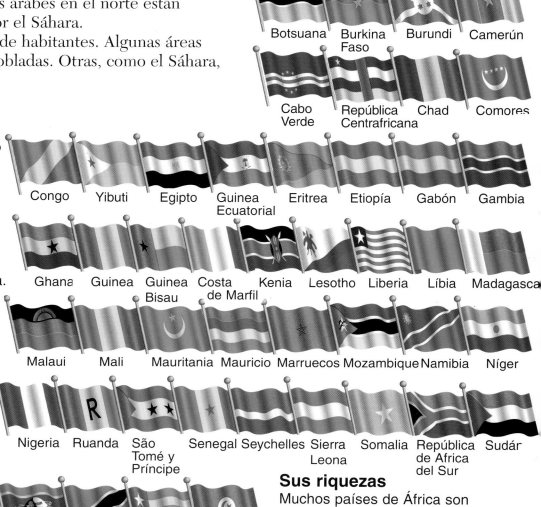

Argelia   Angola   Benin

Botsuana   Burkina Faso   Burundi   Camerún

Cabo Verde   República Centrafricana   Chad   Comores

Congo   Yibuti   Egipto   Guinea Ecuatorial   Eritrea   Etiopía   Gabón   Gambia

Ghana   Guinea   Guinea Bisau   Costa de Marfil   Kenia   Lesotho   Liberia   Líbia   Madagascar

Malaui   Mali   Mauritania   Mauricio   Marruecos   Mozambique   Namibia   Níger

Nigeria   Ruanda   São Tomé y Príncipe   Senegal   Seychelles   Sierra Leona   Somalia   República de Africa del Sur   Sudár

Swazilandia   Tanzania   Togo   Túnez

Uganda   Zaire   Zambia   Zimbabwe

Una escultura antigua muestra al rey Shamba Bolongongo quien fue uno de los gobernantes de los grandes reinos africanos en el siglo XVI.

Sus riquezas

Muchos países de África son muy pobres, y muchas de sus gentes luchan para poder cultivar cosechas suficientes para alimentar a sus familias.

Algunos países africanos son ricos en minerales que grandes compañías extraen.

Los gobiernos de la mayoría de los países africanos están tratando de construir más fábri-cas y de modernizar los métodos agrícolas para crear más riqueza.

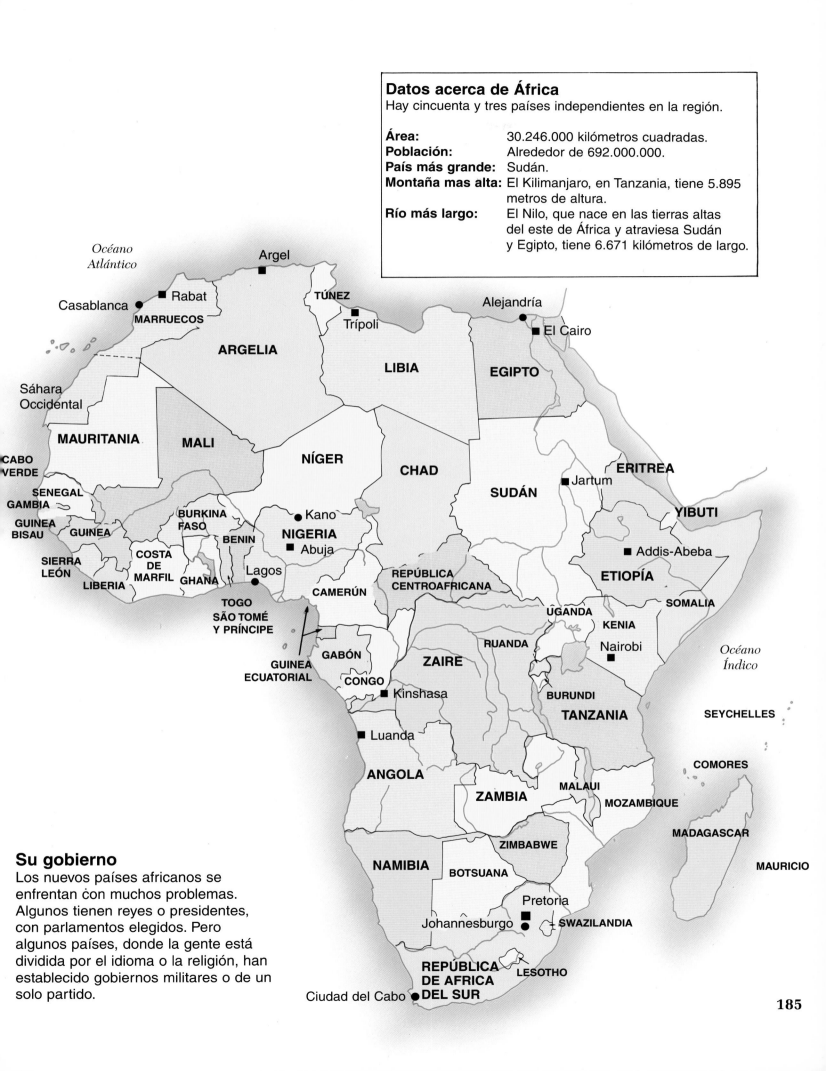

Datos acerca de África

Hay cincuenta y tres países independientes en la región.

Área:	30.246.000 kilómetros cuadradas.
Población:	Alrededor de 692.000.000.
País más grande:	Sudán.
Montaña mas alta:	El Kilimanjaro, en Tanzania, tiene 5.895 metros de altura.
Río más largo:	El Nilo, que nace en las tierras altas del este de África y atraviesa Sudán y Egipto, tiene 6.671 kilómetros de largo.

Océano
Atlántico

Argel

Casablanca • Rabat

TÚNEZ

MARRUECOS

Trípoli

Alejandría

• El Cairo

ARGELIA

LIBIA

EGIPTO

Sáhara
Occidental

MAURITANIA

MALI

NÍGER

CHAD

■ Jartum

ERITREA

**CABO
VERDE**

SUDÁN

YIBUTI

SENEGAL

GAMBIA

**BURKINA
FASO**

• Kano

■ Addis-Abeba

**GUINEA
BISAU**

GUINEA

NIGERIA

BENIN

■ Abuja

ETIOPÍA

**SIERRA
LEÓN**

**COSTA
DE
MARFIL**

GHANA

Lagos

**REPÚBLICA
CENTROAFRICANA**

SOMALIA

LIBERIA

CAMERÚN

UGANDA

TOGO

**SÃO TOMÉ
Y PRÍNCIPE**

KENIA

GABÓN

RUANDA

Nairobi

Océano
Índico

**GUINEA
ECUATORIAL**

CONGO

ZAIRE

■ Kinshasa

BURUNDI

TANZANIA

SEYCHELLES

■ Luanda

COMORES

ANGOLA

MALAUI

MOZAMBIQUE

MADAGASCAR

ZAMBIA

MAURICIO

ZIMBABWE

NAMIBIA

BOTSUANA

Pretoria

Johannesburgo ■ — **SWAZILANDIA**

Su gobierno

Los nuevos países africanos se enfrentan con muchos problemas. Algunos tienen reyes o presidentes, con parlamentos elegidos. Pero algunos países, donde la gente está dividida por el idioma o la religión, han establecido gobiernos militares o de un solo partido.

**REPÚBLICA
DE AFRICA
DEL SUR**

LESOTHO

Ciudad del Cabo •

185

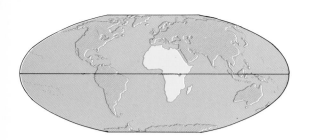

Observemos la tierra

África es un continente muy grande con toda clase de paisajes. Al norte se encuentra el Sáhara, el desierto más grande del mundo. Pero África también tiene mucha agua. Cuatro de sus ríos son el Nilo, el Zaire, el Níger y el Zambesi. Las cascadas de Victoria se encuentran en el río Zambesi. Son unas cascadas enormes.

Cerca de los ríos la tierra es fértil y hay muchas plantas y árboles. Uno de los lagos más grandes del mundo hecho por el hombre, el lago Nasser, se ha formado detrás de la alta represa de Asuán, en el río Nilo. La mayoría de los lagos más grandes se encuentran en las regiones orientales. Aquí, cadenas de lagos largos y profundos se han formado en los valles.

En el este de África hay también llanuras llamadas sabanas, donde vagan manadas de animales salvajes. El monte Kilimanjaro se puede ver desde lo lejos. Es el pico más alto de África y es un volcán extinto.

El **Sáhara** es el desierto más grande del mundo. Cubre un área casi igual a la de Estados Unidos. En algunos lugares del Sáhara hay dunas de arena que miden cientos de metros de altura. Pero sólo una parte del desierto está cubierta de arena. La mayor parte son terrenos altos rocosos y llanuras de grava.

Las **Cascadas de Victoria** se encuentran en el río Zambesi. Al igual que el lago Victoria fue bautizada con el nombre de la Reina Victoria de Inglaterra. El agua se precipita con un estruendoso rugido por un precipicio de 105 metros de altura. El nombre africano para la cascada es Mosi oa Tunya, que significa El Humo Atronador.

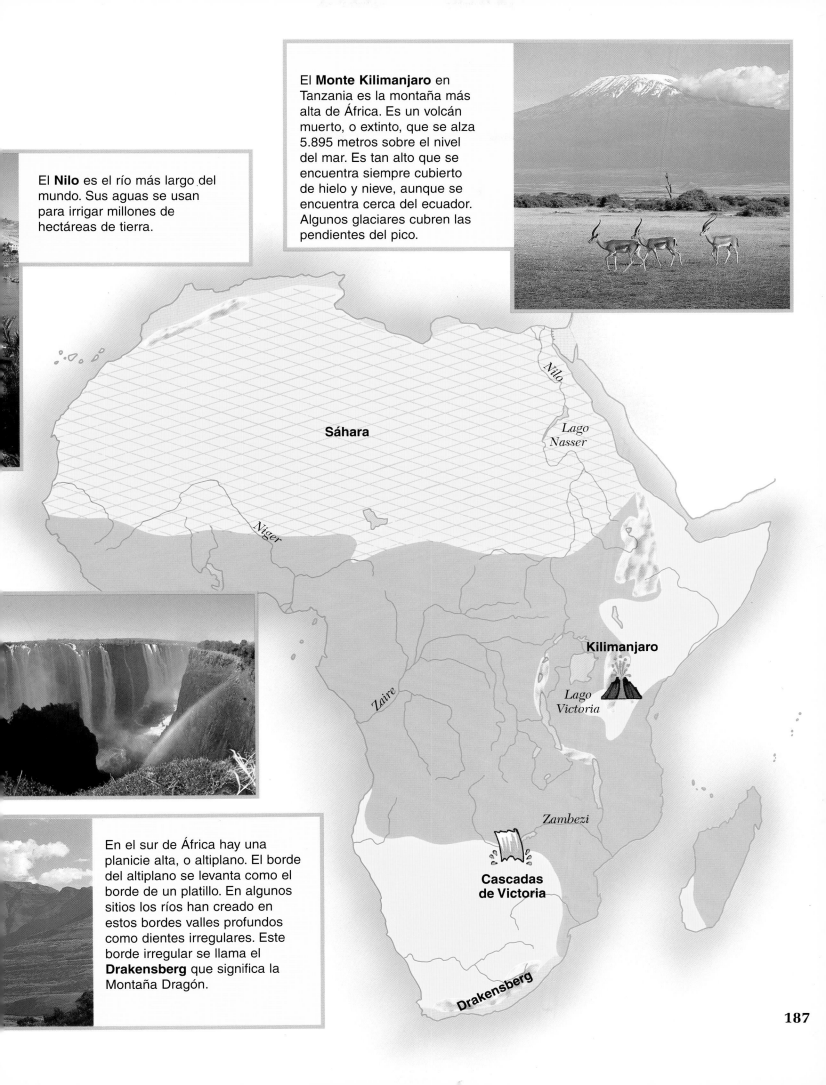

El **Nilo** es el río más largo del mundo. Sus aguas se usan para irrigar millones de hectáreas de tierra.

El **Monte Kilimanjaro** en Tanzania es la montaña más alta de África. Es un volcán muerto, o extinto, que se alza 5.895 metros sobre el nivel del mar. Es tan alto que se encuentra siempre cubierto de hielo y nieve, aunque se encuentra cerca del ecuador. Algunos glaciares cubren las pendientes del pico.

En el sur de África hay una planicie alta, o altiplano. El borde del altiplano se levanta como el borde de un platillo. En algunos sitios los ríos han creado en estos bordes valles profundos como dientes irregulares. Este borde irregular se llama el **Drakensberg** que significa la Montaña Dragón.

Sáhara

Nilo

Lago Nasser

Niger

Zaire

Kilimanjaro

Lago Victoria

Zambezi

Cascadas de Victoria

Drakensberg

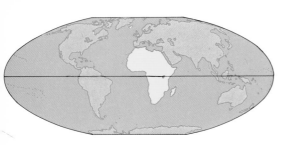

Las plantas

palma datilera

tamarisco

acacia

convólvulo

La parte norte de África es principalmente una gran región desértica. Aquí, antes de llover, oscuras nubes de color gris se mueven por el cielo proyectando sombras sobre la tierra seca. Entonces la lluvia llega. Gotas grandes azotan el suelo polvoriento. Llueve muy fuerte por un corto tiempo, pero la lluvia transforma la tierra. Donde había solamente tierra dura, crecen plantas con flores de colores intensos. Crecen pastos nuevos y retoñan los arbustos. Las semillas de las plantas han esperado que la lluvia llegue. Cuando las nuevas plantas crezcan, producirán más semillas. Éstas tendrán que esperar varios meses, o quizás años, antes de que llueva nuevamente.

En un área a lo largo del río Zaire, el clima es muy diferente. En algunos sitios llueve casi todos los días y una verde e inmensa selva tropical ha crecido. Pero en la mayor parte de África hay apenas suficiente lluvia para que crezcan los pastos y algunos árboles resistentes. Estos pastizales se llaman sabanas.

El desierto
En el gran desierto africano del Sáhara, plantas como la acacia y el tamarisco sobreviven en condiciones muy secas. Cerca de los oasis, donde se encuentra agua, hay palmas datileras y convólvulos azules.

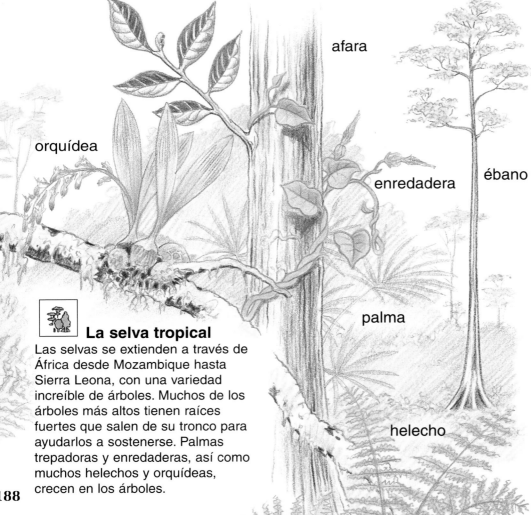

orquídea

afara

enredadera

ébano

palma

helecho

La selva tropical
Las selvas se extienden a través de África desde Mozambique hasta Sierra Leona, con una variedad increíble de árboles. Muchos de los árboles más altos tienen raíces fuertes que salen de su tronco para ayudarlos a sostenerse. Palmas trepadoras y enredaderas, así como muchos helechos y orquídeas, crecen en los árboles.

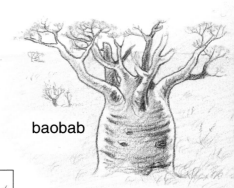

baobab

Las llanuras
Entre el desierto y la selva existen grandes áreas de llanuras, o sabanas. Aquí el sol ardiente a menudo quema los pastos y crea incendios. Algunos árboles pueden sobrevivir el fuego. Las semillas del árbol de coral necesitan quemarse antes de que puedan germinar.

188

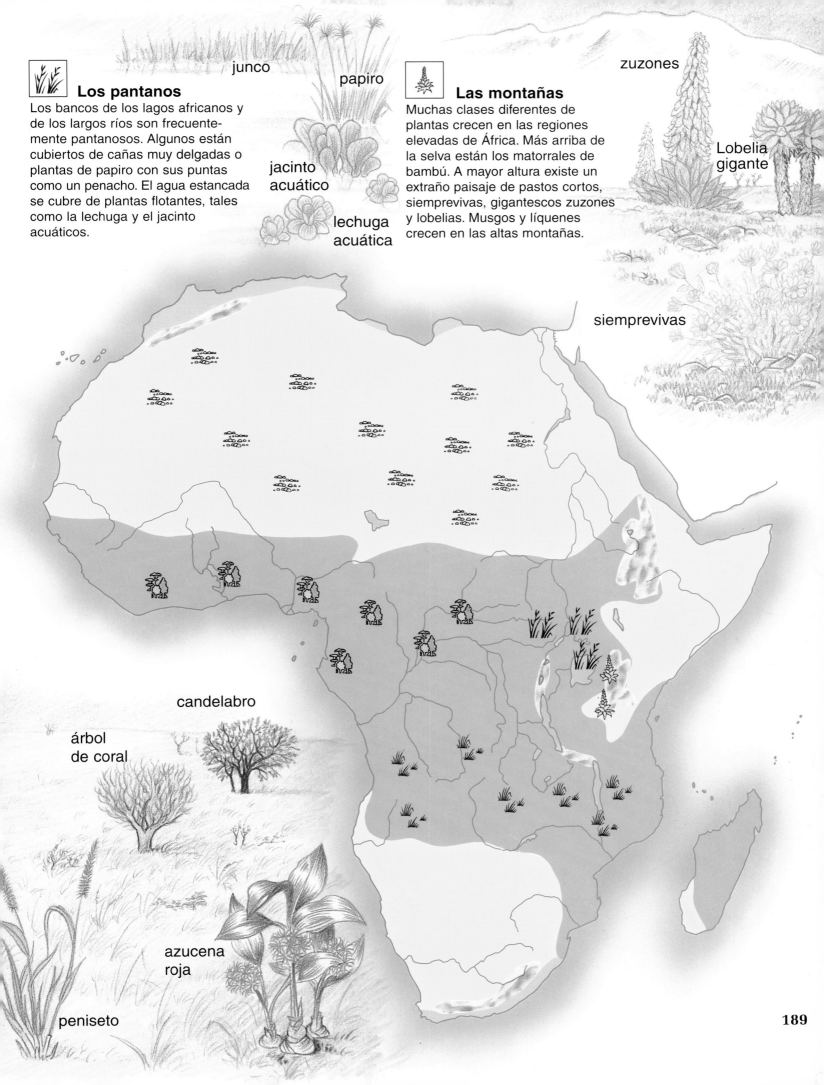

Los pantanos

Los bancos de los lagos africanos y de los largos ríos son frecuentemente pantanosos. Algunos están cubiertos de cañas muy delgadas o plantas de papiro con sus puntas como un penacho. El agua estancada se cubre de plantas flotantes, tales como la lechuga y el jacinto acuáticos.

junco

papiro

jacinto acuático

lechuga acuática

Las montañas

Muchas clases diferentes de plantas crecen en las regiones elevadas de África. Más arriba de la selva están los matorrales de bambú. A mayor altura existe un extraño paisaje de pastos cortos, siemprevivas, gigantescos zuzones y lobelias. Musgos y líquenes crecen en las altas montañas.

zuzones

Lobelia gigante

siemprevivas

candelabro

árbol de coral

azucena roja

peniseto

189

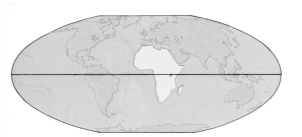

Los animales

águila
coronada

mono
colobo

leopardo

gorila

Cada año, mucha gente visita la áspera llanura del Parque Nacional Amboseli en Kenia. Viajan en pesados jeeps, siguiendo los ásperos senderos, o a veces manejando por senderos con hierbas altas hasta la rodilla, para poder divisar los animales salvajes que viven aquí. A veces ven una manada de leones. El león macho descansa a la sombra mientras que su compañera y las otras hembras merodean de un lado al otro. En la distancia hay con frecuencia rebaños de animales que pastan, tales como ñus, gacelas y cebras.

Los visitantes de los parques nacionales aprenden mucho observando estos animales salvajes en su hábitat natural. A la gente no se le permite cazar los animales que viven en los parques nacionales.

Las sabanas, selvas y lagos de África son ricos en vida salvaje. Aun en los grandes desiertos secos hay toda clase de criaturas interesantes.

elefante

jirafa

Las sabanas
Las llanuras de África proporcionan alimento a muchos animales herbívoros, tales como el gracioso impala, la cebra y el topi. La jirafa y los rinocerontes se comen las hojas de los árboles. Los animales que cazan incluyen las hienas y las chitás.

impala

gacela

ñu

topi

mandril

ardilla de
rayas rojas

Las selvas
Los gorilas son los simios más grandes. Ellos viajan en grupos a través de la selva tropical, buscando brotes, hojas y frutas que comer. Los mandriles también viajan en grupos. Los machos tienen cachetes azules y una nariz plana y roja. Tanto el leopardo como el águila coronada son cazadores. Cazan animales de la selva, tales como la ardilla de rayas rojas y el mono colobo.

rinoceronte

hiena

cebra

chitá

león

190

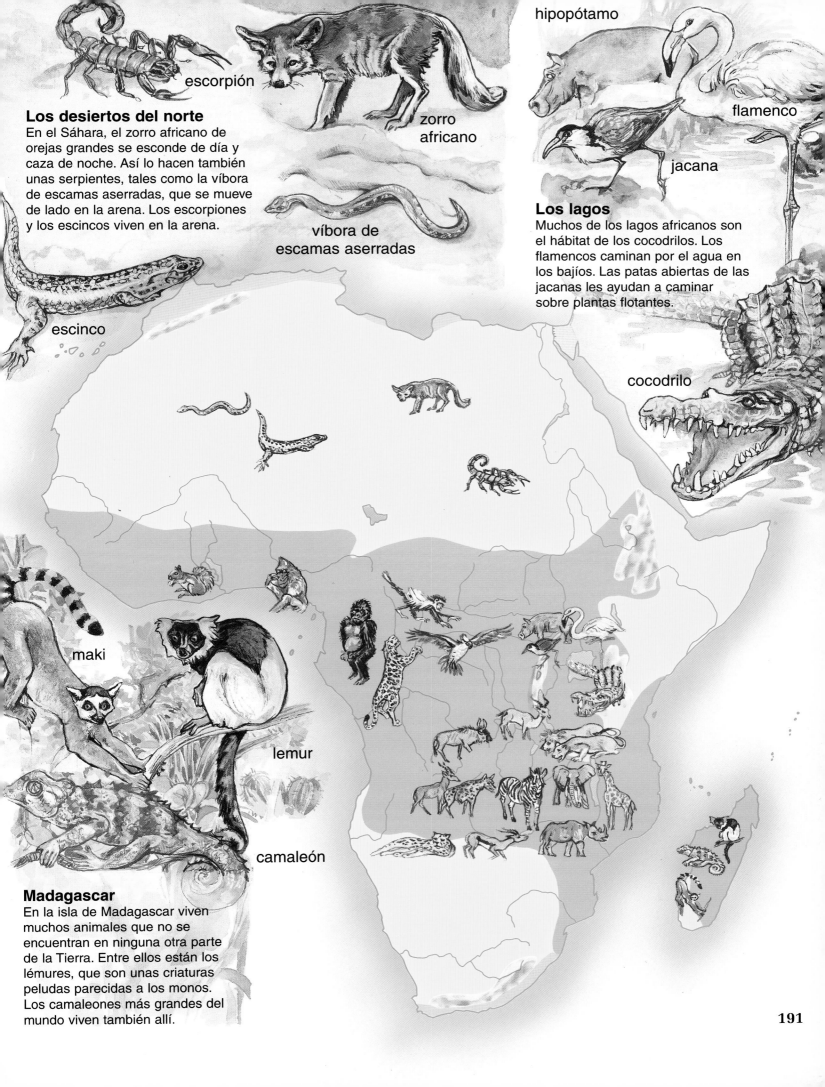

escorpión

Los desiertos del norte

En el Sáhara, el zorro africano de orejas grandes se esconde de día y caza de noche. Así lo hacen también unas serpientes, tales como la víbora de escamas aserradas, que se mueve de lado en la arena. Los escorpiones y los escincos viven en la arena.

zorro africano

víbora de escamas aserradas

escinco

hipopótamo

flamenco

jacana

Los lagos

Muchos de los lagos africanos son el hábitat de los cocodrilos. Los flamencos caminan por el agua en los bajíos. Las patas abiertas de las jacanas les ayudan a caminar sobre plantas flotantes.

cocodrilo

maki

lemur

camaleón

Madagascar

En la isla de Madagascar viven muchos animales que no se encuentran en ninguna otra parte de la Tierra. Entre ellos están los lémures, que son unas criaturas peludas parecidas a los monos. Los camaleones más grandes del mundo viven también allí.

191

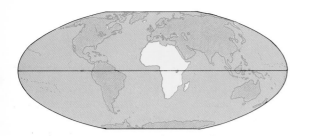

Cría, cultivo y manufactura

El sol abrasa la tierra. Nubes de polvo se levantan del suelo seco mientras la mujer azadona entre las plantas. El niño atado a sus espaldas se duerme con el movimiento mientras la madre trabaja. La mayor parte de la gente de África trabaja en el campo. Algunos apacientan los animales, mientras otros cultivan las cosechas. Las mujeres a menudo trabajan en el campo y la mayor parte del trabajo se hace con herramientas sencillas. Esto significa que los agricultores trabajan lentamente y no pueden sembrar o recoger grandes cosechas. Los niños deben ayudar antes de ir a la escuela. Se levantan temprano para alimentar las gallinas, ordeñar las cabras, o sacar agua del pozo para las plantas de maíz.

En la mayoría de los países de África también hay grandes fincas y plantaciones donde se usa maquinaria moderna. El banano, el café, el algodón, el té y las pepas de cacao se cultivan aquí. Muchos de estos productos se venden a otros países en todo el mundo.

Busca estos símbolos en el mapa:

 ganado vacuno

 ovejas

 algodón

 té

 café

 maní

 cacao

 banano

 mandioca

 petróleo

 gas natural

 oro

 diamantes

 cobre

 industria

El café
En la época de la cosecha, mucha gente trabaja en las plantaciones de café. Todas las bayas maduras de los cafetos tienen que recogerse a mano. Luego se seleccionan y se procesan.

El maní
El maní se cultiva en los suelos arenosos y ligeros de Nigeria. El maní contiene aceite y proteínas y es un buen alimento para la gente. Las cáscaras de maní se muelen y se convierten en polvo para hacer fertilizantes y plásticos.

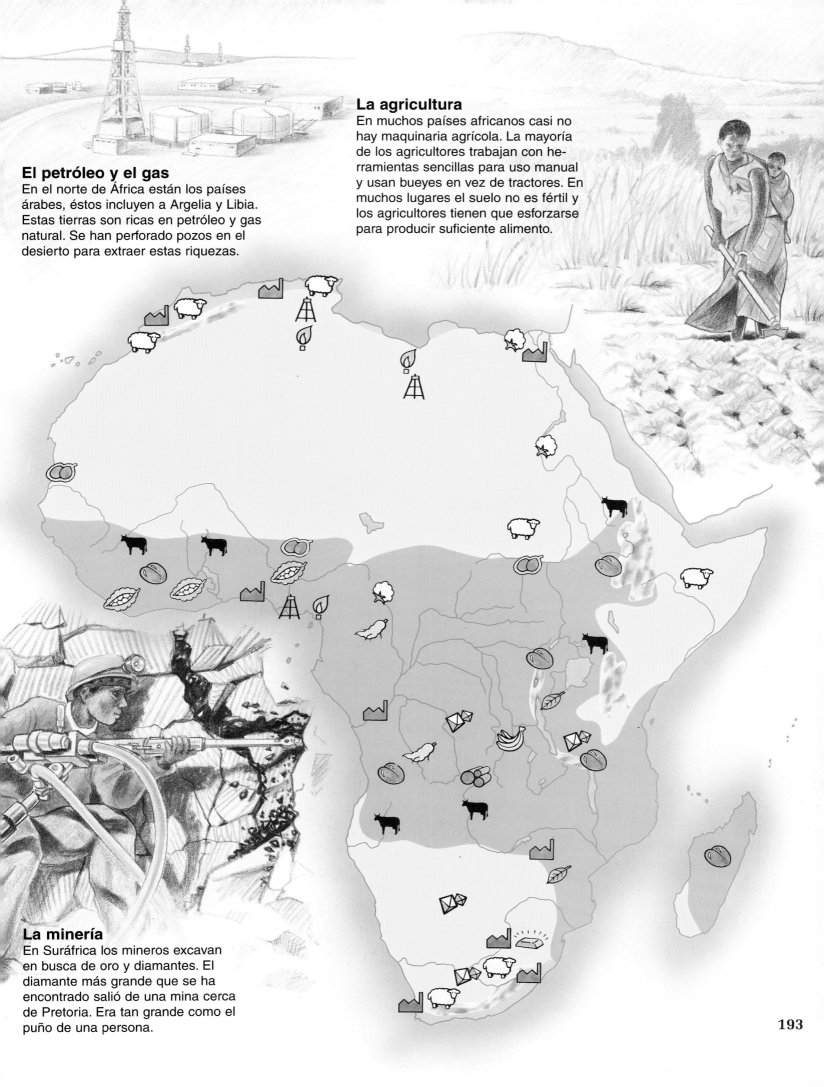

El petróleo y el gas

En el norte de África están los países árabes, éstos incluyen a Argelia y Libia. Estas tierras son ricas en petróleo y gas natural. Se han perforado pozos en el desierto para extraer estas riquezas.

La agricultura

En muchos países africanos casi no hay maquinaria agrícola. La mayoría de los agricultores trabajan con herramientas sencillas para uso manual y usan bueyes en vez de tractores. En muchos lugares el suelo no es fértil y los agricultores tienen que esforzarse para producir suficiente alimento.

La minería

En Suráfrica los mineros excavan en busca de oro y diamantes. El diamante más grande que se ha encontrado salió de una mina cerca de Pretoria. Era tan grande como el puño de una persona.

193

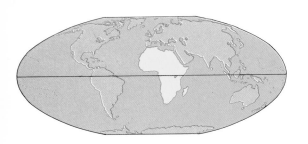

África

La gente y sus costumbres

Muchos africanos viven en pequeñas aldeas en áreas rurales. La mayor parte de las aldeas tienen una plaza en el centro donde la gente se puede reunir a hablar. Aquí el espectáculo a menudo es pintoresco. A la mayoría de los aldeanos le gusta vestir sus trajes tradicionales, con colores fuertes y brillantes. También, para algunos africanos son de uso diario los collares con motivos, pulseras y aretes.

La vida para muchos africanos es dura. Tanto las mujeres como los hombres trabajan durante largas horas en el campo para ganarse la vida. Y muchos niños dejan la escuela después de pocos años para ayudar a sus familias. En las ciudades hay más escuelas y mejor cuidado médico que en las zonas rurales. Pero muchas ciudades también tienen un número muy alto de desempleados.

A pesar de que muchos países africanos se están modernizando, mucha gente vive todavía en forma tradicional. Mantienen lazos con su familia y con su aldea, aun cuando se vayan para la ciudad a trabajar, o a estudiar a una universidad. Disfrutan las canciones y las danzas tradicionales que cuentan las historias de cacería de tiempos pasados.

En muchas aldeas de África occidental, las mujeres están a cargo de la casa y de la finca. Trabajan la tierra para cosechar alimentos. En algunos lugares, los científicos están trabajando para ayudar a las mujeres. Les sugieren cuáles son las mejores semillas y cultivos para los suelos pobres y secos.

Gentes de muchas nacionalidades viven y trabajan en las ciudades modernas de África.

Los pigmeos son un grupo de gente pequeña que vive en África central. Tienen un estilo de vida sencilla, cazando o recogiendo alimentos en la selva tropical.

Todas estas gentes viven en África.

A pesar de que la mayoría de los kenianos se han adaptado a la vida en un país moderno, algunos grupos prefieren vivir en la forma tradicional. Uno de estos grupos se llama Masai. Viven orgullosos de sus danzas que no han cambiado por cientos de años.

Los beduinos son un grupo de gente árabe. Son nómadas que viajan por el desierto del norte de África, buscando agua o pastos para sus camellos, cabras u ovejas.

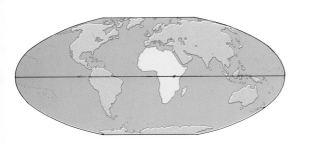

Las ciudades

Las distancias entre muchas ciudades y pueblos de África son muy grandes. Algunas están conectadas por ferrocarriles, mientras otras se encuentran al final de una carretera larga y polvorienta, a menudo en malas condiciones. En otros casos sólo se puede llegar en embarcaciones fluviales. Muy poca gente en África puede pagar por un viaje aéreo. Kinshasa, la ciudad capital de Zaire, tiene una ubicación importante junto al río Zaire. Este río caudaloso y sus afluentes corren por las espesas selvas de Zaire, llegando a cientos de pueblos en el interior. Las mercancías llegan a Kinshasa en camiones que vienen desde los puertos de la costa. Allí se cargan en pequeñas embarcaciones o barcazas para ser llevadas río arriba. Kinshasa se ha convertido en un centro de mucho movimiento para el comercio de productos que van en todas direcciones.

⇧

Kano es la ciudad más grande del norte de Nigeria. En el pasado fue un centro importante para las caravanas. Fuera de los muros de la ciudad vieja se ha construido una ciudad nueva. Tiene fábricas y un aeropuerto internacional.

⇦ El **Cairo** es la capital de Egipto. Es la ciudad más grande de África y también una de las más antiguas. El Cairo antiguo es un laberinto de calles zigzagueantes, mercados llamados bazares, casas antiguas de piedra y 400 mezquitas donde los musulmanes se congregan a rezar. Al norte se encuentra El Cairo nuevo, la parte moderna de la ciudad.

⇧
La ciudad de **Kinshasa** se extiende
a lo largo de los bancos del río Zaire.
Aquí hay muelles donde las embarcaciones fluviales atracan. Avenidas
anchas bordeadas de árboles
comunican los edificios de gobierno
con la universidad y los almacenes
y oficinas con los apartamentos
modernos. En las afueras de la
ciudad hay grandes zonas
industriales donde vive la gente pobre.

Johannesburg es la ciudad manufac-
turera más importante de Suráfrica.
Se encuentra situada en el centro
de una zona aurífera. La ciudad fue
fundada en 1886, cuando se
descubrió el oro por primera vez en
el área. Hoy en día, tanto oro como
diamantes se extraen de allí, como
también carbón, hierro y otros
minerales. Estos recursos han traído
el desrrollo de muchas industrias.

⇧
El puerto marítimo de **Dakar** es la
capital de Senegal. Su puerto es uno
de los de mayor movimiento en África.
Los buques parten de aquí para
muchos otros países africanos y
para Francia transportando maní,
minerales, y derivados del pescado.
Los pintorescos mercados de Dakar
son famosos por sus especias y flores.

⇩

⇧
Zanzíbar es la principal ciudad en la
isla de Zanzíbar, la cual es parte de
Tanzania. Hace ciento cincuenta años,
Zanzíbar era famosa por sus mercados
de esclavos. Ahora el puerto es un
centro comercial de la costa del
este de África. La ciudad exporta clavo,
pimientos, aceite de coco y frutas.

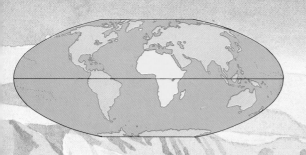

De viaje por el Valle de la Gran Depresión

El safari sale de Nairobi por la mañana. Todos están ansiosos de hacer el viaje hasta el coto de caza del Masai Mara y de ver los animales salvajes que viven allí.

El coto de caza se encuentra al oeste del Valle de la Gran Depresión. Este valle fue formado hace millones de años cuando movimientos en lo profundo de la Tierra partieron la costra terrestre. Es una gran depresión en la Tierra. La carretera hasta el fondo del valle serpentea hacia abajo por la montaña. El valle no es plano sino que está salpicado de montañas. Son volcanes y treinta de ellos están aún activos.

Rastros bien marcados llevan a fuentes de agua fresca al borde de un lago. Son los rastros de los leones, rinocerontes, cebras y antílopes que vienen a beber al anochecer.

Las montañas de Ngong son una cadena de picos volcánicos. Han pasado miles de años desde cuando hicieron erupción por última vez y sus cráteres se han desgastado y convertido en verdes montículos redondeados.

Una hora después de haber pasado por las montañas de Ngong, el safari llega al lago Magadi, el Lago de Soda. Ninguna planta puede sobrevivir el calor de este lago volcánico con sus fuentes termales. Pero los flamencos disfrutan de los peces que han logrado vivir aquí. Una vez al año llegan aquí, en la época de cría, cerca de tres millones de estos elegantes pájaros de color rosado.

En el coto de caza vagan manadas de animales.

Es ya de noche cuando el *jeep* desciende dando tumbos por el camino hacia el hospedaje del Masai Mara. Aquí, el grupo pasará la noche, comiendo alrededor de la hoguera y durmiendo en las carpas bajo las estrellas.

El cielo está aún oscuro cuando el *jeep* se aleja del hospedaje al día siguiente. Pronto el safari se encuentra en medio del coto de caza, viajando lentamente. Todos están atentos porque temprano en la mañana las chitás, las hienas y las leonas se despiertan y acechan a sus presas.

El día está lleno de animación. El coto está lleno de ñus, gacelas, cebras e impalas. El grupo sorprende una manada de leones que desgarra la carne de la presa de esa mañana. No lejos de allí, una chitá juega con sus cachorros. Bajo la sombra de un montón de arbustos un elefante arranca la corteza de un árbol para su cría, mientras una jirafa come las ramas altas y espinosas.

El safari pasa cerca de un joven Masai que arrea su ganado de un pastizal a otro. El lleva una lanza larga para defenderse y defender su rebaño de los animales salvajes.

Durante la noche la gente se sienta a hablar sobre las aventuras del día. Todos saben que la existencia de los animales del coto está amenazada. Los cazadores furtivos atrapan a los animales y la tierra es pobre debido a su uso excesivo. Los visitantes esperan que este mundo salvaje no sea destruido por su mayor enemigo: la gente.

Bienvenidos a Australia, Nueva Zelanda y las Islas del Pacífico

El Pacífico es el océano más grande del mundo. Se encuentran en él más de 30.000 islas, incluyendo la isla de Nueva Zelanda. Australia está rodeada por los océanos Índico y Pacífico.

Australia es tan grande que cubre un área que va desde cerca del ecuador hasta las aguas del norte del Océano Antártico. El clima varía desde el monzón tropical en el norte, hasta los inviernos fríos en el sur.

Australia tiene tierras calientes y secas en el interior con muchos desiertos, pero en las montañas y los valles de las costas hay ricas sabanas y bosques. Algunos animales australianos, tales como el canguro y el koala, son diferentes de los demás animales del mundo.

Nueva Zelanda está al sureste de Australia a 1.600 kilómetros de distancia. Algunos de sus paisajes más famosos son las fuentes y géiseres, donde el agua caliente y vaporosa sale del suelo a gran velocidad.

El *surfing* es uno de los deportes más populares en Australia y Nueva Zelanda.

Ecuador

Las ovejas en Nueva Zelanda son la cría más importante.

El Teatro de la Opera de Sidney tiene una hermosa vista del puerto de la ciudad.

La Gran Barrera de Arrecifes es la barrera de coral más grande del mundo.

Los hacendados crían ganado en muchas partes de Australia.

La Roca de Ayers, en Australia central, ha sido desgastada por el viento, lo cual le ha dado una forma redondeada.

Los canguros viven en casi toda Australia.

201

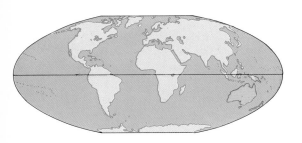

Los países

Está región está formada por Australia, Nueva Zelanda y las Islas del Pacífico. Los países más cercanos a Australia son los del Sureste Asiático.

Nueva Zelanda está compuesta por dos islas grandes y varias pequeñas. Tasmania también es una isla, pero es uno de los estados de Australia.

Australia   Fidji   Kiribati

Nauru   Nueva Zelanda

Papua Nueva Guinea

Islas Salomón

Tonga

PAPUA NUEVA GUINEA

Puerto Moresby

Océano Pacífico

AUSTRALIA

● Alice Springs

Lago Eyre

Brisbane ●

Darling

Océano Índico   Adelaida ●   *Murray*   ● Sidney

Canberra

● Melbourne

Mar de Tasmania

Perth

Su historia

Los primeros en vivir en Australia fueron los aborígenes. Ellos han estado viviendo allí desde hace por lo menos 40.000 años. El capitán Cook, un explorador europeo visitó Australia en 1770. Él reclamó estas tierras como una colonia británica. Años más tarde los presos se enviaban allá a servir sus condenas. A medida que los pobladores europeos se asentaron en Australia, mataron en peleas a la mayoría de los aborígenes, o éstos murieron por las enfermedades que trajeron los colonizadores. Más tarde los hacendados o buscadores de oro exploraron y se asentaron en la región.

Los colonizadores también se extendieron hasta Nueva Zelanda. Desde entonces, inmigrantes de toda Europa y de Asia han venido a Australia y Nueva Zelanda y han creado una poderosa fuerza de trabajo.

Tuvalu   Vanuatu   Samoa Occidental

Su riqueza

Australia es rica en recursos naturales. Ha podido explotar muy bien estos recursos porque su industria agrícola y minera es moderna y eficiente. Nueva Zelanda ha dependido siempre de la agricultura como el mayor recurso de su riqueza.

A pesar de que Australia y Nueva Zelanda están muy lejos de Europa y de Estados Unidos, dichos países venden muchos de sus productos agrícolas en estos lugares. Australia también exporta minerales a todo el mundo.

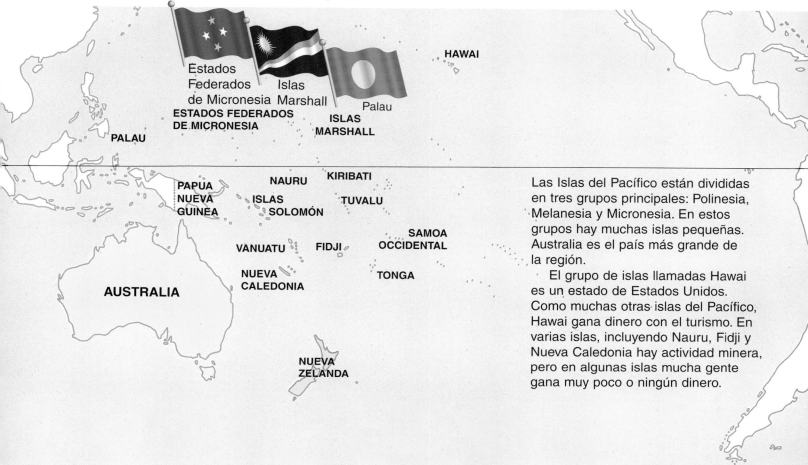

Las Islas del Pacífico están divididas en tres grupos principales: Polinesia, Melanesia y Micronesia. En estos grupos hay muchas islas pequeñas. Australia es el país más grande de la región.

El grupo de islas llamadas Hawai es un estado de Estados Unidos. Como muchas otras islas del Pacífico, Hawai gana dinero con el turismo. En varias islas, incluyendo Nauru, Fidji y Nueva Caledonia hay actividad minera, pero en algunas islas mucha gente gana muy poco o ningún dinero.

Su gobierno

En 1901, Australia cesó de ser una colonia británica y se independizó. Nueva Zelanda se independizó en 1907, pero ambas pertenecen todavía al grupo de países de la Comunidad Británica.

Australia y Nueva Zelanda son monarquías. El jefe del estado es la Reina Isabel II de la Gran Bretaña. Ella está representada en ambos países por un Gobernador General, quien preside como jefe de estado. Los países son gobernados por sus primeros ministros y parlamentos, los cuales son elegidos por el pueblo.

Muchas de las islas que fueron gobernadas por Gran Bretaña, Francia, Nueva Zelanda o Estados Unidos, ahora en su mayoría se autogobiernan. Hawai es un estado de EE.UU.

Datos sobre Australia, Nueva Zelanda y las Islas del Pacífico

Hay catorce países completamente independientes en esta región.

Área: 8.518.670 kilómetros cuadradas.

Población: Alrededor de 27.548.000.

País más grande: Australia.

Montaña más alta: Mount Whilhelm, en Papúa Nueva Guinea, tiene 4.509 metros de altura.

Río más largo: El río Darling, en Australia, que desemboca en el río Murray, tiene 2.739 kilómetros de largo, pero la mayor parte del Darling se seca en el invierno. El Murray corre durante todo el año. Tiene 2.589 kilómetros de largo.

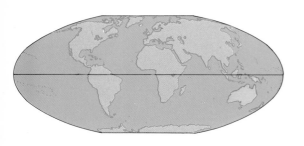

Observemos la tierra

La **Roca de Ayers** es una montaña de roca roja llamada arenisca. Se levanta a 300 metros sobre el nivel de la sabana. Se encuentra en el Parque Nacional Uluru. Ésta es la palabra aborigen para Piedra Inmensa. Alrededor de la Roca Ayers hay muchos dibujos en las paredes de las cuevas. Estos dibujos fueron pintados por los aborígenes en la antigüedad.

Océano
Pacífico

La Gran
Barrera de Arrecife

Roca de Ayers

Desierto de Victoria

Gran Cadena Divisoria

El **Gran Desierto de Victoria** es uno de los muchos desiertos que cubren cerca de un tercio de Australia. Cerca de su centro hay varios lagos pequeños que generalmente están secos. Poca gente vive en estas áreas tostadas por el sol. El desierto está compuesto por dunas de arena que están en constante movimiento a causa del viento.

La **Gran Barrera de Arrecifes** es el arrecife de coral más grande del mundo. Se extiende por cerca de 2.010 kilómetros a lo largo de la costa noreste de Australia.

La isla norte de Nueva Zelanda tiene muchos volcanes. Hay también fuentes termales y géiseres, tal como el **Géiser Pohutu,** en Rotorua. Tres o cuatro veces diarias el géiser dispara al aire un chorro de agua caliente y vapor.

Géiser Pohutu

La mayor parte del territorio australiano es bajo y plano. Las tierras más elevadas se encuentran cerca de la costa este. Se conocen con el nombre de la Gran Cadena Divisoria. Casi toda la lluvia cae a lo largo de la costa este y esta tierra es fértil para los cultivos y las frutas. Al oeste de la Gran Barrera Divisoria, Australia central es plana y seca. Algunos ríos se secan por largo tiempo durante el verano. Ovejas y ganados pastan aquí, pero aquí los cultivos no crecen, exceptuando el pasto. Más hacia el oeste, más de la tercera parte de Australia es un desierto de arena y piedras pequeñas barridas por los vientos.

La mayor parte de Nueva Zelanda es verde y fértil. Cultivos y frutas crecen en muchos lugares del país, y ovejas y ganado vacuno pastan en los ricos pastizales. Hay bosques espesos y muchos ríos y lagos. En la Isla del Norte hay volcanes y fuentes termales.

En un período de miles de años en los mares templados alrededor de Australia se han formado lentamente islas de coral. La Gran Barrera de Arrecifes, más allá de las costas del noreste de Australia, es el arrecife de coral más grande del mundo. Plantas y peces de colores brillantes viven en las aguas de color turquesa alrededor del arrecife.

El **Kilauea** es un gran volcán activo en Hawai. A pesar de su inmenso cráter de tres kilómetros de ancho, Kilauea es sólo parte de un volcán aún más grande, el Mauna Loa. Cuando el Kilauea hace erupción la gente de sus alrededores tiene que ser evacuada.

Hawai es una de las 132 islas que conforman el estado de Hawai. Todas las islas han sido formadas por volcanes.

Muchas **islas de coral** son atolones. Éstos son arrecifes de coral que tienen forma de anillo o de casco. Dentro del casco hay una laguna. Uno o más canales conectan la laguna con el océano abierto.

Las plantas

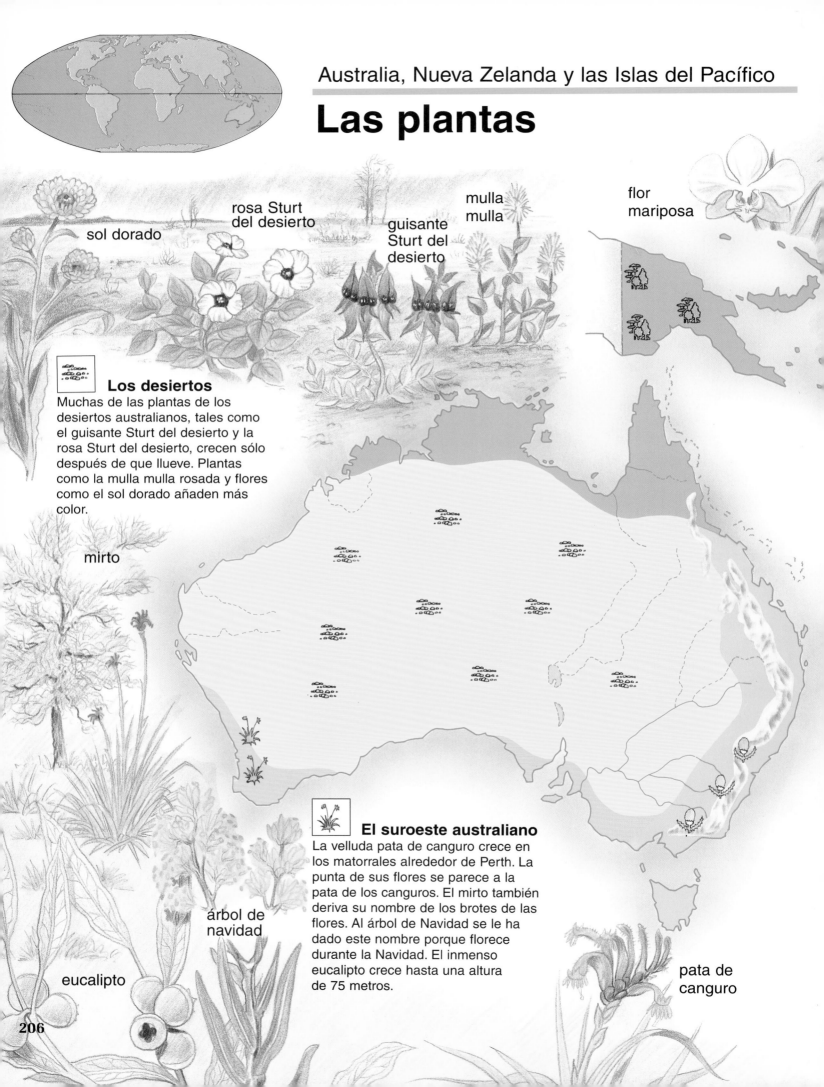

sol dorado

rosa Sturt del desierto

guisante Sturt del desierto

mulla mulla

flor mariposa

Los desiertos

Muchas de las plantas de los desiertos australianos, tales como el guisante Sturt del desierto y la rosa Sturt del desierto, crecen sólo después de que llueve. Plantas como la mulla mulla rosada y flores como el sol dorado añaden más color.

mirto

El suroeste australiano

La velluda pata de canguro crece en los matorrales alrededor de Perth. La punta de sus flores se parece a la pata de los canguros. El mirto también deriva su nombre de los brotes de las flores. Al árbol de Navidad se le ha dado este nombre porque florece durante la Navidad. El inmenso eucalipto crece hasta una altura de 75 metros.

árbol de navidad

eucalipto

pata de canguro

206

pino
pandánea

cicadácea

lirio orlado

Papua Nueva Guinea

La rara cicadácea crece en las selvas de las montañas de Papúa Nueva Guinea. Los científicos piensan que puede vivir miles de años. Los pinos tornillo tienen raíces que actúan como soportes para sostener el tronco. La flor mariposa atrae mariposas reales porque sus pétalos cabecean como mariposas al vuelo. Las flores de la lila orlada tienen pétalos velludos en el borde.

¡Imagínense un sitio donde pueden pasar muchos años sin una gota de lluvia! Sólo las plantas más resistentes pueden sobrevivir en el tórrido centro de Australia. Dos plantas con flores que sí sobreviven toman su nombre de otro fuerte sobreviviente, el explorador Charles Sturt. Las semillas del guisante Sturt del desierto esperan en el suelo por años a que llegue la lluvia. Entonces crecen y florecen rápidamente con flores rojas cerosas. La rosa Sturt del desierto sobrevive de la misma manera. Tiene pétalos rosados con un centro de color rojo oscuro. Refrescadas por la lluvia, un manto de flores de soles dorados aparecerán. Esta planta que tiene hojas aromáticas, se conoce también con el nombre de margarita de papel dorada.

Cerca de la costa, hay miles de flores diferentes y muchas especies de árboles. El árbol de goma, o eucalipto, es probablemente el árbol más conocido de Australia.

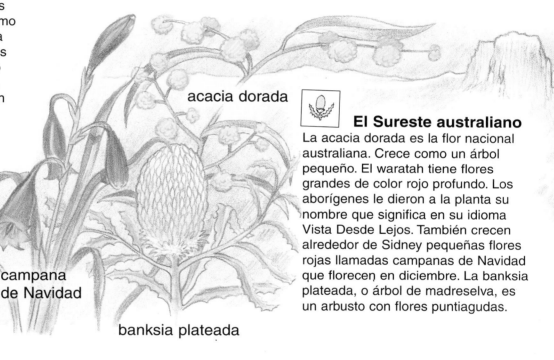

acacia dorada

waratah

campana
de Navidad

banksia plateada

El Sureste australiano

La acacia dorada es la flor nacional australiana. Crece como un árbol pequeño. El waratah tiene flores grandes de color rojo profundo. Los aborígenes le dieron a la planta su nombre que significa en su idioma Vista Desde Lejos. También crecen alrededor de Sidney pequeñas flores rojas llamadas campanas de Navidad que florecen en diciembre. La banksia plateada, o árbol de madreselva, es un arbusto con flores puntiagudas.

Nueva Zelanda

La sófora, flor nacional de Nueva Zelanda, recibió su nombre de los Maori. Los árboles repollo recibieron su nombre de los pobladores europeos, los cuales descubrieron que podían comerse los retoños. Estos árboles parecidos a las palmas, crecen a menudo en medio de montones de hierba toe-toe. La margarita arbórea es un arbusto con flores como los de la margarita.

margarita
arbórea

árbol del
repollo

pasto
toe-toe

kowhai

207

Los animales

galah

dingo

periquito

emú

canguro
rojo

Zona despoblada australiana

En la zona despoblada australiana, el
perro salvaje, o dingo, caza en manada.
El emú es muy grande y pesado para
poder volar, pero puede correr muy
rápido. El bandicut de orejas de conejo
tiene muy buen oído y caza pequeños
animales e insectos con su hocico largo.

cuscus
manchado

ardilla
voladora

bandicut de
orejas de conejo

Tasmania

En Tasmania habita el dasiuro, un
animal parecido al oso. El ornitorrinco
también vive en los ríos de Tasmania.
Este extraño animal tiene un pico
como el de un pato, un cuerpo peludo
y patas palmeadas. El martín cazador
que ríe es un martín pescador grande
que se alimenta de lagartos, gusanos
y escarabajos.

martín cazador

wallabi

dasiuro

ocelote

ornitorrinco

pájaro del paraíso

ave del paraíso australiana

equidna

Papua Nueva Guinea

En la selva tropical de Nueva Guinea hay muchos coloridos pájaros del paraíso. Los machos exhiben sus plumas en despliegues hermosos para atraer una pareja. El ave del paraíso australiana construye un refugio hecho de ramas y pasto. Recoge muchas clases de objetos coloreados y brillantes para colocarlos dentro del refugio.

El bosque de árboles de goma

La mayor parte de los animales del bosque duermen durante el día y salen de noche a comer. Muchos son marsupiales, lo cual significa que cargan sus crías en una bolsa. El koala come hojas de un cierto árbol de goma. A la ardilla del azúcar, una especie de ardilla voladora, le gustan el néctar, las frutas blandas y los insectos. El ocelote manchado es buen trepador de árboles y caza pequeños animales.

koala

ardilla enana

A las grandes áreas de los pastizales y a los desiertos secos en Australia central se les llama *outback*, o zona despoblada australiana. El canguro, uno de los animales mejor conocidos de Australia, vive aquí, alimentándose de pastos y hojas. Bandadas de periquitos verdes y azules vuelan al pozo de agua a beber. Hermosos galahs rosados y grises, una especie de cacatúa, se posan en los árboles. Más cerca de la costa, es húmedo y caliente y en los bosques viven muchas especies de criaturas interesantes. Cerca de las costas de Queenland se encuentra la Gran Barrera de Arrecifes, con muchos animales submarinos hermosos.

Australia se convirtió en un continente separado hace cerca de 200 millones de años. Sus animales evolucionaron de manera diferente de los de otros continentes. Hoy en día, Australia tiene muchos animales salvajes fascinantes que no se encuentran en ninguna otra parte del mundo.

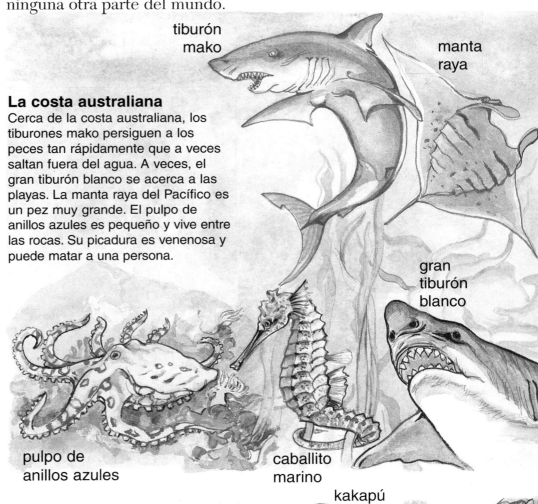

tiburón mako

manta raya

La costa australiana

Cerca de la costa australiana, los tiburones mako persiguen a los peces tan rápidamente que a veces saltan fuera del agua. A veces, el gran tiburón blanco se acerca a las playas. La manta raya del Pacífico es un pez muy grande. El pulpo de anillos azules es pequeño y vive entre las rocas. Su picadura es venenosa y puede matar a una persona.

gran tiburón blanco

pulpo de anillos azules

caballito marino

Nueva Zelanda

Nueva Zelanda tiene muchos pájaros raros, tales como el kakapú, el kea y el kivi. Los kivis no pueden volar. Usan sus picos largos para buscar comida en el suelo. El kea es un papagayo feroz. Los lagartos llamados tuataras pueden llegar a vivir más de 100 años.

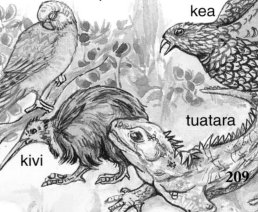

kakapú

kea

tuatara

kivi

209

Cría, cultivo y manufactura

Cultivo de bananos en Nueva Guinea

En Papúa Nueva Guinea las pequeñas plantas de banano crecen en hileras. Al principio crecen unas hojas enrolladas en forma apretada, seguidas de brotes que se convierten en flores. Hay de diez a veinte bananos en cada racimo, llamado mano. Los bananos se cosechan y se envían por buque cuando están todavía verdes.

La minería en Australia

Una de las mayores fuentes de bauxita se encuentra en Australia occidental. La bauxita se extrae, se muele y se funde para hacer aluminio. El aluminio no se oxida y se puede moldear fácilmente. Se usa para hacer latas, marcos para ventanas y aviones.

210

Busca estos símbolos en el mapa:

 trigo

 ganado

 ovejas

 productos lácteos

 frutas

 uvas

 azúcar

 coco

 banano

 petróleo

 mineral de hierro

 cobre

 bauxita

 carbón

 industria

 hidroelectricidad

 níquel

El hacendado voltea el vellón cuidadosamente, pesándolo y verificando su longitud y su textura suave. Sabe que los esquiladores están cortando la pesada lana lo más cerca que pueden a la piel de la oveja. Ellos cortan el vellón en una sola pieza. Los esquiladores trabajan muy rápido. Un esquilador diestro puede esquilar 200 ovejas, o más, en un día. Esto parece mucho, ¡pero hay más de 200 millones de ovejas que esquilar en Australia y Nueva Zelanda cada año! Más tarde la lana será empacada en balas y enviada para su gradación y venta.

Australia produce casi una cuarta parte de la lana del mundo, y Nueva Zelanda es también un exportador importante. Otros productos agrícolas importantes en la región son el trigo, las frutas, la carne y los productos lácteos.

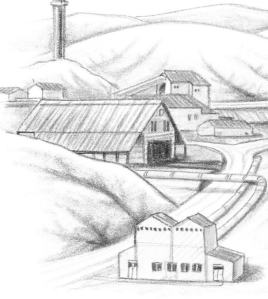

La explotación de níquel en Nueva Caledonia

Grandes cantidades de mineral de níquel se extraen en Nueva Caledonia. El mineral se muele hasta pulverizarlo, se comprime en terrones y luego se funde y moldea en barras llamadas lingotes. Los lingotes se exportan a todas partes del mundo para ser usados en la producción de acero inoxidable y monedas.

Las lecherías en Nueva Zelanda

El pasto crece durante todo el año en Nueva Zelanda. Es perfecto para pastorear ganado vacuno. Cerca de tres millones de vacas producen leche que se convierte en mantequilla y queso. La mantequilla se hace de la crema que se agita en una mantequera hasta que se endurece. El suero se drena y, empujada por una bomba, la mantequilla sale fuera de la mantequera formando una faja larga, la cual se corta y se empaca.

211

La gente y sus costumbres

Hace sólo 200 años que los pobladores europeos llegaron a Australia por primera vez. Desde entonces, gentes de muchos países han ido allí a vivir. Gentes de muchas nacionalidades se han unido a los habitantes nativos de Australia, los aborígenes, y a los de Nueva Zelanda, los maoris.

A pesar de ser Australia un vasto país, la mayor parte de la gente vive en los pueblos y ciudades cerca de la costa. A las áreas que están lejos de las ciudades, comunmente en el interior, se les llama *outback*. El outback puede ser desierto o pastizales. Las familias que viven de las ovejas y de la ganadería se encuentran por lo regular a muchas kilómetros de distancia de su vecino más próximo. Los niños reciben sus clases por radio porque están muy lejos para poder ir a una escuela. El médico a veces debe ir a visitar los pacientes en aeroplano. Los vecinos están acostumbrados a viajar largas distancias para visitarse.

Algunos vaqueros australianos arrean grandes rebaños de ganado por largas distancias a través del *outback*. Muchos aborígenes trabajan como vaqueros. Conocen el terreno y saben encontrar pozos de agua en el árido *outback*.

Los niños que viven en el *outback* se encuentran por lo regular a muchos kilómetros de la escuela más cercana. Tienen su propia escuela radiofónica. Las clases se transmiten por radio y los niños pueden hablar con sus maestros por medio de aparatos radiotelefónicos.

El fútbol llamado *rugby* es el deporte más popular de Nueva Zelanda. La mayoría de las aldeas, pueblos y distritos tienen su propio equipo. El equipo nacional de rugby representa a Nueva Zelanda en torneos sostenidos contra otros países. El equipo se llama los "All Blacks" porque los jugadores visten pantalonetas y camisetas negras.

Toda estas gentes viven en Australia, Nueva Zelanda y las Islas del Pacífico.

Muchos australianos son descendientes de pobladores británicos. Celebraciones al estilo tradicional, como ésta cerca del Teatro de la Ópera en Sidney, se celebran cada año para festejar el Día de Australia.

La gente de las islas de la Polinesia pasa la mayor parte del tiempo en el mar, pescando y comerciando con otras islas. Ellos se han convertido en diestros remeros.

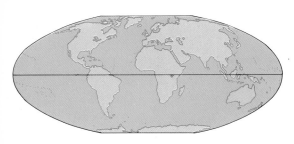

Las ciudades

La mayor parte de los pueblos y ciudades de Australia y Nueva Zelanda se encuentra a lo largo de la costa. Aquí el clima es más benigno que en las zonas calientes y secas de Australia central, o el de las zonas frías montañosas de las islas Norte y Sur de Nueva Zelanda. Debido al sol caliente que brilla la mayor parte del verano, los australianos pasan mucho tiempo al aire libre. Las ciudades y pueblos a lo largo de la costa tienen a menudo grandes centros deportivos y bahías bien resguardadas donde una diversidad de deportes acuáticos tienen lugar. Durante el verano largo y caliente, las playas cerca de las grandes ciudades, tales como Sidney y Melbourne, se llenan de gente y los puertos están llenos de yates.

Turistas de todo el mundo visitan Fiji y los otros países insulares. Debido a esto, pequeños pueblos están creciendo rápidamente. Aún así, la capital de un país insular puede no ser más grande que un pueblo pequeño en otro sitio.

Sidney es la ciudad más grande de Australia. Su puerto inmenso alberga buques y embarcaciones de todos los tamaños y las playas cercanas son unas de las mejores del mundo. Entre los monumentos más famosos de Sidney están el Puente del Puerto y el Teatro de la Ópera. ⇩

Alice Springs es un pueblo importante que se encuentra casi en el centro de Australia y lejos de cualquiera otra ciudad. Las carreteras y el ferrocarril conectan Alice Springs a otras ciudades y muchos aeroplanos hacen escala allí en sus viajes de un lado al otro del país. ⇨

↑

↑

Canberra es la capital de Australia. La construcción de la capital comenzó en 1913. Canberra es la ciudad más nueva del país y está creciendo rápidamente. Ha sido planeada cuidadosamente, con muchos parques, calles anchas y un lago artificial. En Canberra se encuentran muchos edificios importantes, como el nuevo edificio del Parlamento.

Auckland es la ciudad más grande de la Isla Norte de Nueva Zelanda. Es también el puerto más importante, construido en una estrecha faja de terreno entre dos bahías. Se exportan muchos de los productos lácteos y la lana a través de Auckland. Mucha gente vive en Auckland. Ellos se sienten atraídos al lugar por su hermoso paisaje.

Fidji es un país compuesto por más de 800 islas esparcidas por el Océano Pacífico del Sur. La ciudad capital de Fiji es **Suva.** Suva es un gran centro turístico al cual los turistas llegan por barco o en yates. Es también un puerto importante para la exportación de productos locales tales como azúcar, copra y aceite de coco.

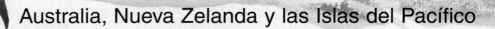

Exploración de La Gran Barrera de Arrecifes

El helicóptero despega en Gladstone, en la costa de Queensland en Australia, y se dirige hacia el mar. Lleva a dos científicos a la Gran Barrera de Arrecifes.

Este inmenso arrecife es realmente una gran cadena de arrecifes de coral separados y de islas esparcidas por cerca de 2.010 kilómetros a lo largo de la costa noreste de Australia. Desde la cabina del helicóptero, el borde del arrecife se distingue por una línea de espuma blanca donde las olas del azul Océano Pacífico se rompen contra la cortante pared de coral.

Rápidamente el helicóptero aterriza en la isla Heron en una playa de resplandeciente arena blanca, sombreada al interior por palmeras. Pero los científicos están aquí para explorar las regiones submarinas de esta isla de coral. Muchas clases de corales crecen aquí —algunos de color rosado, algunos amarillos, azul brillante o naranja—. Es como un gran jardín sumergido.

Los arrecifes de coral son el hábitat de miles de peces.

216

Los peces de los arrecifes tienen muchas formas de protegerse. La mayoría tienen colores brillantes. Los colores asustan a los enemigos, o le ayudan al pez a esconderse en medio de los corales brillantes. Algunos atacan con espinas venenosas o dientes afilados.

Al día siguiente, los científicos abordan un bote a motor para continuar su viaje a lo largo de la barrera. Usando esnórkels y máscaras, se lanzan por la borda a explorar el coral y los miles de plantas y animales diferentes que hacen su hogar debajo de la superficie del agua. Ellos encuentran una estrella de mar azul y conchas brillantes de cauri en medio de la hierba de tortuga verde. Los buzos se mueven para evitar un montón de medusas flotantes y de repente ven lo que están buscando —una estrella de mar, llamada corona de espinas, que está comiendo en el coral. Esta especie de estrella de mar es el enemigo más grandes del coral. Son animales casi indestructibles y los científicos todavía están buscando maneras de evitar que dañen los arrecifes.

Pequeños animales llamados pólipos forman el coral. Cuando los animales mueren, dejan su esqueleto calcáreo. Éste forma las barreras y protuberancias en el mar conocidas como los arrecifes de coral. A medida que millones de pólipos crecen y mueren, las formaciones de coral se vuelven más y más grandes.

Algunos días más tarde los científicos llegan al Arrecife Hook. Alrededor de la isla, el mar está salpicado de pequeñas embarcaciones y buzos. Algunas de las islas, como Hook, son centros turísticos.

El viaje desde el Arrecife Hook hasta la isla Dunk se hace en una embarcación. Los científicos quieren observar los pájaros marinos que tienen su morada en el arrecife. Miles de golondrinas de mar construyen su nido en el Cayo Beaver y arriba el pájaro tropical de cola roja despliega las plumas de su larga cola.

Finalmente, la embarcación llega a Cairns, una ciudad de mucho movimiento en la costa. Cairns se desarrolló debido a que se encuentra al frente de uno de los dos canales principales que atraviesan el arrecife. En otros sitios, sólo unos pocos pescadores y marineros expertos pueden encontrar un paso seguro a través de las aguas poco profundas. En cientos de miles de años el dentado coral se ha transformado en una verdadera barrera.

217

Bienvenidos a Norteamérica

El oso gris vaga en estado salvaje en las Montañas Rocosas.

Ecuador

El puente *Golden Gate,* en San Francisco, es uno de los puentes colgantes más largos del mundo.

El béisbol es uno de los deportes más populares de Estados Unidos.

218

El Gran Cañón del Colorado ha sido cavado en la roca por el Río Colorado.

Norteamérica es el tercer continente en tamaño del mundo. Se extiende desde el Ártico en el norte hasta el trópico caliente en el sur.

Norteamérica tiene algunos paisajes espectaculares. Los Grandes Lagos forman parte de la frontera entre el Canadá y Estados Unidos, los dos países grandes de esta región. El Gran Cañón del Colorado es una atracción famosa del suroeste de Estados Unidos. Una hermosa caída de agua, las Cataratas del Niágara, está en la frontera entre Estados Unidos y Canadá. Norteamérica es una región de interesantes contrastes. Desiertos calientes se extienden a través de la parte suroeste de Norteamérica, pero partes de Alaska y las partes más nórdicas de Canadá son tierras yermas heladas. Grandes áreas de Norteamérica tienen pocos habitantes, y en esos sitios los animales salvajes viven libremente. En el norte, los bosques de las montañas son el hábitat del alce y el oso gris, mientras que en los pantanos del sur viven los caimanes.

La mayor parte de los norteamericanos viven y trabajan en las ciudades o cerca de ellas. En las ciudades más grandes hay tanta gente que frecuentemente los edificios tienen docenas de pisos. Nueva York, Chicago y Toronto son famosas por sus altísimos rascacielos .

Muchos bosques proporcionan madera.

Ciudad de México, la capital de México, es la ciudad más grande del mundo.

219

Los países

Norteamérica es un área inmensa de tierra rodeada por tres vastos océanos, el Océano Atlántico, el Océano Pacífico y el Océano Ártico. La frontera sur de México une a Norteamérica con su vecino más cercano, América Central. La costa oeste del estado de Alaska está separada de Rusia solamente por un estrecho canal de agua.

Canadá, los Estados Unidos de América y México son los países de Norteamérica. Los territorios son Groenlandia (una provincia de Dinamarca), Bermuda (una dependencia británica) y Saint Pierre y Miquelon (dos islas francesas).

Los Estados Unidos juega un papel importante en asuntos internacionales. Usa su riqueza para ayudar a las naciones pobres. El país también gasta muchísimo dinero en la exploración espacial.

Su historia

Antes de que llegaran los primeros pobladores europeos a Norteamérica, la mayor parte de los pobladores eran cazadores que vivían muy sencillamente. Ellos fueron llamados indios por los colonos. En Alaska, el norte del Canadá y en Groenlandia vivían gentes conocidas ahora como esquimales o inuit.

Cristóbal Colón llegó a Norteamérica en 1492. Los primeros pobladores europeos llegaron más tarde. Con el pasar del tiempo, los pobladores exploraron más y más hacia el oeste a través de estas vastas tierras.

Al principio, Gran Bretaña, España, los Países Bajos y Francia reclamaron tierras en partes de Norteamérica. Pero en 1776, trece colonias británicas se independizaron formando una república llamada los Estados Unidos de América. México y Canadá se independizaron en el siglo XIX.

Durante el siglo XX, inmigrantes y refugiados de todas partes del mundo han venido a vivir y trabajar en los Estados Unidos y Canadá. Ellos han ayudado a hacer de Norteamérica una de las mayores potencias del mundo.

Su gobierno

Estados Unidos está formado por cincuenta estados y el distrito de Columbia. El distrito es una extensión de tierra reservado para la capital de la nación, Washington, D.C.

El presidente es el jefe del estado y es elegido por el pueblo para gobernar por cuatro años. Pero no pueden aprobarse nuevas leyes, ni los impuestos pueden aumentarse sin la aprobación del congreso, un cuerpo de representantes elegidos por cada estado.

La Reina Isabel de Inglaterra es también la reina de Canadá. Sin embargo, el país es una nación independiente gobernada por un primer ministro y un parlamento elegido por el pueblo.

México es también una república con un presidente y representantes elegidos.

La Estatua de la Libertad es un símbolo de libertad.

GROENLANDIA

Océano Ártico

Gran Lago del Oso

Yukón

Mackenzie

Gran Lago del Esclavo

Bahía de Hudson

CANADÁ

Canadá

México

EE.UU.

Vancouver ●

Calgary ●

Lago Winnipeg

Quebec
Montreal ●
Ottawa ■
Toronto

Grandes Lagos

San Lorenzo

SAINT PIERRE Y MIQUELON

Océano Pacífico

Gran Lago Salado

Misuri

Detroit

Chicago ●

Washington, D.C. ■

Océano Atlántico

Ciudad de Nueva York ■
Filadelfia

San Francisco ●

Los Ángeles ●

ESTADOS UNIDOS DE NORTEAMÉRICA

Misisipí

Bermuda ○

Río Grande

Houston ●

MÉXICO

Golfo de México

Ciudad de México ■

Su riqueza

Estados Unidos y Canadá son dos de los países más ricos del mundo. Tienen casi toda las tierras de cultivo y recursos naturales que necesitan para autoabastecerse. Estos países tienen también trabajadores hábiles, maquinaria moderna y tecnología avanzada. Son capaces de lograr el mejor uso de todas sus riquezas naturales.

Datos sobre Norteamérica
Hay tres países independientes en esta región.

Área:	23.477.277 kilómetros cuadradas
Población:	365.328.000
País más grande:	Canadá
Montaña más alta:	Monte MacKinley, en Alaska, tiene 6.194 metros de alto.
Río más largo:	El Misuri, en Estados Unidos, tiene 4.090 kilómetros de largo.

Observemos la tierra

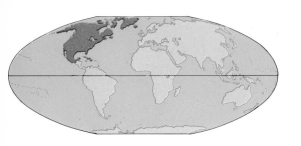

Norteamérica tiene un paisaje espléndido con largas cadenas de montañas, planicies inmensas, desiertos calientes en el suroeste y llanuras heladas en el norte. Un viajero que vaya de norte a sur, o del este al oeste, pasará por una tierra de increíbles contrastes —a través de tierras tanto cálidas como frías, y tanto montañosas como planas—.

El paisaje de Norteamérica también ofrece algunas atracciones famosas mundialmente, tal como el géiser *Old Faithful.* Los géiseres son fuentes subterráneas de agua caliente. Una voluta de vapor blanco sale de un hueco en la roca. De pronto se oye un zumbido y, un chorro de agua extremadamente caliente se eleva hacia el cielo. La fuente de vapor y agua del *Old Faithful* se alza por los aires hasta cerca de 30 metros de altura. Luego, el agua disminuye hasta que hay solamente un borboteo en el hueco en el suelo. El *Old Faithful* se encuentra en el Parque Nacional Yellowstone, en los Estados Unidos. El géiser puede lanzar agua más de veinte veces al día.

El **Popocatépetl** es un volcán activo. De vez en cuando lanza nubes de gases y vapor. Es uno de los muchos volcanes en la meseta central de México. México tiene también muchos terremotos.

El **Gran Cañón del Colorado** es el desfiladero más grande del mundo. Es un valle profundo que ha sido erosionado por el río Colorado. En algunos lugares el cañón tiene casi una y medio kilómetro de profundidad. Las paredes del cañón están formadas por diferentes tipos de roca que varían de color. El Gran Cañón del Colorado es parte de un parque nacional.

Old Faithful es el nombre de uno de los géiseres más famosos en el Parque Nacional de Yellowstone. El parque tiene muchas maravillas naturales. Es una popular atracción turística.

Las **Montañas Rocosas** forman la cadena de montañas más larga de Norteamérica. Se extienden de norte a sur por casi 4.800 kilómetros en la parte oeste de Norteamérica. Hay mucho trecho que recorrer después de cruzar las Montañas Rocosas para llegar a la costa oeste de Estados Unidos. Algunos de los picos de las montañas están cubiertos de nieve. En las faldas de las montañas hay bosques de árboles perennes.

Océano Pacífico

Montañas Rocosas

Old Faithful

Colorado

Gran Cañón

Grandes Llanuras

Cataratas del Niágara

Montes Apalaches

Popocatépetl

Entre los Montes Apalaches y las Montañas Rocosas se encuentran las **Grandes Llanuras.** Se extienden por grandes distancias. Antes eran praderas, pero ahora se encuentran cubiertas de haciendas.

Las **Cataratas del Niágara,** una de las más grandes bellezas naturales de Norteamérica, forman parte de la frontera entre Estados Unidos y Canadá. Aquí, el Río Niágara cae por 55 metros creando una espectacular catarata.

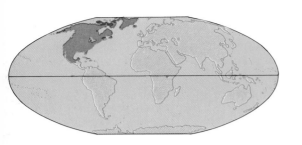

Las plantas

Enormes árboles perennes crecen en los bosques de la región de California. Aquí se encuentran las imponentes secuoyas de la costa, unos de los árboles más altos del mundo. Pueden alzarse hasta una altura de 80 metros. Al lado de las secuoyas se encuentran otros inmensos árboles perennes, tales como los abetos Douglas. Cipreses más pequeños crecen más abajo. En los claros del bosque hay altramuces, helechos y azaleas.

Altos árboles perennes crecen a lo largo de la costa oeste de Norteamérica desde California hasta las faldas de las Montañas Rocosas. Bosques de árboles perennes cubren la mayor parte del frío norte de Canadá. Los campos se vuelven amarillos cuando florecen las varas de oro silvestre durante el verano y el otoño. Las praderas centrales son pastizales anchos con pocos árboles. En los pantanos del sur de la Florida, llamados *Everglades* crecen árboles y flores. Y los cactos espinosos florecen en las áreas del desierto seco del suroeste de los Estados Unidos.

grama del norte

vara de oro silvestre

grama azul de Kentucky

 La pradera

Las praderas planas, donde antes vagaban grandes manadas de bisontes, están cubiertas de pastos, grama del norte y grama azul de Kentucky. La salvia crece con el pasto, pero las ardillas ladradoras las arrancan porque no les gusta el sabor.

pino oregón

cedro oregón

ciprés Monterrey

Secuoya de la costa

lila de California

árbol del coral

Mezquite

artemisa

laurel

azalea

helecho

altramuz

 El desierto

El cacto saguaro puede crecer hasta 18 metros. Los pájaros carpinteros y los búhos anidan en los huecos de su tronco. El cacto botón está pegado al suelo. El agave produce un tallo largo con muchas flores amarillas. Arbustos del espinoso mezquite crecen en los cauces secos de los ríos. La artemisa seca rueda soplada por el viento a través del suelo arenoso.

El bosque alto de la costa

Gigantescas secuoyas crecen en los bosques altos de California. Las ramas de los cipreses de Monterrey están torcidas por los vientos del mar. En los claros, hay arbustos, tales como los altramuces y las azaleas.

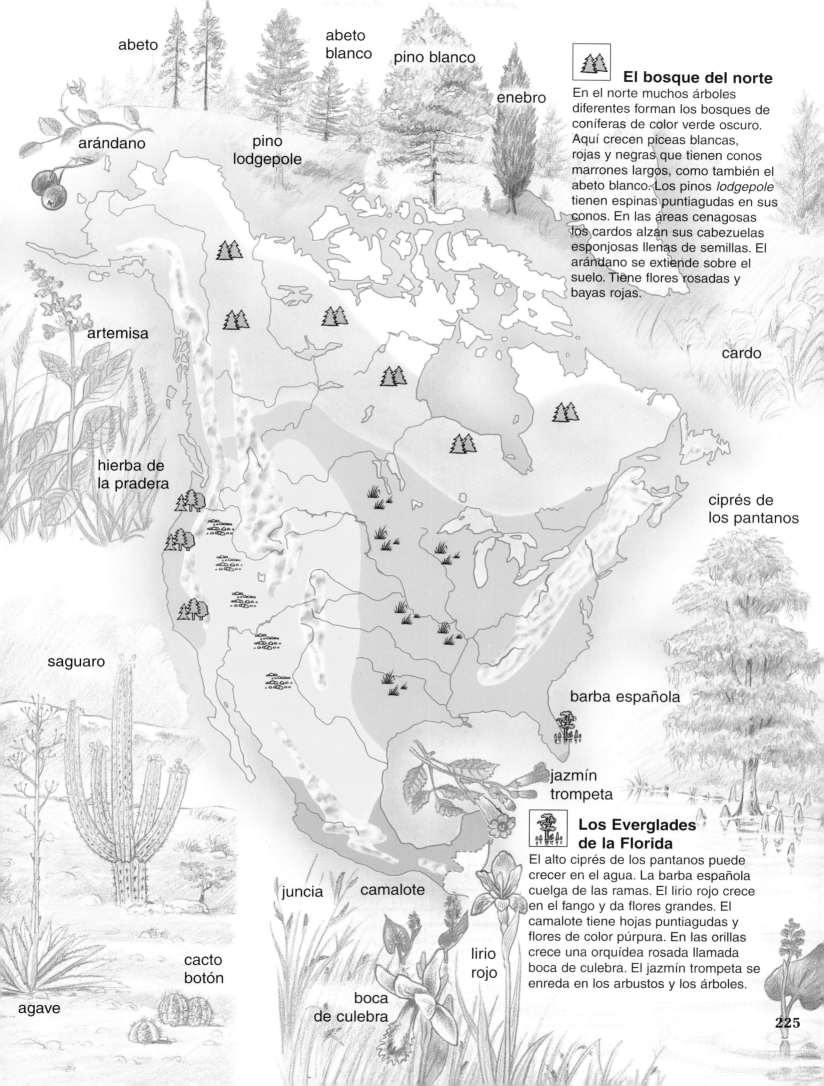

abeto

abeto
blanco

pino blanco

enebro

arándano

pino
lodgepole

El bosque del norte

En el norte muchos árboles
diferentes forman los bosques de
coníferas de color verde oscuro.
Aquí crecen piceas blancas,
rojas y negras que tienen conos
marrones largos, como también el
abeto blanco. Los pinos *lodgepole*
tienen espinas puntiagudas en sus
conos. En las áreas cenagosas
los cardos alzan sus cabezuelas
esponjosas llenas de semillas. El
arándano se extiende sobre el
suelo. Tiene flores rosadas y
bayas rojas.

artemisa

cardo

hierba de
la pradera

ciprés de
los pantanos

saguaro

barba española

jazmín
trompeta

**Los Everglades
de la Florida**

El alto ciprés de los pantanos puede
crecer en el agua. La barba española
cuelga de las ramas. El lirio rojo crece
en el fango y da flores grandes. El
camalote tiene hojas puntiagudas y
flores de color púrpura. En las orillas
crece una orquídea rosada llamada
boca de culebra. El jazmín trompeta se
enreda en los arbustos y los árboles.

juncia

camalote

cacto
botón

lirio
rojo

agave

boca
de culebra

225

Los animales

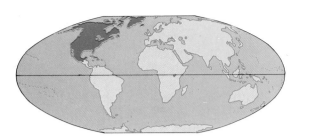

ardilla gris

Oso gris

salmón

Hay grandes y fríos bosques perennes en el norte del continente. Aquí vive el castor, uno de los roedores más grandes del mundo. Los castores son famosos porque alteran el paisaje que los rodea. Con sus fuertes dientes tumban árboles para hacer represas en los arroyos. Estas represas crean lagunas donde los castores construyen sus casas con ramas. Los osos grises también viven en el bosque frío. Los osos grises son osos grandes con garras grandes y curvadas. Comen frutas, miel, bayas y animales pequeños. También pescan salmones en los ríos helados. Muchos de los animales que viven en esta parte de Norteamérica, tales como los castores y los osos grises, tienen piel gruesa que los mantiene calientes a través del largo invierno. El lince canadiense tiene patas peludas que le permiten acechar a su presa en la nieve silenciosamente.

Más hacia el sur, hay hábitats más calientes. Serpientes de colores viven en las áreas desérticas, junto con conejos y gatos monteses. En el extremo sureste de Estados Unidos quedan los *everglades* de la Florida. Aquí, muchas clases de pájaros acuáticos pescan entre las cañas, y los caimanes se asolean.

El bosque del norte
En los bosques de piceas y pinos del norte, los lobos norteamericanos grises cazan en manada, persiguiendo al reno y al caribú. Los visones cazan pájaros y pescados en los arroyos fríos, y los castores construyen sus casas llamadas madrigueras. Los osos grises son osos grandes. Su piel es parda, con rayas de pelo gris. Pueden ser peligrosos, pero generalmente sólo atacan si se sienten amenazados.

bisonte

coyote

antílope berrendo

liebre americana

ardilla ladradora

La pradera
Antes los bisontes gigantes vagaban por las praderas. Ahora, la mayoría de ellos viven en parques especiales. Los coyotes cazan animales pequeños, tales como las liebres norteamericanas. En algunos sitios el suelo está lleno de huecos. Éstos son las madrigueras de pequeños roedores llamados ardillas ladradoras.

carnero cimarrón

marmota

ciervo mulo

puma

Las Montañas Rocosas
En lo alto de las montañas rocosas hay pastizales verdes donde la marmota se está engordando, alistándose para dormir todo el invierno. Los ciervos mulos bajan de la montaña cuando el clima se pone frío. A ellos los caza el mañoso puma.

arrendajo azul

visón

alce

lobo norteamericano gris

caribú

liebre mímica

lince

castor

murciélago de nariz larga

gato montés

gallineta

tortuga

garza azul

culebra de coral

liebre norteamericana

garceta blanca

milano del pantano

caimán

El Desierto

Las liebres norteamericanas descansan a la sombra, listas para comer al anochecer. El gato montés las caza de noche. Los murciélagos narigudos se alimentan del néctar de las flores del desierto. Las culebras de coral se encuentran en esta región. Son de colores brillantes y muy venenosas.

Los Everglades de la Florida

Caimanes, tortugas y pájaros pescadores viven en esta área pantanosa.

Cría, cultivo y manufactura

El silvicultor saca una planta joven de una bolsa. Mide solamente unos centímetros, pero tiene una buena raíz y sus agujas cerosas son firmes y sanas. La plantita se coloca en la parte superior de una pistola sembradora, y con un empujón rápido, se entierra en el suelo blando en un claro del bosque. Crecerá hasta ser un pino en buenas condiciones; ¡aunque eso le tomará de veinte a treinta años! Extensas áreas de Estados Unidos y Canadá están cubiertas de bosques. Algunos bosques son naturales y algunos se siembran con clases especiales de árboles para obtener madera para la construcción y la industria del papel. A medida que se tumban los árboles viejos se siembran árboles nuevos.

El clima templado de la mayor parte de Norteamérica es bueno para sembrar árboles, como también soya y diversos granos, tales como trigo y maíz. La minería también es importante, y muchos metales se usan para construir automóviles y camiones. Norteamérica está muy avanzada en ciencia y tecnología.

Busca todos estos símbolos en el mapa:

 trigo

 maíz

 ganado vacuno

 productos lácteos

 frutas

 seda

 tabaco

 madera

 soya

 petróleo

 gas natural

 mineral de hierro

 oro

 industria

 computadoras

La silvicultura en los EE.UU.
Los silvicultores siembran plantas jóvenes al principio de la primavera. Para ello emplean un utensilio llamado pistola sembradora.

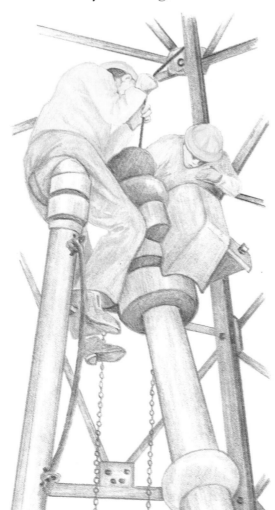

Producción de petróleo en EE.UU.
Estados Unidos es uno de los líderes mundiales en la producción y refinación de petróleo. Se perforan huecos en el suelo a través de capas de roca para encontrar los pozos de petróleo, el cual es bombeado a la superficie.

El cultivo de maíz en México

En México se cultivan grandes cantidades de maíz. El maíz se siembre en hilera y puede crecer hasta tres metros de alto. Las mazorcas tienen grandes granos amarillos. Se les come frescos o se secan y se muelen para hacer harina. El grano también es sometido a presión para obtener aceite de maíz.

Manufactura de coches en EE.UU.

Estados Unidos es uno de los líderes del mundo en la producción de automóviles. Mucha gente trabaja en las fábricas, pero hay también robots que hacen trabajos en las líneas de ensamblaje.

Manufactura de computadoras en EE.UU.

La mayor concentración de industrias productoras de computadoras se encuentra en California. Aquí se fabrican las pastillas de silicio. Cada pastilla puede contener hasta 262.000 bits de información.

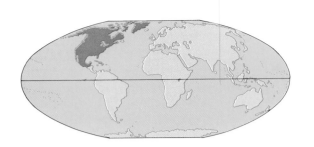

La gente y sus costumbres

Las vacaciones en el campo son populares en Norteamérica, especialmente entre la gente que vive en las ciudades y en los pueblos grandes. En las áreas rurales el ritmo de vida es más lento y relajado. La gente puede gozar de la paz y la quietud y alejarse de la agitación de la vida en la ciudad. Muchos americanos se van a acampar o a caminar cerca de los lagos o en las montañas.

Mucha gente en Norteamérica gana buenos salarios y tiene mucho tiempo libre. Los deportes son un pasatiempo muy popular. Tanto el béisbol como el baloncesto, el fútbol americano y el hockey sobre el hielo son deportes favoritos. El béisbol es tan popular en Estados Unidos, que a menudo se le llama el pasatiempo nacional. Hay equipos de béisbol organizados para todas las edades, desde niños hasta adultos.

Hay muchas áreas hermosas en Norteamérica que se usan como parques nacionales. En estos sitios la gente puede descansar y gozar de la vida al aire libre. Acampar en los bosques y las montañas y también a la orilla de los lagos es una actividad predilecta.

Todas estas gentes viven en Norteamérica.

Tú puedes encontrar casi cualquier tipo de comida de todo el mundo en las ciudades de Norteamérica. Restaurantes de servicio rápido venden hamburguesas y perros calientes. Los restaurantes italianos venden pastas y pizzas. Los restaurantes chinos sirven fideos y arroz frito. Y son comunes las heladerías y cafeterías.

El rodeo es una competencia difícil para los jinetes y los vaqueros. Miles de rodeos tienen lugar cada año en el suroeste de Estados Unidos. La competencia más emocionante es la de montar a pelo un caballo salvaje. El jinete debe cabalgar durante ocho segundos un caballo que corcovea.

Los Nativos americanos han vivido en Norteamérica desde los tiempos prehistóricos. Se han designado tierras como reservaciones para que los Nativos americanos vivan en ellas. A menudo los niños van a escuelas especiales. Muchos navajos se ganan la vida vendiendo mantas tradicionales y joyas a los turistas.

El fútbol americano es uno de los deportes favoritos de los norteamericanos. Los jugadores llevan hombreras y cascos mientras tratan de impedir que el otro equipo marque puntos.

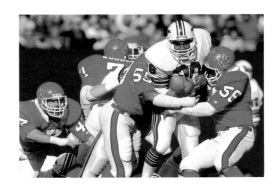

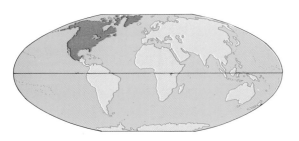

Las ciudades

Norteamérica tiene muchas ciudades, y más de las dos terceras partes de la gente vive en las ciudades. Nueva York es la ciudad más grande de Estados Unidos. Es también una de las ciudades más famosas del mundo. Está llena de edificios y monumentos, tales como la Estatua de la Libertad y las torres gemelas del Centro de Comercio Internacional. Hay muchos rascacielos, todos construidos tan cerca el uno del otro que bloquean la luz del sol a los edificios más bajos.

Hay muchas ciudades en Norteamérica donde millones de personas se aglomeran en rascacielos de oficinas y viviendas. Alejados del centro de la ciudad, hay barrios de casas más antiguas. Muchos inmigrantes recientes de Norteamérica viven en estas comunidades. Los edificios no son tan altos en la periferia de las grandes ciudades. Aquí, las casas de uno o dos pisos se extienden hasta donde se pierde la vista.

⬆
La congestionada ciudad de **San Francisco** tiene algunas de las calles más empinadas del mundo. A una parte de la ciudad se le llama Barrio Chino. Allí los almacenes están construidos al estilo chino, con techos cuyos aleros se vuelven hacia arriba.

Las grandes ciudades de Norteamérica están llenas de movimiento, color y ruido. A la **ciudad de Nueva York** se le conoce con el apodo de *Big Apple.* Aproximadamente dieciocho millones de personas viven en la ciudad de Nueva York y sus alrededores. La tierra es escasa, por eso muchos edificios son altos. La gente vive y trabaja en estos imponentes rascacielos.

⬇

Calgary es una ciudad importante de Canadá con muchos edificios modernos. El estadio olímpico tiene el techo en forma de montura de caballo. Es un nuevo estadio deportivo cubierto que fue construido para las olimpíadas de invierno de 1988. Otro monumento de la ciudad es la Torre de Calgary de colores rojo y blanco. En su cumbre hay un observatorio y un restaurante.

La ciudad de **Quebec** está en las riberas del río San Lorenzo y es un puerto importante. La parte antigua de la ciudad se asemeja a un pueblo francés, con sus antiguas casas de piedra, sus estrechas calles empedradas y muchas iglesias. Un hotel antiguo y famoso, el Chateau Frontenac, tiene vista al río.

La **Ciudad de México** es la capital de México. El país fue gobernado por los españoles durante 300 años y tiene mucho edificios de estilo español. Como en muchas otras ciudades mexicanas, los edificios más importantes se encuentran alrededor de una amplia plaza. Se encuentran a menudo mercados pintorescos.

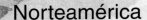

Travesía en autobús por Norteamérica

Las maletas están en el autobús, cada uno ha encontrado un asiento, y el autobús está listo para salir. Para los pasajeros, este es el comienzo de un magnífico viaje a través de Estados Unidos de Norteamérica. Comienza en la costa oeste en la terminal de autobuses de Los Ángeles. Terminará en tres semanas en la ciudad de Nueva York, en la costa este. Los pasajeros tienen boletos especiales que les permitirán cambiar de autobuses a lo largo del camino. Podrán bajarse del autobús cuando quieran ver el paisaje y luego continuar el viaje en el próximo autobús que pase.

Luego que los bosques de las montañas de la costa de California han quedado atrás, el autobús entra en las tierras baldías del desierto de Mojave.

Rápidamente el autobús se acerca a uno de los paisajes más espectaculares, el Gran Cañón, en Arizona. Aquí todos quieren ver la puesta del sol, cuando las rocas se convierten en un despliegue multicolor.

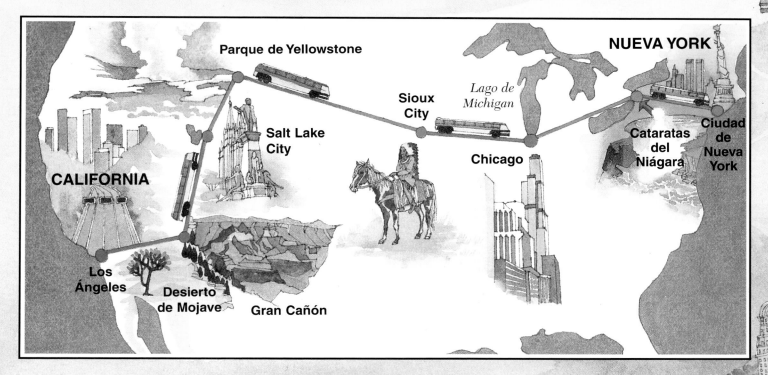

Parque de Yellowstone

Salt Lake City

Sioux City

Lago de Michigan

Chicago

NUEVA YORK

CALIFORNIA

Cataratas del Niágara

Ciudad de Nueva York

Los Ángeles

Desierto de Mojave

Gran Cañón

La ciudad de Salt Lake, en el estado de Utah, es una parada favorita para los autobuses de turistas. Este centro moderno, asentado entre las montañas y desiertos, fue fundado hace muchos años por un grupo de pobladores mormones que buscaban la libertad para practicar su religión. En otros tiempos, tribus de nativos americanos recorrían las llanuras del norte de Norteamérica. Un grupo, los sioux, criaba y cazaba búfalos, pero era especialmente famoso por su valentía y habilidad para pelear. Sioux City, en Iowa, fue bautizada con el nombre del pueblo Sioux. Hoy en día, la mayoría de los Sioux viven en reservaciones, donde muchos de ellos se dedican al cultivo o a la cría de ganado.

Más tarde, el autobús pasa por el Parque Nacional de Yellowstone, donde hay cascadas, pozos de aguas termales y géiseres que lanzan vapor muy alto por el aire. Osos y bisontes vagan libremente en el parque.

Chicago es famosa por sus rascacielos espectaculares.

Algunos nativos americanos visten sus trajes tradicionales para recibir a los turistas.

Chicago tiene muchos edificios famosos, incluyendo la torre Sears, uno de los más altos edificios del mundo. Esta concurrida ciudad se encuentra en el extremo sur del Lago Michigan, uno de los cinco grandes lagos de Norteamérica. Mucha gente toma autobuses aquí para viajar al noreste hacia Canadá.

En la frontera entre los Estados Unidos y Canadá, los pasajeros dejan el autobús para abordar un vapor de excursionistas que llega hasta el rocío creado por las poderosas y atronadoras Cataratas del Niágara.

El último tramo lleva a los pasajeros hasta la ciudad de Nueva York. Los imponentes edificios son casi tan impresionantes como algunas de las bellezas naturales que los turistas han visto a lo largo del camino.

Bienvenidos a América Central y a las Islas del Caribe

Muchas clases de frutas tropicales se cultivan en las Islas del Caribe.

Los turistas visitan las cálidas playas arenosas de las Islas del Caribe.

Ecuador

En Antigua hay casas de madera a lo largo de muchas calles.

Las bandas de tambores de acero tocan calipso.

Los bananos que se cultivan en plantaciones se venden en todo el mundo.

América Central es la región que se encuentra entre México y Suramérica. El Canal de Panamá, la atraviesa y une al océano Atlántico con el Océano Pacífico. Es uno de los canales navegables con más movimiento en el mundo. Al este, en el Mar Caribe, hay miles de islas, tanto grandes como pequeñas. La más grande es Cuba, donde se habla español. La isla más grande de habla inglesa es Jamaica en las Indias Occidentales. Algunas de estas islas están hechas de coral; otras son montañosas y volcánicas.

Aquí el clima es caliente y húmedo, pues la región está situada justo al sur del Trópico de Cáncer. Los huracanes son frecuentes, pero el clima es ideal para el cultivo de la caña de azúcar y del tabaco, como también de los bananos y otras frutas tropicales. Pájaros de colores brillantes viven en las islas y a lo largo de la costa, y las selvas tropicales están llenas de vida con monos y otras criaturas.

Los buques usan el Canal de Panamá para evitar el largo viaje alrededor del extremo sur de Suramérica.

En Guatemala, la gente vende las cosechas en los mercados de las aldeas.

237

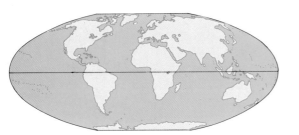

Los países

América Central forma la parte oeste de esta región. Ahí hay siete países, éstos son Belice, Costa Rica, El Salvador, Guatemala, Honduras, Nicaragua y Panamá. Al norte de Guatemala y Belice se encuentra México. Al sur de Panamá está Suramérica. El Océano Pacífico está al oeste, y el Mar del Caribe, el cual es parte del Océano Atlántico, está al este.

El borde este de la región está formado por una cadena de islas llamadas las Indias Occidentales. Estas islas forman tres grupos principales. Éstos son las Bahamas, las Antillas Mayores y las Antillas Menores. El Mar Caribe se encuentra entre las islas y América Central.

Su historia

Hace más de 2000 años muchos grupos de indios americanos vivían en América Central. Un grupo, los Mayas, fueron expertos ingenieros y constructores. Las ruinas de sus grandiosos templos y ciudades pueden verse aún.

Los exploradores españoles fueron los primeros europeos en descubrir esta área. Por cerca de 300 años, España gobernó la mayor parte de América Central. Más tarde, otras naciones europeas tales como Francia, Gran Bretaña y los Países Bajos le arrebataron a España muchas de las islas del Caribe.

En 1914, un canal fue excavado a través de Panamá, entre los Océanos Atlántico y Pacífico. De esta manera los buques pueden pasar a través del canal de un océano al otro en lugar de hacer el largo viaje alrededor del cono de Suramérica. El canal es administrado por los Estados Unidos, el país que lo construyó.

Antigua y Barbuda · Bahamas · Barbados · Belice · Costa Rica · Cuba · Dominica · República Dominicana · El Salvador · Granada · Guatemala · Haití · Honduras · Jamaica · Panamá · Nicaragua · San Cristóbal y Nevis · St Lucía · San Vicente y las Granadinas · Trinidad y Tobago

Golfo de México

BELICE

GUATEMALA
Lago Atitlán
Ciudad de Guatemala

HONDURAS
Tegucigalpa

EL SALVADOR

NICARAG
Managu

Océano Pacífico

San Jo

CO

El Canal de Panamá es una importante via navegable que atraviesa América Central.

238

Su gobierno

Seis de los países de América Central son repúblicas. Solamente Belice es parte de una monarquía. Su jefe de estado es la Reina Isabel de Gran Bretaña.

En el pasado, muchos países de América Central han sido gobernados por jefes militares que no eran elegidos por el pueblo. Hoy en día hay luchas entre sus gentes, y hasta guerras civiles en algunos países. Esto trae sufrimiento para todos y destruye la riqueza de dichos países.

La mayoría de las Islas del Caribe son independientes y se autogobiernan. Sin embargo, algunas todavía están gobernadas en parte por Francia, los Países Bajos o Gran Bretaña.

Su riqueza

En el pasado, el banano, el café y la caña de azúcar trajeron gran riqueza a América Central. Pero después, los precios de esta cosechas comenzaron a bajar. Más cosechas tenían que producirse para poder ganar el mismo dinero. Los países de América Central también les pidieron grandes préstamos a Europa y a Estados Unidos para pagar por el combustible que necesitaban. Hoy en día, esos países no ganan suficiente dinero para pagar estas deudas sin dificultades.

Otro problema de esta región es que la población está creciendo muy rápidamente. Esto significa que no hay trabajos suficientes para todos, y mucha gente es muy pobre. En algunos países se están desarrollando algunas actividades nuevas, tales como el turismo, para proveer más trabajos.

BAHAMAS

Océano Atlántico

La Habana

CUBA

ISLAS TURKS Y CAICOS

JAMAICA

HAITÍ REPÚBLICA DOMINICANA

PUERTO RICO

ISLAS VÍRGENES (GB)

ANGUILLA

ISLAS VÍRGENES (EE.UU.)

SAN CRISTÓBAL Y NEVIS

ANTIGUA Y BARBUDA

MONTSERRAT

GUADALUPE

DOMINICA

Mar del Caribe

MARTINICA

SANTA LUCÍA

SAN VICENTE Y LAS GRANADINAS

BARBADOS

ARUBA

ANTILLAS HOLANDESAS

GRANADA

TRINIDAD Y TOBAGO

Canal de Panamá Ciudad de Panamá

PANAMÁ

Datos sobre América Central y las Islas del Caribe

Hay siete países independientes en América Central y trece en las Islas del Caribe.

Área: 759.227 kilómetros cuadradas.

Población: Cerca de 60.564.000.

País más grande: Nicaragua.

Montaña más alta: Volcán Tajumulco, un volcán en Guatemala, tiene 4.220 metros de alto.

Río más largo: El río Coco, o río Segovia, que nace en el norte de Nicaragua, tiene 425 kilómetros de largo. Corre en su mayor parte por la frontera entre Nicaragua y Honduras.

Observemos la tierra

El claro y azul Mar Caribe se extiende desde las arenas blancas de las Indias Occidentales hasta las costas de América Central. Brisas que soplan suavemente desde el noreste, mareas suaves y aire libre de contaminación y humo hacen que esta región sea especialmente hermosa. Muy cerca de la superficie de las cálidas aguas hay corales refulgentes donde abundan muchos peces coloridos. En todas partes el coral está marcado para indicar los caminos que los buzos y bañistas pueden seguir.

Muchas islas en las Indias Occidentales son de coral. Otras fueron volcanes que se levantaron desde el fondo del mar. En la región todavía ocurren terremotos y erupciones volcánicas que causan muchos daños y dejan a mucha gente sin hogar. Sin embargo, el rico suelo volcánico es muy fértil para la agricultura.

Al este de las montañas de **Nicaragua** hay algunas de las llanuras más grandes de América Central. Estas regiones planas son cruzadas por muchos ríos. La mayor parte de los ríos fluyen hacia el Mar Caribe.

Lago Atitlán

Nicaragua

El **Lago Atitlán** es una gran extensión de agua en la altiplanicie de América Central. Alrededor del lago hay volcanes y muchas fuentes termales. Las fuentes termales en el fondo del lago calientan el agua. Corrientes calientes que contienen minerales disueltos cambian el color del lago de azul a verde.

Magníficos arrecifes de coral se extienden a lo largo de las costas de **Barbados.** La mayor parte de esta isla es de coral. En las playas el mar ha desgastado los corales formando una arena fina de color blanco y rosado.

240

El **Monte Pelado** es un volcán activo en la isla francesa de Martinica. Hizo erupción en 1902. Ceniza volcánica blanca y caliente y vapor abrasador descendió por las faldas del volcán.

Mar Caribe

Monte Pelado

Santa Lucía

Barbados

Dos extrañas formas montañosas se levantan desde el mar en la costa de **Santa Lucía.** Ellas se llaman el Gros Piton, que en francés significa Pico Grande, y Petit Piton, o Pico Pequeño. Fueron formados hace mucho tiempo por una roca líquida caliente que surgió dentro de los cráteres de los volcanes. Los lados de los volcanes se erosionaron con la lluvia y el viento. Ahora sólo quedan estos dos picos rocosos.

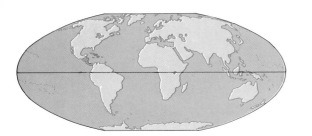

Las plantas y los animales

heliconia
carnosa

jazmín
trompeta

colibrí de
cuello rojo

flor de
Navidad

Cada amanecer, los animales de la selva tropical se despiertan con el llamado extraño del mono chillón. En lo alto de las ramas de los árboles grandes, los pájaros erizan sus plumas brillantes y silban y graznan. La selva está llena de ruido y color. Muchas flores raras y hermosas crecen en lo alto de los árboles, donde sus raíces absorben la humedad del aire mojado. Los musgos y los helechos cubren las ramas con una capa de color verde suave.

Abajo, el suelo de la selva es oscuro. Es casi imposible que un rayo de sol penetre las densas capas de hojas. Muy pocas plantas pueden crecer en esta penumbra.

Muchos de los animales y pájaros de las selvas de América Central, tales como el quetzal, están desapareciendo. Otras criaturas poco comunes viven en las islas de las Indias Occidentales. Algunos de ellos no se encuentran en ninguna otra parte del mundo.

La selva de las riberas

Los tapires viven a lo largo de las riberas de los ríos de América Central. Ellos se pasan la mayor parte del tiempo en el agua y se alimentan de plantas. El perezoso de dos dedos se mueve muy lentamente por los árboles alimentándose de hojas. El taira es mucho más activo, caza ratones y ardillas. Pequeños colibríes visitan las flores en busca de néctar.

puercoespín
de los arbóles

zarigüeya de
cuatro ojos

quincayú

bromelia

mono
chillón

La selva tropical

En lo alto de las ramas de los árboles crecen orquídeas coloridas y extrañas. Bromelias en flor contienen un poquito de agua en sus hojas en forma de copa. Los animales de las selvas también son coloridos. Los colores brillantes de la rana flecha venenosa indican "peligro; aléjese". Por la noche sale el quincayú. Se puede colgar de su cola para alcanzar las frutas de las higueras silvestres y los aguacates.

musgo

orquídea

helecho

maracayá

quetzal

rana flecha
venenosa

perezoso de
dos dedos

taira

ibis escarlata

rabijunto

rabiahorcado

palma
de coco

manglar

Tapir de Baird

manatí de las
Indias Occidentales

cangrejo ladrón

Las costas de las islas
Palmas cocoteras cubren las costas
de muchas de las islas de las Indias
Occidentales. El cangrejo ladrón trepa
las palmeras y corta los cocos. Los
ibis escarlata buscan gusanos en el
lodo. En el agua, manatíes gordos y
lentos se alimentan de plantas
subacuáticas. Los rabijuntos y los
rabiahorcados se deslizan sobre el
mar buscando peces.

jutía de Jamaica

papagayo de
Santa Lucía

papagayo de
San Vicente

iguana rinoceronte

Las islas del Caribe
Lagartos inmensos llamados iguanas
rinocerontes viven en algunas de las
islas. La jutía jamaiquina vive sólo en
Jamaica. Se alimenta de las plantas
de la selva y las colinas. Varias islas
tienen pájaros que no se encuentran
en ninguna otra parte, como el papagayo de San Vicente y el papagayo
de Santa Lucía.

Cría, cultivo y manufactura

Los cortadores de caña se enderezan y se quitan el sudor de la frente. Sudan profusamente bajo el sol abrasador. Las altas cañas de azúcar crecen hasta cinco metros de alto. Ellos se agachan de nuevo y blandean sus pesados y afilados machetes en la parte baja de las cañas. Le quitan las hojas y cortan la punta superior de la caña. Las cañas cortadas se colocan en montones en espera de que la carreta tirada por bueyes los recoja. A veces, donde la tierra es plana las máquinas hacen el corte, pero la gente tiene que hacerlo en las faldas de las montañas y en el terreno accidentado.

Los países de América Central dependen de las cosechas de caña de azúcar, café y tabaco. También se perfora para encontrar petróleo. Los buques viajan por el Caribe llevando cosechas y petróleo de esta región a otros países. En el Caribe la industria turística es importante, y se han construido muchos hoteles, restaurantes y clubes nocturnos para los visitantes.

El corte de caña en América Central
En el terreno escarpado, la gente corta la caña de azúcar. Gran parte del azúcar que nosotros comemos se hace del jugo que se extrae de la caña.

Busca estos símbolos en el mapa:

	arroz			tabaco
	maíz			madera
	ganado vacuno			pesca
	frutas			petróleo
	azúcar			bauxita
	café			industria
	banano			

El cultivo del café en América Central
El café se cultiva en las inmensas plantaciones de El Salvador, Guatemala y Costa Rica. Muchos trabajadores viven en las plantaciones durante todo el año, cuidando los arbustos de café y recogiendo sus bayas rojas.

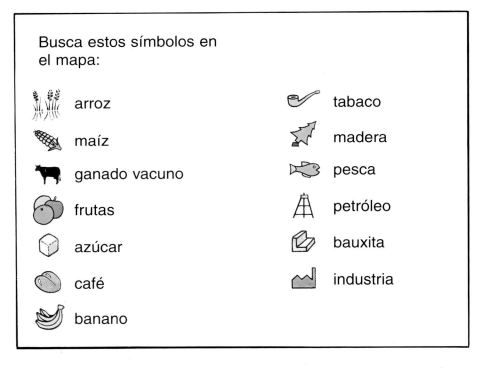

La industria del petróleo en Trinidad

Trinidad tiene varios campos grandes de petróleo y dos refinerías grandes para convertir el petróleo en gasolina y combustible diesel. El Lago de Brea de Trinidad se formó durante miles de años, a medida que el petróleo crudo surgía a la superficie formando un lago negro y pegajoso. La mezcla cenagosa puede usarse como asfalto para pavimentar las calles.

La industria del turismo en el Caribe

Cada año millones de turistas vienen a las islas del Caribe a nadar y broncearse en sus hermosas playas. También pueden ir de pesca, a hacer esnórkel o a bucear.

El cultivo del tabaco en Cuba

El tabaco de Cuba se usa para hacer los famosos cigarros habanos. Las plantas de tabaco crecen hasta tres metros de alto. La parte superior de la planta se corta para evitar que florezca. Les crecen cerca de 20 hojas largas y pegajosas. Éstas se recogen, se secan y se cortan para hacer tabaco.

245

Las gentes y sus ciudades

La mayor parte de la población de América Central vive en las regiones altas, donde labran la tierra. Muchos son muy pobres y difícilmente se ganan la vida. Hoy en día, mucha gente se está yendo a las ciudades a buscar trabajo, mejores escuelas para los niños y atención médica para sus familias.

Diversos grupos de gentes viven en la región. En su mayoría son descendientes de los africanos y de los españoles que poblaron América Central hace cientos de años. Hay también muchos indios en la región. En Guatemala, se puede oir una variedad de idiomas indios.

Cada grupo de gente tiene sus propias tradiciones y costumbres. La música es importante en las Islas del Caribe, cuna del *reggae* y el calipso. La gran variedad de estilos de vida de América Central se puede ver en las calles de las ciudades, en los festivales y celebraciones, en su ropa multicolor y en la comida.

La **Ciudad de Guatemala** quedó casi completamente arrasada por los terremotos en 1917. Ahora ha sido reconstruida tal como era antes de los terremotos. La Ciudad de Guatemala es el centro de la industria de Guatemala y del comercio de café.

Todas estas gentes viven en América Central y en las Islas del Caribe.

El tejido a mano es una artesanía tradicional de los indios. Las niñas aprenden desde una edad temprana a hilar y tejer, usando lana de colores vivos.

En el extremo Pacífico del Canal de Panamá se encuentra la **Ciudad de Panamá,** capital de Panamá. La ciudad ha crecido muy rápidamente desde cuando se abrió el canal en 1914. Es ahora un centro moderno de comercio e industria, con modernos edificios de apartamentos y oficinas a lo largo de la costa.

Muchas casas de las Islas del Caribe están diseñadas con un largo balcón. Un balcón es una plataforma construida al frente de la casa, al nivel del primer piso o en los pisos más altos. Los balcones ofrecen refugio contra el sol y la lluvia, y se abren a las brisas frescas del verano. Mucha gente come, juega y hasta duerme en los balcones.

Las frutas son un alimento importante para la gente de las Indias Occidentales. Los bananos, los limones, las naranjas, los mangos y las piñas se exportan a todo el mundo.

En Jamaica, la música de las bandas de tambores de acero a menudo llena el aire. Se tocan varias clases de instrumentos, pero el fuerte ritmo de la banda se produce en los grandes tambores de acero. Son tambores de petróleo vacíos que se recortan para hacer un tambor menos profundo. Mientras menos profundo es el tambor, más alto es el tono, de modo que se puede crear toda una gama de sonidos.

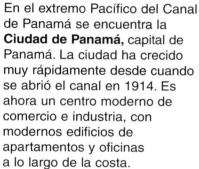

Bienvenidos a Suramérica

Los tucanes viven en la selva tropical.

Ecuador

Las llamas son muy útiles como animales de carga. Tienen una pisada segura en las pendientes y los estrechos caminos de las montañas.

En las laderas de los Andes, los agricultores construyen terrazas para sus cultivos.

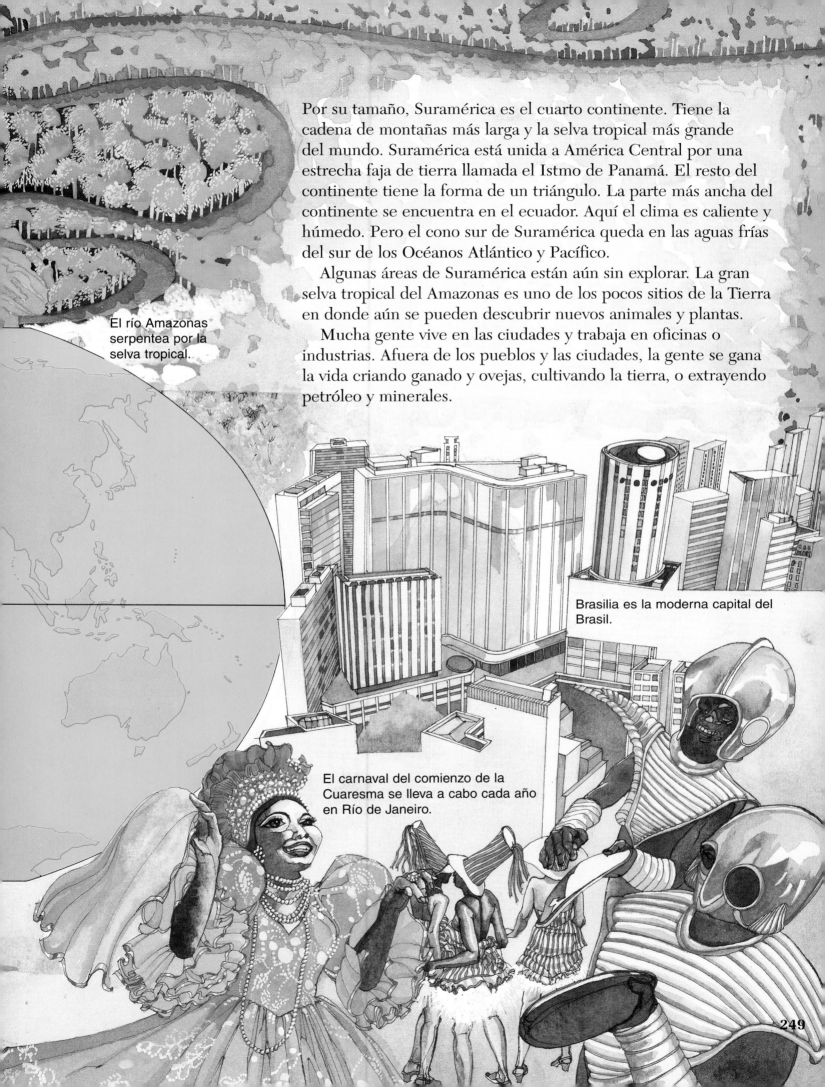

Por su tamaño, Suramérica es el cuarto continente. Tiene la cadena de montañas más larga y la selva tropical más grande del mundo. Suramérica está unida a América Central por una estrecha faja de tierra llamada el Istmo de Panamá. El resto del continente tiene la forma de un triángulo. La parte más ancha del continente se encuentra en el ecuador. Aquí el clima es caliente y húmedo. Pero el cono sur de Suramérica queda en las aguas frías del sur de los Océanos Atlántico y Pacífico.

Algunas áreas de Suramérica están aún sin explorar. La gran selva tropical del Amazonas es uno de los pocos sitios de la Tierra en donde aún se pueden descubrir nuevos animales y plantas.

Mucha gente vive en las ciudades y trabaja en oficinas o industrias. Afuera de los pueblos y las ciudades, la gente se gana la vida criando ganado y ovejas, cultivando la tierra, o extrayendo petróleo y minerales.

El río Amazonas serpentea por la selva tropical.

Brasilia es la moderna capital del Brasil.

El carnaval del comienzo de la Cuaresma se lleva a cabo cada año en Río de Janeiro.

249

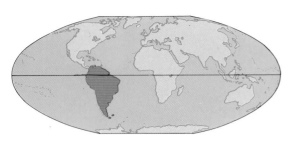

Los países

Suramérica es un vasto continente que se encuentra al sur de Norteamérica. Entre estas dos grandes áreas se encuentra una área estrecha y larga llamada América Central.

Hay doce países independientes en Suramérica. Hay también dos territorios que no son independientes. Son las Islas Malvinas, que están gobernadas por la Gran Bretaña, y la Guayana Francesa que está gobernada por Francia. En el pasado, la Argentina y la Gran Bretaña tuvieron una guerra por el control de las Islas Malvinas.

Brasil es el país más grande de Suramérica. Cubre casi la mitad de esta región. Brasil tiene una población más grande que todos los demás países de Suramérica juntos.

Su historia

Los primeros pobladores de Suramérica fueron los indios. La tribu más poderosa fue la de los Incas. En el siglo XVI, soldados españoles conquistaron a los Incas y reclamaron su territorio. Pobladores de Portugal también vinieron a Suramérica. Estos pobladores fueron crueles con los indios, y muchos indios murieron. Entonces los pobladores trajeron esclavos del África. Durante los siguientes siglos, los pobladores se enriquecieron comerciando con las cosechas sembradas por los esclavos.

A principios del siglo XIX, la mayoría de los países suramericanos querían gobernarse a sí mismos. La lucha estalló en muchos países. Dos generales, Simón Bolívar y José de San Martín, ayudaron a varios países a ganar su independencia, tales como Bolivia, Colombia, Ecuador, Perú y Venezuela. Para 1830 la mayor parte de los países eran independientes.

Su gobierno

La mayoría de los países de esta región son repúblicas que se gobiernan a sí mismos.

En Brasil, cualquier persona que tenga más de diez y ocho años puede votar para elegir al gobierno y al presidente, quien es el jefe de estado. Un presidente puede gobernar sólo por seis años. El presidente gobierna el país con la ayuda del congreso de Brasil.

Los gobiernos de muchos países de Suramérica están luchando contra problemas tales como el desempleo y la pobreza. Muchos países de Suramérica han obtenido grandes préstamos de Estados Unidos y Europa.

Simón Bolívar ayudó a independizarse a muchos países de Suramérica.

Argentina   Bolivia   Brasil   Chile

Colombia   Ecuador

Caracas

VENEZUELA

GUAYANA

GUAYANA FRANCESA

Bogotá

COLOMBIA

SURINAM

Quito

ECUADOR

ISLAS GALÁPAGOS

Amazonas   *Amazonas*

Lima

PERÚ

BRASIL

Brasilia

Lago Titicaca

La Paz

BOLIVIA

Río de Janeiro

São Paulo

CHILE

PARAGUAY

Guayana

Paraguay   Perú

Su riqueza

Cerca de una cuarta parte de los pobladores de Suramérica vive en áreas rurales. Muchas de estas gentes son campesinos pobres que trabajan pequeñas parcelas de tierra. Pero hay también ricos terratenientes que tienen grandes haciendas ganaderas y plantaciones.

Suramérica tiene algunos de los más grandes depósitos de minerales valiosos en el mundo. Pero la mayoría de los países no cuenta con las fábricas que ellos necesitan para procesar los minerales. En muchos países, los gobiernos están alentando a hombres de negocios a construir más fábricas para hacer textiles y refinar alimentos, tales como el azúcar. Esas fábricas pueden traer más empleo y riqueza a Suramérica.

ARGENTINA

Santiago

URUGUAY

Montevideo

Buenos Aires

Surinam   Uruguay   Venezuela

ISLAS MALVINAS

Datos sobre Suramérica

Hay doce países independientes en la región.

Área: 17.832.000 kilómetros cuadradas.

Población: Cerca de 308.000.000.

País más grande: Brasil.

Montaña más alta: Monte Aconcagua en los Andes argentinos, tiene 6.959 metros de alto.

Río más largo: El río Amazonas tiene 6.437 kilómetros de largo.

251

Observemos la tierra

La cordillera de los Andes se extiende como una espina dorsal a lo largo de la costa oeste de Suramérica. En los pastizales de los altos valles y en las inclinadas cuestas, los fuertes vientos soplan constantemente y las fuertes lluvias caen a torrentes. Pero aquí los agricultores viven con problemas más grandes que ésos. Sus ranchos y siembras pueden ser barridos por un deslizamiento de tierra durante la estación más húmeda, y estas tierras antiguas pueden incluso ser sacudidas por volcanes y terremotos que destruyen aldeas enteras.

Hay otras áreas escarpadas en la parte este del continente, tales como los altiplanos de Guayana y de Brasil. Pero la tierra es mucho más baja que la de los Andes.

El principal río de Suramérica es el Amazonas. Comienza como un arroyo en la cordillera de los Andes, y corre a través del Brasil hacia el Océano Atlántico. El Amazonas lleva más agua que cualquier otro río del mundo. Una selva espesa y verde se extiende a lo largo de la mayor parte de su curso.

El río **Amazonas,** de color marrón fangoso, mide 6.437 kilómetros de largo y es el segundo río en longitud en el mundo. Lleva un quinto de las aguas corrientes del mundo. Durante ciertos períodos del año el río Amazonas inunda las tierras circundantes, destruyendo plantas y árboles. Miles de ríos más pequeños desembocan en el Amazonas.

El **Lago Titicaca** está situado a 3.812 metros sobre el nivel del mar en la cordillera de los Andes. Los indios viven a veces en islas flotantes en el lago. Éstas no son verdaderas islas, sino grandes balsas hechas de juncos. Las embarcaciones de juncos, llamadas totoras, llevan gente de un lado al otro del lago.

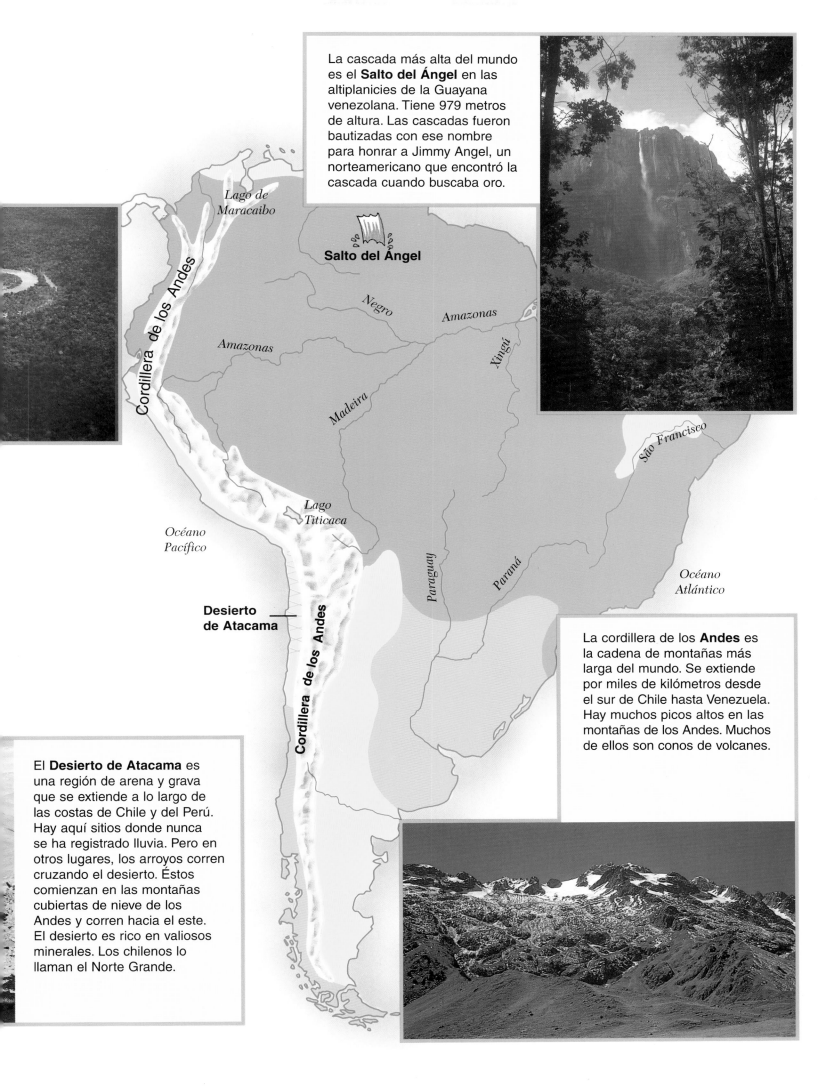

La cascada más alta del mundo es el **Salto del Ángel** en las altiplanicies de la Guayana venezolana. Tiene 979 metros de altura. Las cascadas fueron bautizadas con ese nombre para honrar a Jimmy Angel, un norteamericano que encontró la cascada cuando buscaba oro.

Lago de Maracaibo

Cordillera de los Andes

Salto del Ángel

Negro

Amazonas

Amazonas

Xingú

Madeira

São Francisco

Lago Titicaca

Océano Pacífico

Paraguay

Paraná

Océano Atlántico

Desierto de Atacama

Cordillera de los Andes

La cordillera de los **Andes** es la cadena de montañas más larga del mundo. Se extiende por miles de kilómetros desde el sur de Chile hasta Venezuela. Hay muchos picos altos en las montañas de los Andes. Muchos de ellos son conos de volcanes.

El **Desierto de Atacama** es una región de arena y grava que se extiende a lo largo de las costas de Chile y del Perú. Hay aquí sitios donde nunca se ha registrado lluvia. Pero en otros lugares, los arroyos corren cruzando el desierto. Éstos comienzan en las montañas cubiertas de nieve de los Andes y corren hacia el este. El desierto es rico en valiosos minerales. Los chilenos lo llaman el Norte Grande.

Las plantas

En las profundidades de la selva tropical el aire es caliente, húmedo e inmóvil. El suelo es oscuro y sombrío, y pocas plantas crecen ahí. Más arriba, árboles y arbustos, a distintos niveles, forman una capa o bóveda. Y, aún más arriba, un denso manto de hojas crea un inmenso techo verde. Un árbol de juvia se alza hasta lo más alto entre los árboles. Es uno de los árboles más altos de la selva. Plantas trepadoras llamadas bejucos, crecen alrededor de su tronco y de sus ramas, con sus hojas expuestas al sol. En lo más alto de las ramas crecen raras orquídeas y bromelias.

La selva tropical de Suramérica es la más grande del mundo. Los árboles de la selva están siempre verdes, y producen flores y frutas durante todo el año. Más hacia el sur la tierra es más seca y fría. Aquí crecen pastos y arbustos. En la región desértica del sur, los cactos sobreviven aún en las condiciones más secas. En el extremo sur de Suramérica soplan vientos helados que llegan de la Antártica durante el invierno. Aquí, las plantas tienen un corto período de tiempo para crecer antes de que lleguen las nieves del invierno.

ninfea gigante

 La selva tropical

La gran selva tropical del Amazonas es caliente y húmeda. La arboleda es espesa y los árboles compiten para alcanzar la luz del sol. Muchos árboles, tales como la juvia, están cubiertos de bejucos, orquídeas y bromelias de colores brillantes. La esencia de vainilla se obtiene de una clase de orquídea. En los ríos crecen ninfeas gigantes.

llantén sedoso

pasto icho

llareta

La cordillera de los Andes

La cordillera de los Andes se extiende a lo largo de la costa oeste de Suramérica. Los altiplanos están cubiertos con arbustos y pastos, tales como el icho y el llareta. Los picos más altos son rocas expuestas y hielo.

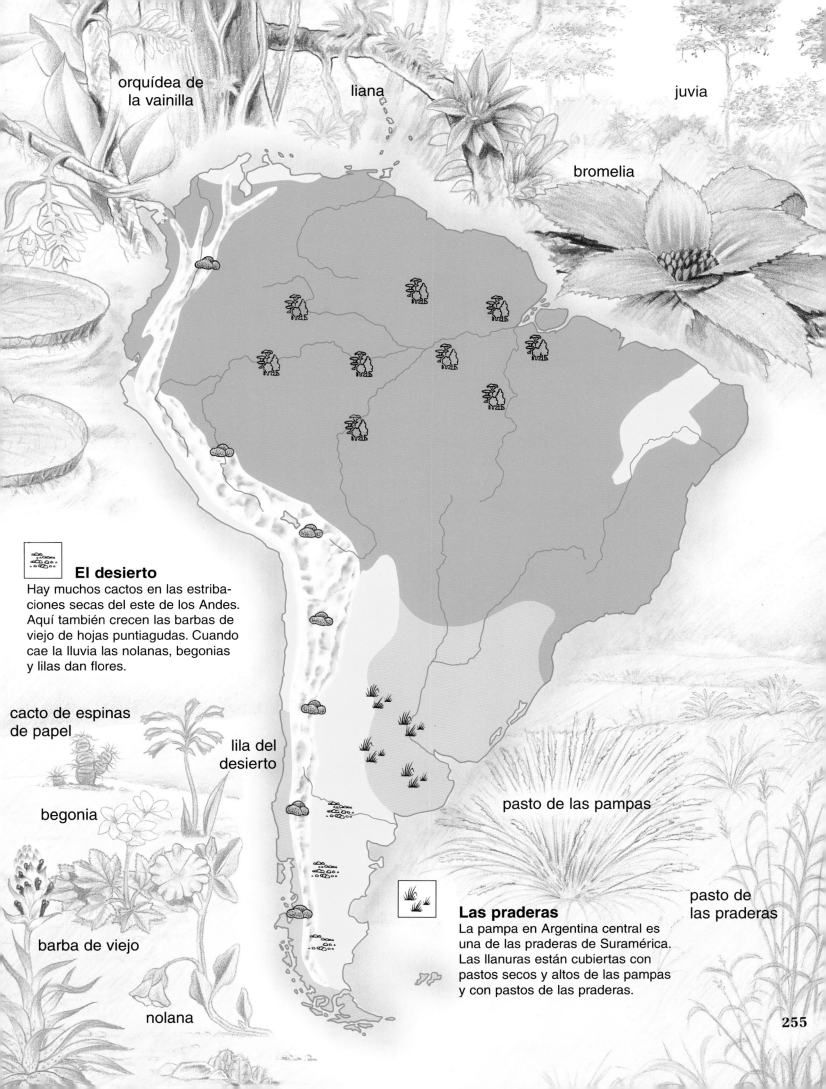

orquídea de
la vainilla

liana

juvia

bromelia

El desierto

Hay muchos cactos en las estribaciones secas del este de los Andes.
Aquí también crecen las barbas de
viejo de hojas puntiagudas. Cuando
cae la lluvia las nolanas, begonias
y lilas dan flores.

cacto de espinas
de papel

lila del
desierto

begonia

pasto de las pampas

Las praderas

La pampa en Argentina central es
una de las praderas de Suramérica.
Las llanuras están cubiertas con
pastos secos y altos de las pampas
y con pastos de las praderas.

pasto de
las praderas

barba de viejo

nolana

Suramérica

Los animales

iguana

tortuga gigante

Al caer de la noche, la selva tropical se llena de crujidos, chillidos y gritos. Los jaguares deambulan a lo largo de los bancos de los arroyos en busca de una presa. Inmensas anacondas se desenroscan silenciosamente, listas para su próxima comida. Y los monos araña, los acróbatas del mundo de los monos, se balancean más arriba entre los árboles. Usan sus patas largas y sus colas para agarrarse de las ramas.

Cientos de animales diferentes viven en la selva tropical de Suramérica. Pájaros de colores brillantes y una inmensa cantidad de insectos viven en medio de la espesura de los árboles y plantas. Pero en el desierto, donde hay poca comida, sólo unas pocas especies de animales pueden sobrevivir. Las llanuras son el hábitat de muchos animales excavadores pequeños, tales como el armadillo. Y en las laderas de las altas montañas de Suramérica viven la chinchilla y la llama, protegidos del frío por su pelaje grueso y abrigador.

Las Islas Galápagos
Las Islas Galápagos estan en el Océano Pacífico. Aquí viven muchos animales interesantes, incluyendo las iguanas marinas, el único lagarto marino del mundo. Las tortugas gigantes son de las más grandes del mundo.

tucán

perezoso

anaconda

mono araña

jaguar

tapir

colibrí

guacamayo

La selva tropical
La selva tropical es el hábitat de animales muy grandes, tales como la inmensa mariposa morfo y la gran anaconda. Las arañas comedoras de pájaros pueden medir ocho centímetros de largo.

mariposa azul morfo

araña comedora de pájaros

capiguara

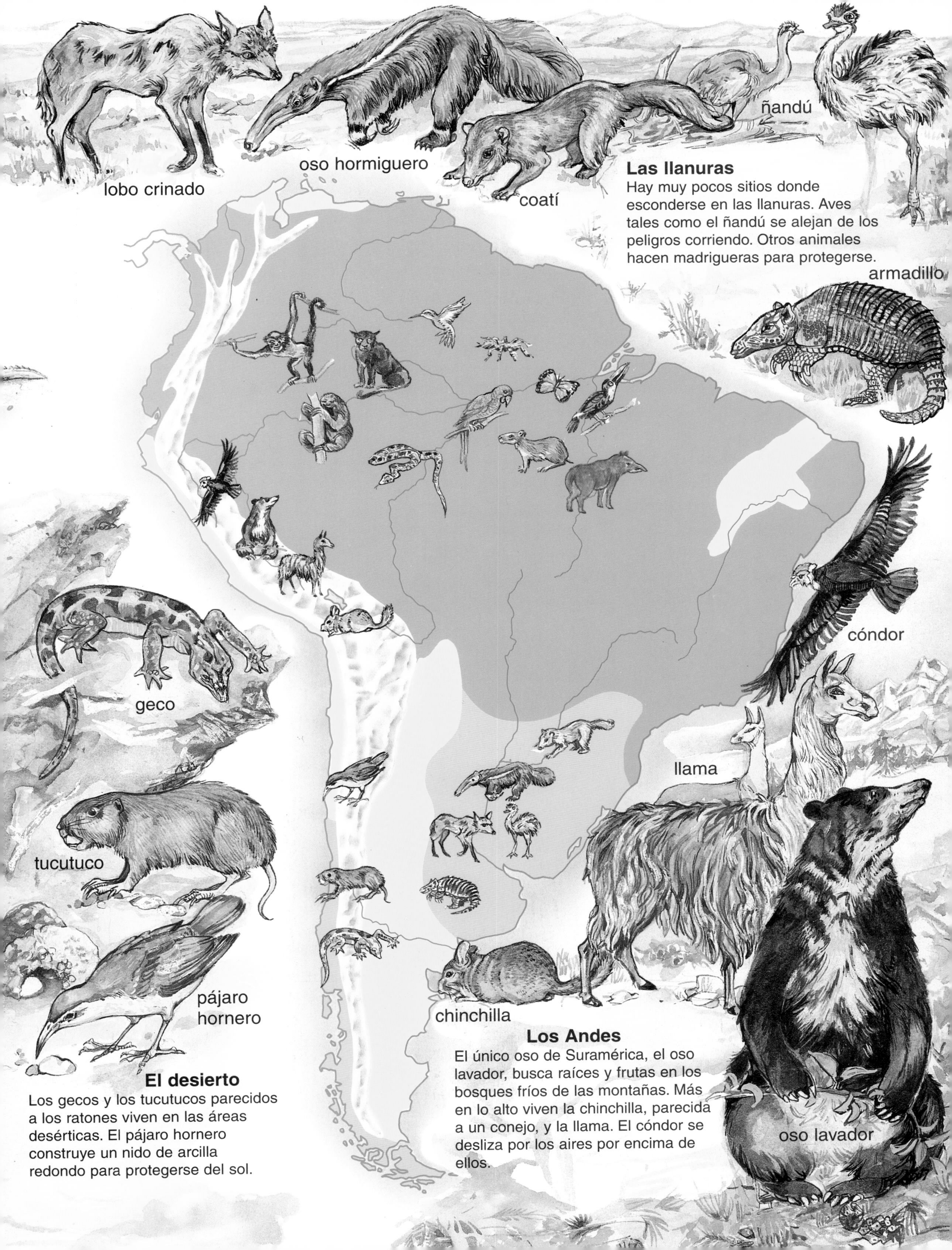

lobo crinado

oso hormiguero

coatí

ñandú

Las llanuras

Hay muy pocos sitios donde esconderse en las llanuras. Aves tales como el ñandú se alejan de los peligros corriendo. Otros animales hacen madrigueras para protegerse.

armadillo

cóndor

llama

geco

tucutuco

pájaro hornero

chinchilla

El desierto

Los gecos y los tucutucos parecidos a los ratones viven en las áreas desérticas. El pájaro hornero construye un nido de arcilla redondo para protegerse del sol.

Los Andes

El único oso de Suramérica, el oso lavador, busca raíces y frutas en los bosques fríos de las montañas. Más en lo alto viven la chinchilla, parecida a un conejo, y la llama. El cóndor se desliza por los aires por encima de ellos.

oso lavador

Cría, cultivo y manufactura

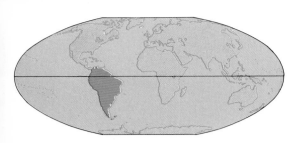

En las profundidades de la mina las máquinas rugen y los trabajadores hablan a gritos. El aire es caliente y polvoriento. Es un trabajo sucio y duro, taladrando dentro de las rocas bajo las faldas altas de los Andes. Pero vale la pena el esfuerzo. Los mineros encuentran grandes depósitos de cobre y oro en las rocas.

Las montañas del oeste son ricas en plata, hierro, estaño, manganeso y azufre, como también en oro y cobre. Otro recurso natural muy importante es el petróleo. Venezuela es uno de los líderes en la producción mundial de petróleo. También hay petróleo en Perú, Brasil, Ecuador y Argentina. Otras industrias importantes en los países de Suramérica incluyen la textil, el cuero, los automóviles y el cemento.

Las grandes haciendas producen algodón, café, trigo y carne. Los dueños de estas haciendas son ricos. Hay también muchas fincas pequeñas, pero sus dueños son pobres y tienen que trabajar duramente para poder alimentar a sus familias.

Busca estos símbolos en el mapa:

 trigo

 ganado vacuno

 ovejas

 azúcar

 algodón

 café

 cacao

 banano

 madera

 pesca

 soya

 petróleo

 mineral de hierro

 oro

 cobre

industria

La minería en Suramérica
Muchas minas continúan operando bajo el suelo, pero hoy en día la mayor parte de la explotación minera se hace en grandes excavaciones a campo abierto.

La industria del petróleo en Venezuela
El lago de Maracaibo en Venezuela es un área de gran producción petrolera. Para alcanzar el petróleo tienen que perforarse pozos desde plataformas sobre el agua. Los oleoductos llevan el petróleo hasta la costa. Desde aquí se envía a todas partes del mundo.

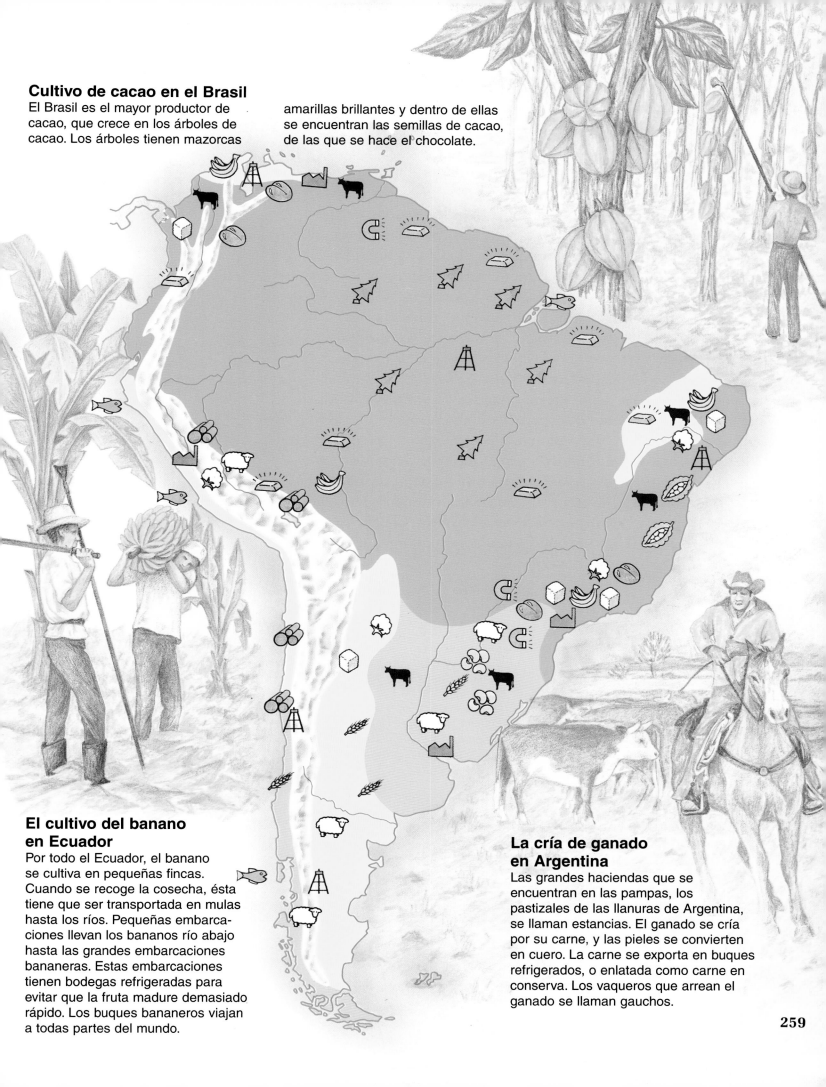

Cultivo de cacao en el Brasil

El Brasil es el mayor productor de cacao, que crece en los árboles de cacao. Los árboles tienen mazorcas amarillas brillantes y dentro de ellas se encuentran las semillas de cacao, de las que se hace el chocolate.

El cultivo del banano en Ecuador

Por todo el Ecuador, el banano se cultiva en pequeñas fincas. Cuando se recoge la cosecha, ésta tiene que ser transportada en mulas hasta los ríos. Pequeñas embarcaciones llevan los bananos río abajo hasta las grandes embarcaciones bananeras. Estas embarcaciones tienen bodegas refrigeradas para evitar que la fruta madure demasiado rápido. Los buques bananeros viajan a todas partes del mundo.

La cría de ganado en Argentina

Las grandes haciendas que se encuentran en las pampas, los pastizales de las llanuras de Argentina, se llaman estancias. El ganado se cría por su carne, y las pieles se convierten en cuero. La carne se exporta en buques refrigerados, o enlatada como carne en conserva. Los vaqueros que arrean el ganado se llaman gauchos.

259

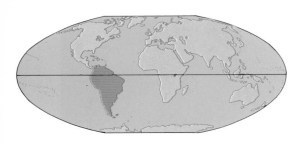

La gente y sus costumbres

Muchos de los habitantes de Suramérica son muy pobres. En las áreas rurales, la mayoría posee un pequeño pedazo de tierra, en el que sólo produce la comida suficiente para sus propias necesidades. Tienen que esforzarse a veces para mantener a sus familias. Algunos pueden cosechar lo suficiente como para vender en el mercado. Otros trabajan para los hacendados ricos que crían ganado en las pampas. Muchos se van a la ciudad para tratar de encontrar un trabajo.

Hoy en día, tres cuartas partes de los habitantes de Suramérica vive en las ciudades. Aquí, algunos pueden encontrar trabajo, como también un doctor y escuelas para sus hijos. Pero muchos adultos no saben leer ni escribir, y se enteran de lo que pasa en el mundo a través de la televisión. En dondequiera que vivan, se reúnen cada vez que pueden para gozar de la música y el baile. Los indios del Amazonas tienen una danza para cada ocasión especial. Los indios del Perú que viven en lo alto de los Andes, tocan flautas de madera hechas a mano. Y, cada año, en las ciudades, pueblos y aldeas tienen lugar muchos carnavales para celebrar festividades religiosas y fiestas nacionales.

En los bancos del río Amazonas, muchas casas están construidas en largos pilotes de madera para protegerse de las inundaciones. Las gentes atrapan tortugas y peces y siembran cultivos en el fértil barro que la inundación deja cada año.

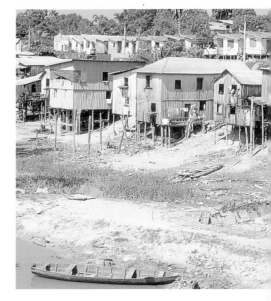

En La Paz, Bolivia, hay un gran mercado donde los indios de la región venden flores, frutas, verduras, abalorios y medicinas.

En Brasil tiene lugar un festival todos los años en Río de Janeiro. Miles de personas desfilan y danzan por las calles, vistiendo disfraces coloridos. Multitudes se congregan a mirar las festividades.

260

Los vaqueros suramericanos, o gauchos, trabajan en los pastizales de las pampas. Usan grandes sombreros y pesadas botas de cabalgar.

Los indios del Amazonas construyen sus casas en la selva caliente y húmeda con madera de los árboles. Usan hojas para techar sus viviendas. A menudo, hasta sesenta personas viven juntas en un grupo familiar. Alrededor de sus casas cultivan la tierra, pescan en los ríos y cazan en la selva para obtener otros alimentos.

Todas estas gentes viven en Suramérica.

261

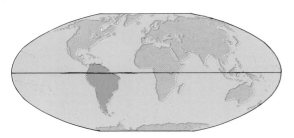

Las ciudades

La mayor parte los habitantes de Suramérica vive en las populosas ciudades. La gente ha llegado aquí desde las áreas rurales. Desafortunadamente, no siempre encuentran lo que necesitan. La vivienda es escasa y costosa. La gente pobre vive en tugurios construidos de madera y hojalata o hasta de cartón. Algunas de las gentes más pobres viven en las calles o en las playas.

La mayoría de las grandes ciudades modernas han sido construidas en las costas de los océanos Atlántico y Pacífico. Altos rascacielos de concreto y vidrio se levantan a los lados de las calles estrechas. Estas ciudades han crecido alrededor de bulliciosos puertos. Juegan un papel importante en la vida del país, porque la mayoría de los productos todavía llegan y salen por el mar. De hecho, en Buenos Aires, la capital de Argentina, a la gente se les llama porteños, que significa habitantes del puerto.

⇧
Río de Janeiro está encaramada en un banco de tierra entre las montañas y el mar. La famosa montaña del Pan de Azúcar se levanta sobre la bahía. Río es la segunda ciudad más grande del Brasil. Más de cinco millones de personas viven aquí.

⇦ La antigua ciudad de **Machu Picchu** en el Perú, estuvo perdida por más de 300 años antes de ser redescubierta en 1911. Machu Picchu fue construida por los Incas, indios originarios de Suramérica. Hoy en día, las ruinas de la ciudad, con sus palacios, terrazas y tres mil escalones, es una atracción turística importante.

↑
Brasilia es la capital del Brasil. En 1956 comenzó la construcción de la ciudad en un área despoblada en el centro del país. Brasilia fue planeada cuidadosamente y tiene una de las arquitecturas más modernas del mundo. Los edificios del gobierno son especialmente impresionantes. Estos edificios poco comunes son el lugar donde el Congreso del Brasil se reúne.

Santiago es la capital y la ciudad más grande de Chile. Está rodeada de montañas y colinas. Los Andes, la cadena de montañas más alta de Suramérica se eleva al este de la ciudad. La elegante Plaza de Armas está en el centro de Santiago.

Caracas, la capital de Venezuela, es una ciudad construida con la riqueza del petróleo. Se encuentra en un valle estrecho cerca de la costa y ha crecido muy rápidamente. Los edificios en Caracas son una mezcla de casuchas pobres, grandes palacios coloniales y modernos rascacielos.

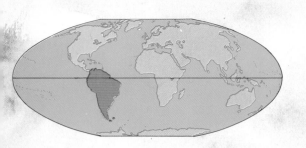

De excursión río arriba por el Amazonas

Los pasajeros se aglomeran en las barandas del vapor mientras éste se aleja del puerto de Belém hacia el centro del río Pará. Alguien ha divisado un carabao en el barro cenagoso cerca de la orilla del río. Los pasajeros ríen y gritan entusiasmados cuando dos jóvenes enlazan uno de los cuernos y jalan al animal hacia la tierra seca. Usarán el carabao para terminar de arar en la isla de Marajó.

Una vez pasada la isla, el vapor deja el río Pará y entra en el Amazonas. Los pasajeros suben por este inmenso río para llegar a Manaos, un popular centro turístico que está más allá de Óbidos. El Amazonas es tan ancho en algunas partes que la gente no puede ver la ribera opuesta. En su viaje, se cruzan con otros buques que llevan productos del Amazonas.

En Manaos, el vapor termina su viaje. Algunos pasajeros paran aquí para visitar el museo indígena y el zoológico de la ciudad que está lleno de animales de la selva tropical. Para los viajeros que quieren continuar río arriba, éste es el principio de otro viaje. Los más aventureros abordan un buque de carga y parten nuevamente hacia la ciudad de Iquitos en el Perú.

Iquitos

Negro

Manaos

Óbidos

Amazonas

El aire está cargado de humedad, y el calor se vuelve difícil de soportar. De vez en cuando, chubascos repentinos azotan la cubierta, haciendo que los pasajeros corran a buscar refugio en el interior. Por la noche, el aire es claro y fresco y lleno de vida con el croar de las ranas y el chillido de los pájaros, y otros sonidos de la selva tropical.

En los afluentes más pequeños, lejos del río principal, viven grupos de gentes amazónicas. Para muchas de estas gentes la vida sigue una rutina sencilla de caza y recolección de nueces y bayas.

Más allá de Manaos, la selva llega hasta la orilla del río. Las ramas extendidas de árboles gigantescos que cuelgan sobre las aguas forman una inmensa bóveda verde. Muchas clases de plantas florecientes y enredaderas se alargan hacia lo alto en busca de su porción de luz.

En algunas partes el buque se detiene para recoger o dejar pasajeros. El capitán siempre pone atención para divisar gente que le hace señales desde la orilla. Algunos llevan brazados de vegetales, frutas o pollos para venderlos en pueblos más arriba. Muy pronto la embarcación se torna bulliciosa y colorida.

En algunos lugares los árboles han sido cortados para aprovechar su madera o para dar lugar a aldeas asentadas en los pequeños claros. Desde el río, unos cuantos techos de zinc indican los ranchos de la aldea, los cuales a menudo están sobre pilones para elevarlos sobre el agua. La gente que vive allí depende del río para comunicarse con el resto del mundo. Los comerciantes traen comida, herramientas y armas de fuego que intercambian por nueces, caucho, madera o pieles.

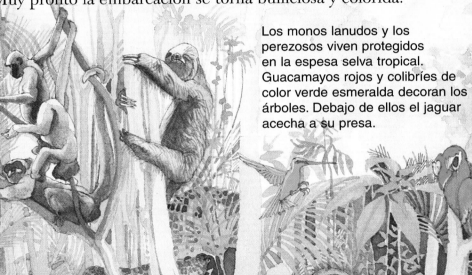

Los monos lanudos y los perezosos viven protegidos en la espesa selva tropical. Guacamayos rojos y colibríes de color verde esmeralda decoran los árboles. Debajo de ellos el jaguar acecha a su presa.

Por fin Iquitos está a la vista. Tiempos atrás esta ciudad fue un pueblo de mucho movimiento, importante por su caucho. Muchos comerciantes se hicieron ricos. Construyeron hermosas casas de estilo portugués, decoradas con balcones y azulejos en las paredes. Los turistas pasean por las calles llenas de vida, comprando cerámica, bordados y otras artesanías hechas por los indios. Los visitantes de Iquitos están siempre conscientes de la cercanía de la gran selva tropical verde. Es un buen lugar para explorar al final de un largo viaje.

Isla Marajo

Belén

Pará

Bienvenidos a la tierras heladas

Las tierras heladas se encuentran en los extremos norte y sur de nuestro planeta. A estas tierras heladas se les llama el Ártico en el norte y la Antártida en el sur.

La Antártida es un continente en realidad. Hay tierra en la Antártida, pero la mayor parte se encuentra bajo cientos de metros de hielo. Hay varias bases científicas, donde la gente puede vivir por cortos períodos de tiempo, a pesar del frío y el aislamiento.

No hay tierra en el Polo Norte; sólo mar y hielo. El Ártico es un gran océano helado. Varios países están parcialmente dentro del Círculo Ártico, entre ellos Canadá, Noruega, Suecia y Rusia.

Los buques de abastecimiento llevan comida y combustible a las bases científicas en Antártida.

Científicos de muchos países trabajan en las estaciones de investigación en Antártida.

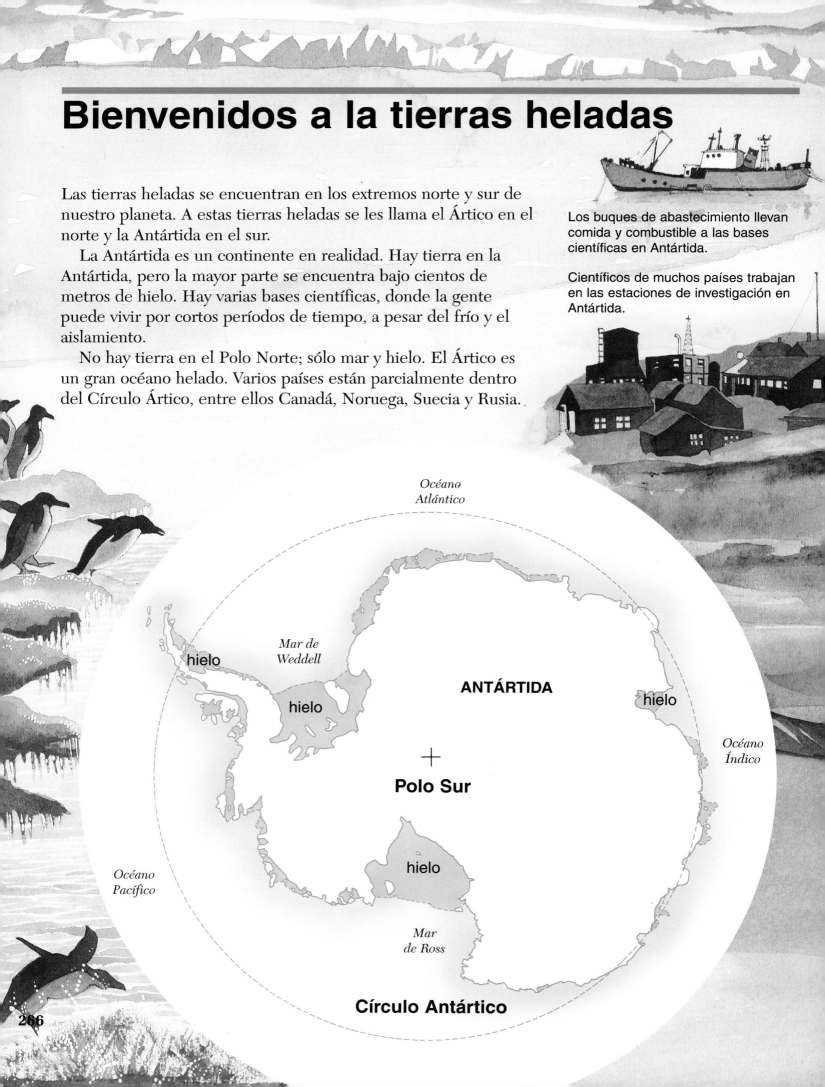

Océano Atlántico

Mar de Weddell

hielo

hielo

ANTÁRTIDA

hielo

Océano Índico

+

Polo Sur

hielo

Océano Pacífico

Mar de Ross

Círculo Antártico

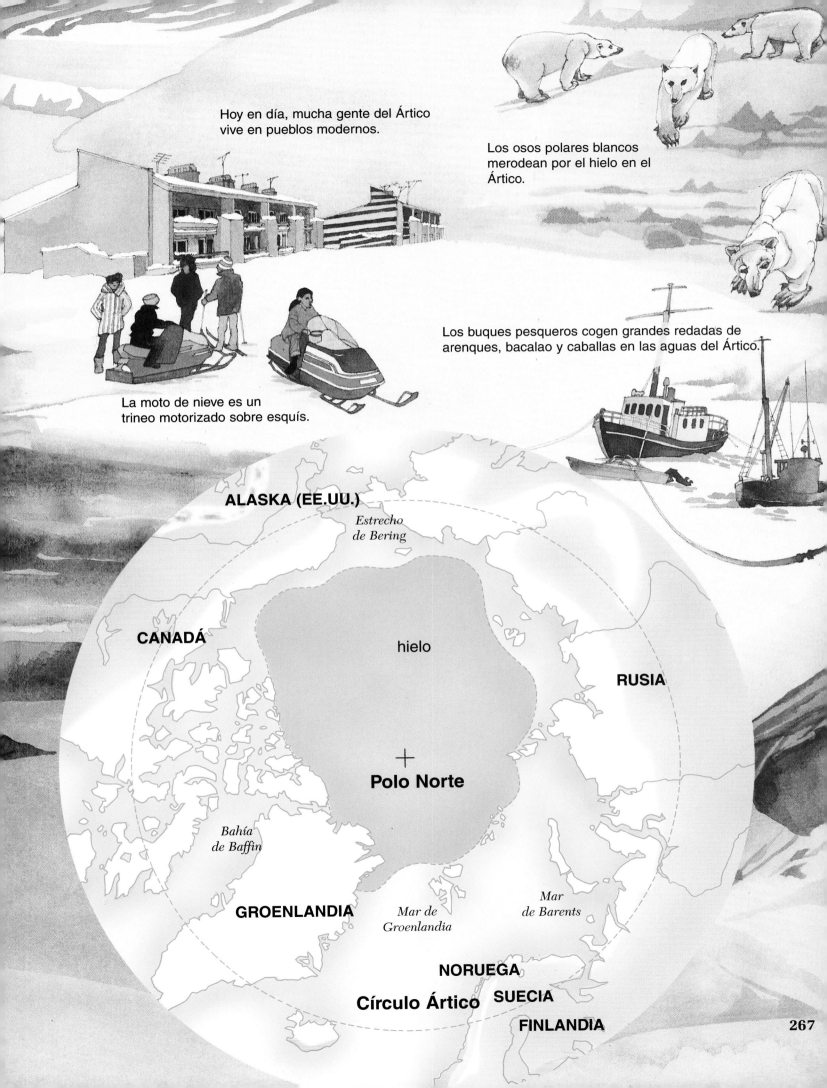

Hoy en día, mucha gente del Ártico vive en pueblos modernos.

Los osos polares blancos merodean por el hielo en el Ártico.

Los buques pesqueros cogen grandes redadas de arenques, bacalao y caballas en las aguas del Ártico.

La moto de nieve es un trineo motorizado sobre esquís.

ALASKA (EE.UU.)

Estrecho de Bering

CANADÁ

hielo

RUSIA

+

Polo Norte

Bahía de Baffin

GROENLANDIA

Mar de Groenlandia

Mar de Barents

NORUEGA

Círculo Ártico   SUECIA

FINLANDIA

267

La vida en el Ártico

En el invierno el Ártico es un lugar frío y oscuro. Los días son cortos y las noches son muy largas. Hay muy poco sol. Pero es muy diferente en los meses del verano, desde mayo hasta agosto. En esta época del año el clima es a menudo cálido y asoleado. En algunos lugares, el suelo está cubierto con cientos de diferentes pastos y flores de colores brillantes.

Grandes rebaños de renos y caribús pastan en las llanuras sin árboles, o tundra. Hay también muchos animales pequeños. Los pájaros y los mosquitos llenan el aire.

Oso polar

caribú

reno

zorro del Ártico

foca anillada

gaviota grande

amapola del Ártico

estafisagria

ranúnculo

morsa

sauce de la tundra

Busca estos símbolos en el mapa:

- mineral de hierro
- pesca
- carbón
- estaño
- gas natural
- petróleo
- cobre

Los mares del Ártico están llenos de peces que son atrapados durante el verano por barcas pesqueras. Cerca de las orillas del Ártico hay la explotación de carbón y otros minerales. A veces las tormentas o los bloques de hielo dañan las plataformas petroleras.

Los principales habitantes del Ártico son los inuit del Canadá, los yuit de Siberia y los lapones de Noruega, Suecia y Finlandia. Los que siguen las costumbres tradicionales viven de la pesca y la caza. Visten ropa acolchada y zapatos gruesos para mantenerse abrigados.

Los niños inuit pasan la mayor parte del año en la escuela. Pero durante las vacaciones del verano aprenden a pescar.

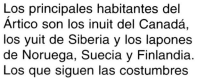

Polo Norte

La vida en la Antártida

La Antártida está desierta y es muy sombría. Allí no vive gente. Sólo la visitan personas que exploran y estudian su tierra. Heladas ventiscas, a menudo con fuerzas de vendaval, soplan la nieve suelta creando tormentas de nieve. Muy poco se puede escuchar, con excepción de los silbidos del viento. Es el sitio más frío de la Tierra. Todo el año la mayor parte de la tierra está sepultada bajo una gruesa capa de hielo y nieve. Una pequeña área no está cubierta de hielo, y los picos de algunas montañas se alzan sobre ella.

La Antártida es la tierra que rodea al Polo Sur. A su alrededor se encuentra un mar frío formado por el extremo sur de los Océanos Índico, Pacífico y Atlántico.

Pocas plantas pueden crecer en la Antártida y las que lo hacen son muy pequeñas. El suelo es muy frío para las plantas que necesitan raíces largas para crecer. Los musgos y los líquenes se encuentran en parches de suelo libre de hielo, pero sólo unas pocas plantas florecen.

Los mares alrededor de la Antártida son helados y tormentosos. La mayor parte del mar se congela durante el invierno y forma hielo compacto. En el verano el hielo comienza a derretirse y se parte en pedazos grandes.

Los rompehielos parten el hielo para que otros buques puedan pasar.

Algunos científicos trabajan en estaciones meteorológicas en la Antártida. Ellos estudian y registran gráficamente el clima del mundo.

Hay bases científicas donde los científicos de muchos países investigan. Ellos observan la fauna y la flora, y estudian el hielo y las rocas.

La vida en el mar

El mar es el hábitat de miles de aves y mamíferos. Hay muchas clases de focas y ballenas que se alimentan de una mezcla de plantas microscópicas y peces que flotan en grandes bancos cerca de la superficie del mar. Pájaros marinos se lanzan en picada desde grandes alturas para coger peces, y los pingüinos se deslizan por el hielo hasta el mar para alimentarse de la misma comida. Las ballenas, focas y pingüinos para mantenerse calientes tienen debajo de su piel una gruesa capa de grasa, o esperma.

pingüino real

pingüino Adélie

pingüino emperador

foca Weddell

foca Ross

foca comedora de cangrejos

ballena jorobada

ballena rorcual

ballena azul

foca leopardo

POLO SUR

271

Observemos la tierra

Los buques que entran a las heladas aguas del Antártico se mueven lenta y cuidadosamente. Por lo general llevan comida, combustible y otros suministros para los científicos que trabajan en la región.

Alrededor de las costas de la Antártida hay grandes acantilados de hielo. Los acantilados son los bordes de una roca de hielo —un gran bloque de hielo que sobresale de la orilla—. En algunos lugares, el hielo de la Antártida tiene un espesor de hasta cinco kilómetros. Gran parte de la nieve y del hielo del mundo se ha acumulado en la región antártica. Muchas altas montañas están sepultadas bajo el hielo. Solamente sobresalen las cumbres de las montañas más altas. En algunas partes de la costa, especialmente en la Península Antártica, la nieve y el hielo se derriten en el verano. Porciones de hielo se separan de la tierra y forman icebergs.

Volcanes espectaculares se destacan en el helado paisaje de la Antártida. Algunos volcanes aún despiden vapor. La **isla Decepción,** en las Shetlands del Sur tiene varios volcanes activos.

Los icebergs son grandes pedazos de hielo flotante que se han separado de los glaciares. Solamente una octava parte del hielo puede observarse sobre la superficie del agua. El resto flota bajo el mar. El iceberg más grande que se ha visto vino de la Antártida. Tenía un área más grande que la de Bélgica.

Una roca de hielo sobresale en el **Mar de Ross.** Es casi del mismo tamaño que Francia. Es ahora el pedazo de hielo flotante más grande del mundo.

El **Mar de Weddell** es una bahía gigantesca que penetra la costa occidental de la Antártida. Casi la mitad de la bahía está siempre congelada.

Océano
Atlántico
Sur

Océano
Índico

**Isla
Decepción**

Mar de
Weddell

hielo

hielo

hielo

+

POLO SUR

hielo

Monte Erebo

Mar
de Ross

Océano
Pacífico Sur

El **Monte Erebo** es un volcán activo. De vez en cuando, lanza pedazos de roca volcánica al aire.

GLOSARIO

acero El acero es un metal muy fuerte que se hace de hierro, carbón y otros minerales.

afluente Un afluente es un río o arroyo que desemboca en un río más grande.

Antártica La Antártica es la región que se encuentra alrededor del Polo Sur. Incluye la Antártida, el nombre del continente en esta región, y las aguas a su alrededor.

Ártico El Ártico es el nombre que se le da al área grande y helada que rodea el Polo Norte.

atolón Un atolón es un anillo de roca de coral o un anillo de islas alrededor de un área de aguas poco profundas.

bauxita La bauxita es un mineral del que se hace el aluminio.

budista Un budista es un seguidor del budismo, una de las principales religiones del mundo.

cacao El cacao es un árbol perenne, cuyas semillas o granos se usan para hacer chocolate o cocoa.

cañón Un cañón es un valle estrecho con paredes rocosas empinadas.

capullo Un capullo es una suave envoltura de hilos sedosos que el gusano de seda forma alrededor de sí antes de transformarse en un insecto adulto.

clima El clima de un sitio particular es su temperatura y demás condiciones atmosféricas durante un período largo.

colonia Cuando un país es controlado por otro país más poderoso, se le da a veces el nombre de colonia.

comunismo El comunismo es una manera de gobernar a un país en la cual la mayoría de las propiedades son del gobierno y el pueblo las comparte.

conífera Una conífera es un árbol que produce conos. La mayoría de las coníferas, tales como los pinos, los abetos y los cedros son árboles perennes y tienen pinochas.

continente Un continente es un área muy grande de tierra que en general está rodeada de océanos y que comúnmente tiene varios países.

copra La copra es la carne blanca seca del coco.

coral El coral es un material duro formado por los esqueletos de millones de pequeños animales de mar.

cristiano Un cristiano es un seguidor del cristianismo, una de las principales religiones del mundo.

delta Un delta es un área de tierra baja en la desembocadura de un río. Está formada por piedras, arena y barro que el río ha arrastrado.

democracia La democracia es un sistema de gobierno en el cual los que están en el poder son elegidos por el pueblo.

dependencia Una dependencia es un país que es parte de un país más grande, pero tiene a menudo la libertad de hacer sus propias leyes y manejar sus propios negocios.

depósito Un depósito es una capa de material en el suelo, tales como barro o arena. Los depósitos de mineral incluyen el hierro y el petróleo.

depresión Una depresión es un valle formado por el movimiento de la costra terrestre haciendo que partes de la tierra queden a un nivel más bajo.

ecuador El ecuador es una línea imaginaria que rodea la Tierra a mitad de camino entre el Polo Norte y el Polo Sur.

elección Una elección es el proceso de escoger a la personas que representan a otras. Se llevan a cabo elecciones para elegir gobiernos.

estado Un estado es un país o una parte de un país.

estalactita Una estalactita es un cono de roca que cuelga del techo de una caverna.

estalagmita Una estalagmita es un cono de roca que se levanta del piso de una caverna.

estepa Las estepas son los extensos pastizales de Rusia.

exportación una exportación es algo que se envía a otro país para que se venda.

fértil Tierra fértil es una tierra en la cual las plantas crecen bien. Es buena para tener cultivos.

ganado La palabra ganado describe a los animales que se crían para producir comida y otros productos tales como la lana y el cuero.

glaciar Un glaciar es una masa grande de hielo que se mueve muy despacio, generalmente hacia abajo por el valle de una montaña.

gobierno Un gobierno es un grupo de personas que dirigen un país o estado.

grano El grano son las semillas de las plantas de cereal, tales como trigo, arroz, y maíz.

hábitat Un hábitat es el lugar donde comúnmente vive una planta silvestre o un animal salvaje.

hibernación La hibernación describe una clase de sueño profundo que le ayuda a algunos animales a sobrevivir durante el frío invierno.

hierba Una hierba es una planta pequeña, generalmente con un tallo blando.

hindú Un hindú es un seguidor del hinduismo, una de las principales religiones del mundo.

hojas anchas Algunos árboles tales como el arce y el nogal tienen hojas anchas y planas. En las regiones temperadas muchas especies de árboles de hojas anchas las pierden en el otoño.

hongo Los hongos son plantas esponjosas sin flores ni hojas.

importación Una importación es algo que se trae a un país desde el exterior.

independencia Independencia significa estar libre del control de otros. Los países que han obtenido el derecho de gobernarse a sí mismos han ganado su independencia.

industria La industria es un nombre genérico para el proceso de hacer cosas. Industria es también el nombre para cualquier tipo de negocio, tal como la industria del acero o la industria del turismo.

inmigrante Un inmigrante es alguien que se va a vivir permanentemente a otro país.

irrigación La irrigación describe la manera en que la gente trae agua a las tierras secas por canales o tuberías para que los cultivos puedan crecer.

Islam El Islam es el nombre de la religión musulmana, una de las principales religiones del mundo.

jefe de estado El rey, reina o presidente de un país es llamado comúnmente jefe de estado.

judío Un judío es un seguidor del judaísmo, una de las principales religiones del mundo.

laguna Una laguna es un lago de agua salada separado del mar por un banco de arena o un arrecife de coral.

látex El jugo blanco producido por el gomero es llamado látex.

llanura La llanura es una vasta extensión de tierra plana.

mandioca La mandioca es una planta tropical que es un alimento importante.

manufactura Manufacturar una cosa es hacerla a mano o con la ayuda de máquinas.

meseta Una meseta es una planicie extensa a considerable altura sobre el nivel del mar. Otra palabra para meseta es altiplanicie.

mezquita Una mezquita es un edificio religioso donde los musulmanes rezan.

mineral Un mineral es una roca que contiene suficiente metal como para que valga la pena extraerlo.

monarquía Una monarquía es un país donde el jefe de estado es un rey o una reina, un emperador o un sultán.

monzón Un monzón es un viento periódico. Vientos secos del nordeste soplan en India durante el invierno. En el verano los monzones soplan desde el suroeste. Generalmente traen fuertes lluvias.

musulmán Un musulmán es un seguidor del Islam, una de las principales religiones del mundo.

nivel del mar El nivel de las aguas de los océanos es conocido como el nivel del mar. La tierra se mide por metros sobre o bajo el nivel del mar.

nómada Un nómada es una persona que no tiene un domicilio fijo y cuya forma de vida consiste en viajar de un sitio a otro.

oasis Un oasis es un lugar en el desierto donde el agua sale a la superficie, volviendo la tierra más fértil.

outback El outback es un área de pastos secos y desiertos en el centro de Australia.

pampas Las pampas son unas llanuras cubiertas de pastizales en Suramérica.

parlamento El parlamento de un país es el grupo de personas que hacen las leyes.

perenne (árbol) Un árbol perenne tiene hojas verdes o agujas durante todo el año.

plantación Una plantación es un área extensa de tierra que ha sido sembrada con un sólo cultivo, tal como café, caña de azúcar, o árboles.

población La población de un país o de un área es el número de personas que viven allí.

polución Polución es la contaminación o destrucción del mundo a nuestro alrededor. La polución puede dañar el suelo, el agua y el aire.

pradera Las praderas son llanuras con pastizales en Norteamérica.

recursos naturales Los productos que se encuentran en la naturaleza o que se cultivan o crían en un país son sus recursos. La luz del sol, un buen abastecimiento de agua o de petróleo son tipos de recursos naturales.

represa Una represa es una barrera construida a través de un río para contener sus aguas. Por lo general se forma un lago detrás de la represa.

república Una república tiene un gobierno elegido por la gente para gobernar el país, pero no tiene un rey o una reina. El presidente es comúnmente el jefe del estado en una república.

sabana Una sabana es un área extensa de pastizales con pocos árboles, especialmente en una región caliente.

sedimento El sedimento es la arena o la tierra que es arrastrada por la corriente de las aguas o por un glaciar.

siglo Un siglo es un período de cien años. El siglo XV es el período comprendido entre el año 1401 y el final del año 1500. El siglo XVI es el período comprendido entre el año 1501 y 1600. Nosotros vivimos en el siglo XX.

subcontinente Un subcontinente es una vasta extensión de terreno que forma parte importante de un continente.

sultán Algunos países musulmanes son gobernados por un sultán que es una especie de rey.

taiga La taiga es una vasta área de bosques que se extiende a través de las regiones subárticas de Rusia y Canadá.

templado Templado describe el clima en una región que no es ni muy caliente ni muy fría.

terraza Las laderas de las montañas se cortan a veces en gradas, o terrazas. Se puede cosechar en estas terrazas planas.

textiles Es un término genérico usado para describir tejidos, telas, tapetes y alfombras.

tiempo El tiempo describe las condiciones atmosféricas de un lugar en términos de frío, calor o humedad, y si hay sol, lluvia, nieve o viento.

trillar Trillar el trigo u otras plantas es golpearlas para desgranarlos.

trópico El trópico es un área de la Tierra que se encuentra entre el Trópico de Cáncer y el Trópico de Capricornio. Es caliente durante todo el año.

Trópico de Cáncer El Trópico de Cáncer es una línea imaginaria alrededor del mundo que marca el límite norte del trópico.

Trópico de Capricornio El Trópico de Capricornio es una línea imaginaria alrededor del mundo que marca el límite sur del trópico.

tundra La tundra es un área de tierra ártica donde la nieve se derrite y las plantas crecen durante una parte del año.

tungsteno El tungsteno es un metal muy fuerte y puede resistir mucho calor sin derretirse. Se usa para hacer los filamentos de las bombillas eléctricas.

valle Un valle es un tramo de tierra baja que se encuentra entre colinas. Los ríos corren a menudo por los valles.

volcán Un volcán es una abertura en la superficie de la tierra por donde rocas fundidas, ceniza y gases son despedidos. Los volcanes pueden estar activos, es decir que continúan haciendo erupción, o inactivos, lo cual significa que no han hecho erupción por mucho tiempo.

Índice

World Book Encyclopedia, Inc. ofrece una gran variedad de materiales educacionales y de consulta, incluyendo el vídeo «How to study». Éste tiene una duración de 45 minutos y combina el atractivo de la televisión con una fórmula fácil de usar, que facilita el desarrollo de hábitos de estudio exitosos. Para obtener mayor información sobre este vídeo, como también sobre nuestra amplia selección de libros educacionales y de consulta, por favor escriba a la siguiente dirección:

World Book, Inc.
525 W. Monroe, Chicago, Illinois 60661
USA